劉暁波と中国民主化のゆくえ

矢吹　晋
加藤哲郎
及川淳子

花伝社

劉暁波と中国民主化のゆくえ◆目　次

第Ⅱ部　劉暁波の弁明と判決

第Ⅲ部　劉暁波は、なぜ国家反逆罪に問われたか
――罪状にあげられた六つの文章

カバー写真——関係者提供

まえがき

本書は、劉暁波のノーベル平和賞受賞を契機として出版されるが、ノーベル賞に便乗しようというさもしい本ではない。現代中国の姿を深く分析する本を作る構想は、著者の一人矢吹と版元平田の間で半世紀にわたって温められてきたものである。矢吹と平田は同じ大学の中国研究会の先輩・後輩の関係にあり、寮生活では時期はずれるが、同じ部室に属していた。一九六〇年の六・一五デモ当日は、大学三年の私はむろん国会前にいたが、平田の「あとがき」によると、彼もまた浪人生ながら、その場にいたという。

つまり、私は平田の三年先輩という計算になる。私は四年間だけで大学を出たが、平田は八年間、学生運動のために在学した。これだけ近い距離にいながら、われわれの政治的距離は、途方もなく遠かった。平田は「党に残った数人」の一人であったが、私自身は「党をすでに出た」側にいたからである。

平田が花伝社を創立して以来、彼はさまざまの機会に、現代中国を論ずる本を作りたいという意向を私に語りかけた。その都度「いずれ、機が熟したら」と私は答えてきた。二〇〇七年に『朝河貫一とその時代』を、二〇〇八年に『日本の発見』を出してもらったからには、次はいよいよ現代中国だ、という点で、平田と矢吹の間には、暗黙の理解が成立していた。

二〇一〇年一〇月、劉暁波の受賞が決定し、私はたまたまテレビでその意味を若干コメントした。そこから話は一挙に進展した。私は近年、「チャイメリカ」という造語で現代中国をとらえようとしている。となると、「ジャパメリカ」という造語で、現代日本を国際関係のなかで論ずる加藤哲郎の本を出した花伝社としては、この本との対比が自然に浮かび上がる。

こうして一一月に都内で、平田の司会のもとに加藤と矢吹の対話が行われ、その内容が本書の中心になった。主題は、劉暁波と「08憲章」を素材の一つとして現代中国を論ずることである。当然、劉暁波裁判の起訴状や本人の弁明、判決なども素材としなければならない。国家が被告を裁く行為は、同時に被告によって国家が裁かれることでもある。被告劉暁波を裁く行為を分析するならば、そこから逆に裁く側、すなわちその国家がどのような国家なのかを見直すことにもつながるという発想に基づいて、本書が編集された次第である。ここで劉暁波関係の資料を最も丹念に読もうとしている研究者として及川淳子の名が平田の目にとまり、主として資料翻訳の面で及川の協力を得ることになった。これらの資料をどのように読むかについて、及川の独自の論文も平田は期待したが、これは及川自身の時間的制約により実現しなかった。

本書の成立にかかわる舞台裏を記して、まえがきとする。中国の行方を考える読者の参考になれば、著者および出版社にとって望外の喜びである。

二〇一一年三月、福島原発メルトダウンの報道に接しながら　　著者を代表して　矢吹晋

序章　私には敵はいない――劉暁波「最終陳述」

（二〇〇九年一二月二三日）矢吹晋　訳

この文書は、北京第一中級人民法廷で行われた第一審判決を前に、劉暁波が獄中で執筆したものである。劉霞夫人の手を経てインターネット上に公開された。
二〇一〇年一二月一〇日のノーベル賞授賞式は、劉暁波も劉霞夫人も出席できないまま開催されたが、受賞者による記念スピーチの代わりに、ノルウェーの女優リブ・ウルマンによって読み上げられた。

私はすでに五〇歳を超える人生を歩んできたが、一九八九年六月は、私の人生にとって重大な転換の時であった。それまで、私は文革後に大学入試が復活した第一期の大学生（七七年入学組）であり、学士から修士へ、そして博士課程へと、私の勉学生活は順風満帆であり、卒業後は北京師範大学に留まり、教職に就いた。教室では私は学生からすこぶる評判のよい教師であった。同時に、私は一人の社会活動に携わる「公共知識分子(1)」でもあり、二〇世紀八〇年代に、話題を呼ぶ論文や著作を発表してきた。各地に招かれてしばしば講演をやり、さらに欧米諸国の訪問学者にもなった。私が自らに課した課題は、行動においても文章においても、誠実に、責任と威厳をもって生きることであった。その後、米国から帰国して一九八九年の［民主化］運動に参加したため、「反革命宣伝煽動罪」で投獄され、私が愛してやまない教壇に立てなくなり、国内では文章の発表や講演ができなくなった。

異なる政見を発表し、平和・民主化運動に参加しただけで、一人の教師が教壇に立つ機会を失い、一人の作家が発表の権利を失い、一人の「公共知識人」が公開の場で講演する機会を失ったことは、私個人にとっても、改革開放三〇年の中国にとっても、一つの悲哀である。

回想すると六・四以後、私は最もドラマチックな経歴を体験したが、いずれも法廷と関わりがある。私は二回、公衆に向かって話をする機会を得たが、いずれも北京市中級法院における陳述である。一度は一九九一年一月のことで、一度はいま現在だ。

起訴された罪状はそれぞれ異なるが、その実質は基本的に同じもので、いずれも「発言により罪を得た」[2]ものである。二〇年が過ぎ去ったが、六・四[3]の冤罪の魂はいまだ瞑目できず、六・四が心の奥底にきざんだ強い感情から体制側とは異なる政治的見解をもつ道を歩んだ私は、一九九一年に秦城監獄[4]を出た後、自らの祖国で公開の場で発言する権利を失い、国外のメディアを通じてしか発言できない。長年にわたって拘禁され、居住監視[5]を受け（一九九五年五月〜一九九六年一月）、労動教養処分[6]を受けた（一九九六年一〇月〜一九九九年一〇月）。現在再び、政権の敵対意識によって被告席に立たされているが、私の自由を剥奪している政権に対して私はやはり言いたい。私は二〇年前に『六・二ハンスト宣言』[7]で発表した信念を堅持している。――私には敵はいないし、恨みもない。

私を監視し、逮捕し、訊問した警察、私を起訴した検察官、私に判決をくだした裁判官は、いずれも私の敵ではない。あなたたちの監視・逮捕・起訴・判決を私は受け入れることはできないが、いま検察側を代表して私を起訴した張栄革・潘雪晴二人の検察官を含めて、私はあなたたちの職業と人格を尊重している。一二月三日、二人が私を訊問した際に、二人の私への尊重と誠意を感じたのである。というのは、恨みは人の智慧と良知を腐蝕させ、敵対意識は民族の精神に害毒を与え、生きるか死ぬかの残酷な闘争を煽り、社会の寛容と人間性を破壊し、国家が自由民主の進路に向かうのを妨害するからである。それゆえ私は、個人が遭遇したことを超越して国家の発展と社会の変化に対抗し、最大の善意をもって政権の敵意に向き合い、愛をもって恨みを解きたいと希望している。

周知のように、改革開放は国家の発展と社会の変化をもたらした。私の見るところ、改革開放は毛沢東時代の「階級闘争を要《かなめ》とする」(8)執政方針を放棄するところから始まり、転じて経済発展と社会の調和に努力するものだ。「闘争哲学」を放棄する過程は、敵対意識を一歩一歩薄めて行き、恨みの心理を除去する過程でもあり、人間性の中に浸透した「狼の乳」(9)を絞り出す過程でもあった。

正にこの過程は、改革開放のためにくつろいだ国内外の環境を提供し、人と人の間の博愛を回復し、異なる利益と異なる価値の平和共存のために、柔軟なヒューマニズムの土壌を提供し、それによって、中国人の創造力がほとばしり、思いやりの心が回復することを願い、人間性そのものへの激励を送ったのである。対外的には「反帝反修」(10)を、対内的には「階級闘争」を放棄したことが、中国の改革開放を持続できたことの基本前提だといえよう。

経済は市場に向かい、文化は多元化し、秩序がしだいに法治に向かうのは、すべて「敵対意識」が薄められたことによる。進歩が最も緩慢な政治領域においてさえも、敵対意識の薄れたことによって、政権の社会に対する多元化が進めば、包容性が日増しに拡大し、異なる政見をもつものに対する迫害の程度も大幅に減少するであろう。八九運動への定義が「暴乱」から「政治風波」と改められたように。敵対意識が薄まれば、政権が一歩一歩人権という普遍的価値を受け入れるように仕向けられるであろう。

一九九八年、中国政府が世界に向けて、国連の二大国際人権公約[11]の受入れに署名したことは、中国の普遍的人権基準を承認したメルクマールである。二〇〇四年、全人代が憲法を改正し、初めて「国家は人権を尊重し保障する」と憲法に書き込んだことは、人権がすでに中国法治の根本原則の一つとなったことのメルクマールである。同時に現政権が「人をもって本となす」、「和諧社会の建設」の方針を掲げたことは、中国共産党の執政理念の進歩のメルクマールである。これらマクロ的側面の進歩は、私が逮捕されて以来みずから体験してきた現実からも感じている。

私は自らが無罪だと確信し、私への訴追は違憲だと考えつつ、私が自由を失った一年余に、前後二つの拘禁地点、四人の予審の警官、三人の検察官、二人の裁判官との体験を経てきた。彼らは事件の処理において、私を尊重し、時間を超過した取り調べは行わず、自供を迫ることもなかった。彼らの態度は平和的・理性的であり、時には善意さえ露呈されていた。

六月二三日、私は「居住監視」から、北京市公安局第一看守所[12]（略称「北看」）に移された。「北看」の半年間に、私は監視管理上の進歩を体験した。一九九六年、私は「旧北看[13]」に拘留されたが、十数年前まで「半歩橋」と呼ばれた当時の「北看」と比べると、現在の「北看」は、施設というハード面も、管理というソフト面も、極めて大きな改善が見られる。とりわけ「北看」で始められたヒューマニズム的管理は、拘留者の権利と人格の尊重を基礎として、ソフトな管理を看守たちの一言一行為の中に具体化し、「耳に優しいアナウンス」[14]、「反省（悔悟）」雑誌、食前の音楽、起床・就寝時の音楽の中に体現している。こうした管理は拘留者に尊厳とぬくもりを感じさせ、彼らが監獄の秩序を維持し、牢獄のボスに反対する自覚性をかき立てることに役立っており、拘留者に対して人間的な生活環境を与えるばかりでなく、拘留者の訴訟環境と精神状態も大きく改善した。私は私の監視を主管する劉崢看守と身近で接触したが、彼の拘留者に対する尊重と関心は、日常の管理の細部にまで浸透し、彼の一言一行のなかに、ぬくもりを感じさせた。このように真誠・正直であり、責任をもち、善意の劉看守と知り合えたことは、私にとって北看で幸運であったといえよう。

このような信念と体験を通じて、私は中国の政治進歩は停止するはずはなく、未来の自由中国の到来に対して楽観に満ちた期待を抱いている。というのはいかなる力量も自由に向かう人間の欲求を阻むことはできないからだ。

中国はいつかは人権を至上とする法治国になるであろう。私が期待しているのは、このような進歩がこの裁判の審理においても実現され、合議制法廷における公正な判決、すなわち歴史の試練にたえうる判決の出ることを期待している。

この二〇年で私にとって最も幸運なことを挙げるならば、それはわが妻・劉霞の無私の愛である。今日、私の妻は法廷に来れず、傍聴してはいない。だが、私はやはり彼女にこう呼びかける。愛しい妻よ、私に対するあなたの愛がこれまでと同じものであることを。

長年来、私の自由なき生活のなかで、われわれの愛は外部の環境に強いられて苦渋に満ちていた。だが顧みると、やはり愛は無窮である。私は監獄のなかで服役している。あなたは形なき心の獄中で私を待つ。あなたの愛は高い監獄の塀を越えて、鉄窓から射す陽光のように、私の皮膚にくまなく触れて、私の細胞一つ一つを温め、私に内心の平和と伸びやかさと明るさを与え、獄中の毎分毎秒を満たしてくれる。そして私のあなたへの愛には内心のうずきと申し訳なさが含まれ、時には重く、私の足枷となる。

私は荒野の「頑固な石[15]」であり、狂風暴雨に打たれ、人が触れられないほど冷たい。だが私の愛は硬く、鋭利で、いかなる邪魔物をも貫く。もし私が臼で轢かれ粉末になったら、私は灰になってあなたを抱擁するであろう。愛しい妻よ、あなたの愛があれば、私は平然と未来の審判に立ち向かい、自らの選択を後悔することなく、明日を楽観できる。

わが国が、自由に表現できる土地になり、一人一人の国民の発言が等しく扱われることを期待している。そこでは、異なる価値、思想、信仰、政見……は相互に競争しつつ平和共存する。多数意見と少数意見が、みな平等の保障を受け、とりわけ、執政者の政見とは異なる意見が十分な尊重と保護を受ける。そこではあらゆる政見は陽光のもとで民衆の選択をまつ。国民は誰もが恐れることなく政見を発表し、異なる政見を発表したことによって政治的迫害を受けることはない。

私はこう期待する。まさに中国の連綿として絶えることのなかった「文字獄[16]」の最後の被害者

劉暁波と劉霞（関係者提供）

に私がなり、これからは誰もが発言のゆえに罪を得ることのない社会が実現できることを。表現の自由こそが、人権の基礎であり、人間性《ヒューマニズム》の基本であり、真理を生む母である。言論の自由を封殺し、人権を踏みにじり、人間性を窒息させることは、真理を抑圧することである。憲法の賦予した言論の自由という権利は、まさに中国公民の尽くすべき社会的責任なのだ。私の行為は無罪である。提訴されたとしても、怨言はない。皆さん、ありがとう！

（1）各種の「腐儒」に対して、社会的責任を自覚し、行動するインテリを劉暁波はこのように呼ぶ。
（2）原文は「因言獲罪」。
（3）一九八九年六月四日の天安門事件。
（4）秦城監獄は、中国で最も著名な監獄である。北京市昌平区興寿鎮秦城村の小湯山附近にある。一九六〇年三月一五日に落成した。中国政治の激変を反映して、さまざまの人々が投獄された。例えば林彪の部下たち、四人組の江青夫人、民主化を求めた魏京生、鮑彤などである。国務院公安部に所属する。
（5）一九九六年の改正刑事訴訟法によれば、人民法院（裁判所）、人民検察院（検察）、公安機関（警察）は、刑事手続きからの逃亡を防ぐため、証拠不十分の被疑者、被告人について「居住監視」をすることができる。期間は最長で六カ月。被疑者の取調べの出頭、被告の公判の出頭を妨げないために、「許可なしに住居を離れない」、「無許可の接見、証拠の隠滅、供述の口裏あわせをしない」、「証人の証言を妨害しない」ことが求められる。居住監視は、当該地区の公安派出所、被告人の所属する単位が執行する。
（6）労働教養とは、中国各地方政府の労働教養管理委員会が、『社会秩序を乱した』といったあいまいな理由をもって裁判抜きで人民を勾留（強制労働）できる制度である。勾留期間は三年以下と決められているが、更に一年間の延長が認められるために実際は四年間まで可能である。また、釈放後に再度収容が繰り返されることもある。労働教養管理委員会は事実上、国務院公安部が運営をしている。また国務院公安部と裁判所を管轄する共産党の担当部門（政法委員会）は同じ部署である。全国に約三五〇ヶ所あり、収容者は約一六万人と伝えられる。

（7）一九八九年六月二日、劉暁波、周舵、侯徳健、高新の四名が発表した。『チャイナ・クライシス重要文献』第三巻、六一〜六六ページに村田忠禧訳が収められている。基本的スローガンとして掲げた四個条の第一項は「われわれには敵は存在しない。憎しみと暴力でわれわれの智恵と中国の民主化の進展を毒づいてはならない」とあり、劉暁波の非暴力の精神が鮮明に提起されている。

（8）毛沢東の死去に際して発表された「訃告」は、こう書いている。「社会主義革命期には、毛主席は国際共産主義運動の正反両面の経験を全面的に総括して、社会主義社会の階級関係を深く分析し、マルクス主義の発展史上最初に、生産手段所有制の社会主義的改造が基本的に達成されたあとにも、なお階級と階級闘争が存在することを明確に提起し、ブルジョア階級はほかでもなく共産党内部にいるという科学的論断を下し、プロレタリア階級独裁のもとでの継続革命の偉大な理論を提起し、社会主義の全歴史的段階における党の基本路線を制定した」と。「階級闘争を要とする」方針はこの認識に基づく。

（9）「狼の乳を飲んで育つ」は、一九七九年五月に北京で開催された第一回全国五四運動学術討論会で、当時の中央宣伝部長鄧力群が張志新の悲劇に触れて「同志よ、我々は狼の乳を飲んで育ったのだ」と叫んだ事に由来する。「現代中国の三大災難（右派弾圧、大躍進政策、文化大革命）という人々の悲しみの原因が何であったか、ということを二〇年前に悟ったのに、いまだに『狼の乳を飲んで育っている』事に驚愕」という内容から、中山大学袁偉時教授が書き始めた「現代化と歴史教科書」(『氷点週刊』二〇〇六年一月一一日)が多くの反響を呼び、休刊命令が出た。同紙は『中国青年報』の付属週刊紙であり、この事件で停刊処分を受けたが、その後復刊された。

(10) 帝国主義反対、修正主義反対。文化大革命期のスローガン。

(11) 一九四八年の「世界人権宣言」およびこれを敷衍した「市民的及び政治的権利に関する国際規約」(B規約)」を指す。

(12) 北京市公安局第一看守所。

(13) かつて半歩橋と通称され、北京の斬首の場所「菜市口」に近い。「半歩橋」の名は、清朝の時代から犯人を監禁するところで、龍でさえも、ここに来るとすくんでしまい半歩も歩けないという故事からついた。共産党の政権獲得後、ここに北京市第一看守所を建設した。

(14) 原文は「温馨広播」。耳に優しい管内アナウンス。

(15) 原文は「頑石点頭」。ある僧が石を相手に説教したところ、石がうなずいた故事に由来する。劉暁波は石を相手に説得する決意で、石に変身して、民主化を説いている。

(16) 筆禍事件。

第Ⅰ部　中国民主化のゆくえ——「08憲章」と劉暁波

対談　矢吹晋
　　　加藤哲郎
司会　平田勝

この対談は、劉暁波のノーベル賞受賞が発表されたことを機会に、急きょ企画された。中国専門家の矢吹晋氏、政治学者で情報政治学提唱者の加藤哲郎氏との対談が、二〇一〇年一一月一六日に、東京神田の学士会館で行われ、花伝社社長の平田勝が司会を行った。

第I部はこの時の対談記録をもとに、その後の状況の進展もふまえて、それぞれの発言に補足を加えて完成させた。

劉暁波の思想と軌跡、「08憲章」から始まって、台頭する中国の現状や民主化のゆくえをどう見るか、新しい米中関係の進展をどう見るか、日本は中国とどう向き合うべきかなど、議論は中国問題をめぐって多方面にわたった。

1章　劉暁波の思想と軌跡

平田　それでは、まず最初に、ノーベル平和賞を受賞した劉暁波はどういう人物なのか、その思想と軌跡について、また彼が中心となって準備したと言われ、国家反逆罪（国家政権転覆煽動罪）として逮捕投獄される契機となった「08憲章」とは何か、これがどういう意義を持っているかなどについて、矢吹さんの方から、まずご紹介と問題提起をお願いします。

1　天安門事件と劉暁波

矢吹　劉暁波のことを語るには、まず彼と天安門事件のかかわりから話さなければなりません。
天安門事件における劉暁波の行動について、一番大事なことは、天安門広場で七二時間のハンストを決行したということです。

それがどういう意味をもつものか――、その意味を理解するには、天安門事件前後の劉暁波の一連の行動を知る必要があるので、そこから、まずお話ししたいと思います。

文革のまっただ中で青春を送る

劉暁波は、一九五五年に吉林省長春で生まれています。一九六六年に文革が始まったときは一一歳で、小学から初級中学への時期（中国の学制は小学六年、初級中学三年、高級中学三年、大学四年であり、日本とほぼ同じ）でした。劉暁波の中学・高校時代は、完全に文化大革命期（一九六六〜七六年）と重なります。まさに紅衛兵世代です。文革一〇年はいくつかの時期に分けられ、その内容は時期によって大きく異なりますが、その概要を知るには私の書いた『文化大革命』（講談社現代新書）が便利です（最近一九刷が出たばかりです）。要するに彼は文革のまっただ中に青春期を送ったということになります。文字通り「文革の申し子」ですね。文革が終わってから大学が再開され、一九七七年の二二歳の時に、吉林大学文学部に入学しました。それから北京師範大学大学院に入っています。周知のように、北京師範大学というのはそうとうレベルの高い大学で、学科によっては北京大学よりも優秀です。そこでマスター（碩士学位）とドクター（博士学位）をとりました。その後、半分は研究でしょうが、ノルウェーのオスロ大学に授業に行ったりしています。天安門事件が起こった時はコロンビア大学で研究中でした。

天安門広場でのハンスト

一九八九年に天安門事件が起こったときの劉暁波の行動ですが、村田忠禧さんが編集された『チャイナ・クライシス「動乱」日誌』（蒼蒼社）に全部載っています。四月二二日、劉暁波がニューヨークから「全中国大学生に当てた公開状」というのを書きます（文献Ⅲ15『チャイナ・クライシス重要文献第一巻』蒼蒼社、所収）。

四月二七日に米国から帰国します。飛行場には四通《スートン》という北京大学の連中が作ったパソコン会社の周舵《しゅうだ》が迎えにきています。彼は劉暁波の親しい仲間でハンストを一緒にやります。

それから五月二三日、劉暁波は北京師範大学学生自治会名義で「われわれの建議（提案）」というビラを書きます。六月一日、劉暁波は師範大学の正門前でハンスト宣言の演説をして、演説後天安門広場に向かい、一日の夕方五時から、実際に広場の人民英雄記念碑北側の台座で、ハンストを開始します。劉暁波のほかには、まず侯徳健《こうとくけん》です。彼は、劉暁波よりも有名だった台湾出身のシンガー・ソングライターで、「龍的伝人」（龍の子孫たち、すなわち中国人は龍の子孫だが、今は龍頭蛇尾と批判）は、当時かなり歌われていました。侯徳健は香港でレコーディングがあるために六月三日午後五時までの参加、ということではじめました。劉暁波という青年は、知識人たちのいい加減さを徹底的に批判するという立場なので、こういうことにはきっちり計画を立てて約束を間違いなく実行する態度を貫いています（実際には、侯徳健が香港に行く前に戒厳部隊による鎮圧が始まり、彼は香港へ行きませんでした）。

三人目は、高新《こうしん》で、彼は『北京師範大学周報』という学内新聞の編集長だった人物です。これはもちろん党の管理下の新聞です。高新だけが共産党員でした。このハンストの四人のなかで高新だけが党員であり、他の三人は侯徳健は台湾からの「亡命」者ですし、周舵も劉暁波も、入党は許されない、あるいは共産党のあり方に批判的なので、入党申請などはしない、そういう四人組（敬意を込めて「四君子」と呼ばれた）でした。

ハンスト四人組のうち、周舵は、俗称スートン（四通集団公司）というパソコン会社の計画部長として大学発のベンチャー企業幹部です。このスートンは事業に成功しており、その資金から学生たちにお金を寄付しています。この会社は当時、大儲けした資財を学生たちに対してふるまい、会社ぐるみで支援していました。周舵は、スートン幹部であると同時に北京大学社会学研究所の講師でもありました。この四人組が天安門広場の人民英雄記念碑北側の台座で七二時間のハンストを決行しました。七二時間ということは、一日の夕方から、六月四日の一七時が目標でした。

ところが、戒厳部隊は三日から広場に進駐を始め、深夜には完全に広場を包囲して、広場に残された学生たちはほとんど逃げ場のない袋のネズミのようなありさまでした。衝突寸前のきわめて危険な状況です。四日未明の二時三〇分頃、劉暁波は、一方では学生たちに対して武器の廃棄を繰り返し説得しつつ（一部はテレビの前でライフル銃〔歩兵銃か？〕を破壊する姿が映されています）、武力抵抗をやめさせるとともに、戒厳部隊に対しても武器の使用をさせないよう、交渉を展開しました。劉暁波は仲間のうち、侯徳健と周舵の二人を派遣して、戒厳部隊現場司令部との対話にいかせる。戒厳軍側は連隊名は秘密なので不明ですが、戒厳部隊北京軍区某部政治委員の季新国《きしんこく》大佐と顧本喜《こほんき》中佐という二人を指名して撤退交渉に応じます。

この交渉が無事に終わったからこそ、最悪の流血を免れ、「無血撤退」ができたのです。この事実がものすごく重要です。つまり劉暁波という若者は、ニューヨークからあわてて北京に戻って、広場鎮圧のぎりぎり最後の段階で流血が予想されるその場に、死を覚悟しながら広場に残って、天安門広場における座り込み活動の最後の段階を見届け、適切な判断と行動によって流血を避けることに成功したのです。ここにこそ「劉暁波らしさ」が一〇〇%出ているわけです。彼はなぜそういう行動をとったのか。これは彼の書いた「ハンスト宣言」を読むとよくわかるのです。

ハンスト宣言

「六・二ハンスト宣言」は劉暁波の思想を知る上で非常に重要です。これはただちに中国知識人批判にもなっています。中国の知識人というのは、偉そうなことを言っていても、全然だめなのだと辛辣な批判に貫かれています。

劉暁波　周舵　侯徳健　高新

「六・二ハンスト宣言

われわれはハンストする！　われわれは抗議する！　われわれは呼びかける！　われわれは懺悔する！

われわれは死をもとめているのではない。われわれは真の生命を求めている」

こういうことからはじまって、六箇条からなるものです。

一番のポイントは五番目のところです。「五、今回の運動のなかで、政府と学生ともに過ちがある。政府の過ちは主として旧来の『階級闘争』式政治思考の支配のもとで広範な大学生と市民に対する側にたち、衝突を絶えず激化させていったことにある」と政府を批判しています。学生の過ちは「主として自身の組織建設があまりに完備しておらず、民主獲得の過程で大量の非民主的要素を出現させたことにある。それゆえわれわれは政府と学生双方に冷静な自己点検を行うよう呼びかける。全体からいえば、今回の運動における誤りは主として政府の側にある」うんぬん、ですね。

「学生側の過ちは主として内部組織の混乱、効率と民主的手順の欠如に表れている。例えば、目標は民主的だが、手段、過程は非民主的だ。理論は民主的だが、具体的問題の処理は非民主的だ。合作（協力・団結）精神が欠しく、権力の相互相殺で方針のお粗末な状態を作り出したこと。財政面の混乱、物質面での浪費、感情に走り過ぎ、理性に欠けたこと、学生に特権意識がありすぎ、平等意識が足りないことなどなど。この百年来、中国人民が民主をかちとる闘争はいずれもイデオロギーとスローガンのレベルに止まっていた。ただ思想啓蒙を講ずるだけにとどまり、現実の管理・運営を論じない。ただ目標を論ずるだけで、手段、過程、手順を語らない。われわれは、民主政治の本当の実現は、運営の過程、手段、手順の民主化であると考える」

こういったかたちで批判しています。ここでは主として学生運動のやり方のことを批判しているのですが、その根本には、これまでの中国知識人一般の悪弊として批判しているのです。最後に基本的なスローガンを四箇条ですね。

「一、**われわれには敵は存在しない**。憎しみと暴力でわれわれの知恵と中国民主化の進展を毒づいてはならない」。政府は敵ではないと非暴力の思想を語っています。この一句は、ノーベル賞授賞式でも読み上げられ、有名になりました。授賞式の「最後の陳述」は、二〇〇九年一二月二三日北京市中級法院において懲役刑の判決を受ける前夜に、被告人の弁明として行われたものです。「ソクラテスの弁明」と対比したら大げさでしょうか。私はノーベル賞授賞式挨拶のなかで、「われわれには敵は存在しない」という一句を聞いて、これが劉暁波だと実感しました。というのは、一九八九年六月二日のハンスト宣言も、「08宣言」で訴追されたときも、劉暁波は同じことばを語っており、これこそが彼の思想の核心だと、私はかねてそのように見てきたからです。

「二、われわれはみな反省すべきである。中国の立ち後れには誰もが責任がある」「三、われわれはまず公民である」。愛国心もちゃんとあるんですね。政府が「国家政権転覆煽動罪」などというのは、どう見ても誤解であり、間違いです。「太子党の操作する国家」を「人民の手に取り戻す」ことを彼が考えていることは明らかです。

「四、われわれは死をもとめているのではない。真の生命を求めているのである」

こういうふうに宣言してハンストをはじめるのですが、これまでの運動そのものだけではなくて、中国共産党ができてからのいろんな知識人たちの運動をかなり批判的に見ていることがわかります。

劉暁波がハンストを断行した、ということは、ある意味で本当に死を覚悟しつつ決意を実行した、ということです。繰り返しますが、鎮圧部隊の包囲が予想される、ぎりぎりの対決と緊張があり、武力鎮圧がいつ天安門広場のなかではじまるかわからない、そういう局面に乗り込み、ハンストを通じて訴え、流血を避ける努力を行ったわけです。だから、彼が最後まで生きていたということ、あるいは広場に残った人が「無血撤退」できたこと、これが劉暁波たち四人組の功績である事実を確認することは最も重要なことなのです。このことが、劉暁波の思想と行動を知るうえで最も大切なことです。思想と行動を一体化させなくてはならない——これが劉暁波のメッセージなのです。

資料①　劉暁波・周舵・侯徳健・高新「六・二ハンスト宣言」

われわれはハンストする！　われわれは抗議する！　われわれは呼びかける！　われわれは懺悔する！

われわれは死をもとめているのではない。われわれは真の生命を求めている。

李鵬政府の非理性的軍事暴力の高圧の下、中国の知識界は何千年にわたって遺伝されてきた、ただ口だけを動かし手を動かさないという軟骨症に終止符を打ち、行動でもって軍事管制に抗議し、行動でもって新しい政治文化の誕生を呼びかけ、行動でもって新しい政治文化の誕生を呼びかけ、行動でもってわれわれが長期にわたって軟弱なるがゆえに犯してきた過失を懺悔する必要がある。中華民族の立ち遅れについて、われわれだれもが責任の一端を担っている。

一、中国の歴史において空前である今回の民主運動は、一貫して合法的、非暴力、理性的で平和的に自由、民主と人権をかちとるという方法を用いてきた。しかし李鵬政府は依然として数十万軍隊をもって身に寸鉄も帯びない大学生と各界民衆を制圧している。このため、われわれのハンストはもはや請願のためではなく、戒厳と軍事管制に抗議するためのものである。われわれは平和的方式で中国の民主化の歩みを推進することを主張し、いかなる形式の暴力にも反対する。しかしわれわれは強暴を恐れはしない。われわれは平和的方式で人民の民主力量の強靭さを顕示し、銃剣とデマによってつなぎ留めようとする非民主的秩序を粉砕するのである。平和請願をする学生と各界民衆に対して戒厳と軍事管制を実施するというきわめて誤った、理にもとる愚かな挙動は、中華人民共和国の歴史にきわめて劣悪な先例を切り開き、共産党、政府、軍隊にとって巨大な恥辱をもたらすことになるだろう。十年の改革、開放の成果は一朝にして滅してしまうであろう。

二、中国数千年の歴史には、暴でもって暴に替え、相互の憎しみあいという伝統が充満している。近代に至っても、仇敵意識は中国人の遺伝となっている。一九四九年以降の「階級闘争をもって要とする」スローガンは、憎しみの心理、仇敵意識、暴でもって暴に替えるという伝統を極端にまで押し進めたものであり、今回の軍事管制も「階級闘争」式の政治文化の体現である。このため、われわれはハンストで、中国人が今から仇敵意識と憎しみの心理を次第に捨て去り、取り除き、「階級闘争」式の政治文化を徹底的に放棄することを呼びかけるものである。というのは憎しみは暴力と専制を生み出すのみだからである。われわれは民主式の寛容精神と協力意識で中国の民主建設を始めてゆく必要がある。民主政治は仇敵と憎しみのない政治であり、相互尊重、相互寛容、相互妥協の基礎のうえの協商、討論、表決にのみ存在するのである。李鵬は総理として重大な過ちを犯しており、民主的手順を踏んで引責辞職すべきである。

しかし李鵬はわれわれの仇敵ではなく、たとえ彼は退陣してもやはり公民として享受すべき権利は保有するのであり、さらには誤った主張を堅持する権利すらもつことができるのである。われわれは政府はもとより一人ひとりの一般の公民に至るまで、旧来の政治文化を放棄し、新たな軍事管制を終結させるよう要求するとともに、学生と政府双方に改めて平和交渉、協商、対話の方式で双方の対立を解決するよう呼びかける。

三、今回の学生運動は空前の規模で全社会各階層の同情、理解、指示を獲得し、軍事管制の実施はこの学生運動を全人民の民主運動へと転換させた。しかし、多くの人の学生への支持は人道主義的同情心と政府への不満から出ているのであって、政治的責任感を伴った公民意識が欠如しているという点は、否認することが難しい。このためわれわれは呼びかける。全社会は傍観者的、単純同情的態度を一歩一歩捨て去り、公民意識を樹立すべきである。公民意識はまず政治権利は平等であるとの意識であり、公民一人ひとりが自分の政治権利と総理のそれとは平等である、との自覚をもつことである。ついで、公民意識とは正義感や同情心だけではなく、もっと重要なことは理性的な参加意識であり、つまり政治責任感である。一人ひとりが同情と支持だけでなく、直接に民主建設に参加すべきなのである。最後に、公民意識は責任と義務を担う自覚性である。社会の政治が合理的、合法的であることには、一人ひとりの功労がある。しかし社会の政治が非合理、非合法なことに、各人は責任がある。自覚的に社会の政治に参与し、自覚的に責任を担うのは、公民一人ひとりの天職である。中国人は、民主化の政治において、各人はまず公民であって、ついではじめて学生、教授、労働者、幹部、軍人であるのだ、ということを明確にする必要がある。

四、数千年来、中国社会は古い皇帝を打倒し、新しい皇帝を樹立するという悪性循環のなかをたどってきた。歴史が明らかにしているとおり、民心を失ったある指導者の退場と深く民心を得ている別の指導者の登場によっては、中国の政治の実質問題は解決できない。われわれが必要なのは完璧な救世主ではなく、完備した民主制度である。このため、われわれは次のことを呼びかける。第一に、全社会で各種方式によって合法的な民間自治組織を成立させ、段々と形成される民間の政治力量によって政府の政策へのチェック・アンド・バランスの役割を果たすこと。というのは民主の精髄はチェック・アンド・バランスにある。われわれには絶対的権力を有する一人の天子の存在よりも、むしろ一〇人の相互にチェック・アンド・バランスをする悪魔の存在のほうが必要なのである。第二に、重大な過ちを犯した指導者を罷免することを通じて、徐々に完璧な罷免制度を樹立すること。だれが登場しだれが退場するかは大して重要なことではなく、重要なことはどのように登場し、どのように退場するか、ということである。民主的手続きを踏まない任免は独裁を導くだけである。

五、今回の運動のなかで、政府と学生ともに過ちがある。政府の過ちは主として旧来の「階級闘争」式政治思惟の支配のもとで広範な大学生と市民に対する側にたち、衝突を絶えず激化させていったことにある。学生の過ちは主として自身の組織建設があまりに完備していず、民主獲得の過程で大量の非民主的要素を出現させたことにある。それゆえわれわれは政府と学生双方に冷静な自己点検を行うよう呼びかける。全体からいえば、今回の運動における誤りは主として政府の側にある、とわれわれは考える。デモ、ハンストなどの行動は人民が自己の意向を表明するための民主的方式であり、完全に合法的合理的なものであり、全く動乱などではない。しかるに政府側は憲法が公民に賦与している基本的権利を無視し、専制的思惟でこの運動を動乱であると決めつけ、そのことから一連の誤った方針を引き出し、ついには運動を次第にエスカレートさせ対立をますます激化させてしまった。このため、本当に動乱を製造したのは政府の誤った決定であり、その深刻さの度合いは「文革」を下らない。ただ学生と市民の側が自制し、党、政府、軍の有識者も含む社会各界が強烈に訴えたために、大規模な流血事件がまだ発生していないのである。この点に鑑み、政府はぜひともこれらの過ちを承認し反省する必要がある。今改めてもまだ遅くはないとわれわれは考える。政治は今回の大規模な民主運動のなかから深刻な教訓を汲み取り、人民の声に耳を傾けることを習慣づけ、人民が憲法が賦与している権利によって自己の意向を表明することに慣れ、民主的に国家を治めていくかを教育しているところである。

学生側の過ちは主として内部組織の混乱、効率と民主的手順の欠如に表れている。例えば、目標は民主的だが、手段、過程は非民主的、理論は民主的だが、具体的問題の処理は非民主的。合作精神が欠乏し、権力の相互相殺で方針のお粗末な状態を作り出したこと。財政面の混乱、物質面での浪費、感情に走り過ぎ、理性に欠けたこと、特権意識がありすぎ、平等意識が足りないことなどなど。この百年来、中国人民が民主をかちとる闘争はいずれもイデオロギーとスローガンのレベルに止まっていた。ただ思想啓蒙を講ずるだけで、現実運営を講じない。ただ目標を講ずるだけで、手段、過程、手順を講じない。われわれは、民主政治の本当の実現は、運営の過程、手段、手順の民主化であると考える。このためわれわれは、中国人は伝統的な単純なイデオロギー化、スローガン化、目標による空洞化された民主を放棄し、運営の過程、手段、手順の民主化建設を始めるべきであり、思想啓蒙を中心とする民主運動を現実運営の民主運動に転化させるべきである、と呼びかける。それはあらゆる具体的事柄から開始すべきである。われわれは、学生側は天安門広場の学生の隊伍を整頓することを中心に自己反省を行うよう、呼びかける。

六、政府の方針決定面における重大な失策はいわゆる「ひと握りの」という提起の仕方にも表れている。ハンストを通じて、われわれは国内外のマスコミに、いわゆる「ひと握り」とは次のような類の人々であることを訴えたい。

彼らは学生ではないが、政治への責任感をもった公民として、今回の学生を主体とする全人民の民主運動に自主的に加わっている。彼らの行うことの一切は道理にも法にもかなっており、彼らは自己の知恵と行動でもって、政府に政治文化、人格修養、道義力量などの方面から慚愧すべきことを知らしめ、誤りを公然と認めさせ、改めさせようとするものであり、また学生の自治組織を民主と法制の手順にのっとり日毎に完備したものにさせようとするものである。

認めなければならないことは、民主的に国を治めるということは、どの中国公民にとってもみな初めて体験することであり、党と国家の最高指導者をも含むすべての公民は最初から学ばなければならない、ということである。この過程において、政府と民衆の双方の過ちは避けることのできないことであり、ポイントは誤りに気づいたら必ず認め、必ず改めることにあり、誤りのなかから学び、誤りを成功のために富に転化させることであり、不断に誤りを改めてゆく過程で次第に民主的にわれわれの国家を治めてゆくことを学びとることである。

われわれの基本的スローガンは以下のとおりである。

一、われわれには敵は存在しない。憎しみと暴力でわれわれの知恵と中国民主化の進展を毒づいてはならない。

二、われわれはみな反省すべきである。中国の立ち後れには誰もが責任がある。

三、われわれはまず公民である。

四、われわれは死をもとめているのではない。真の生命を求めているのである。

ハンスト場所と時間、規則
一、場所…天安門広場人民英雄記念碑の下
二、時間…七二時間、六月二日一六時から六月五日一六時まで
（特殊説明…侯徳健は六日後に香港でレコーディングすることになっているので、彼のハンスト時間は四八時間、六月二日一六時から六月四日一六時までとする）
三、規則…ただ水を飲むだけで、食べ物や栄養分（糖分、澱粉、脂肪、蛋白質）を含んだ飲料水などの食品を採ってはならない。

ハンスト者
劉暁波　文学博士、北京師範大学中文系講師
周舵　元北京大学社会学研究所講師、北京四通集団公司総合計画部部長
侯徳健　著名なシンガー・ソングライター
高新　『北京師範大学周報』前編集長、中国共産党員
（村田忠禧訳『チャイナクライシス重要文献』第三巻）

天安門広場での虐殺はあったか

当時の世の中の認識は、マスメディアの誤報のために、天安門広場でも戒厳部隊が包囲したあと、「広場の学生たちを戦車で轢き殺した」、ということになっていました。そういうイメージの

なかで獄中にいた劉暁波は最初は一切黙秘していたのですが、途中から獄吏説得に応じて、広場の真実を証言するに至ります。それはどういう理由のためであったのか。

一緒にハンストをした侯徳健はシンガー・ソングライターで、有名で顔も知られていたということもあったと思うのですが、中国当局は出身地の台湾に追放します。台湾で記者の質問攻めのなかで、侯徳健は「広場での虐殺はなかった」と真実を証言します。人々は皆「天安門広場の虐殺」を信じていたので、侯徳健は「中国政府の手先になった」「だから投獄されずに台湾に戻ることができた」などと集中的な批判の対象とされてしまう。仲間の侯徳健がこのような辛い立場にあることを、獄吏から告げられた劉暁波は、盟友・侯徳健の名誉のために重い口を開いたのです。自分の仲間が真実を語ったために、「そんなふうに攻撃されるのは見るにしのびない。侯徳健を擁護しないといけない」。これが劉暁波が口を開いた理由だと彼自身が語っています。

劉暁波はさらに、ウルケシ証言を否定する発言も語っています。ウルケシも柴玲と同じく、あちこちでさかんに「広場の大量虐殺」を語り、マスコミの寵児となっていたからです。劉暁波の証言から明らかになったのですが、天安門広場の最後の局面、すなわち広場撤退の時点では「ウルケシは現場にいなかった」のです。彼は三日深夜、広場中央の学生指揮部で演説をして、「われわれは広場と生死を共にし、最後の一人まで闘わなくてはならない」と声高に叫んでいたのですが、心筋梗塞の発作が起こって、ふうふういいだした。こうして救急車で病院に担ぎ込まれてしまったのです。だから最後の局面に、ウルケシは現場にいなかった。

ウルケシは、皆「ウアルカイシ」と言っていますがそれは、ウイグル人名を中国語に訳した

「吾尓開希」の音読みです。私はウルケシの来日時に本人に向かって直接「あなたの名前はなんと呼ぶのか」と聞いたら「ウルケシ」だと言ったので、私は本人の発音にしたがって、ウルケシと言ってます。彼はウイグル族幹部の子弟ですが、ほとんど北京で成長し教育を受けており、ようするに太子党なんです。いまは既得権益を享受していないので、あまり悪口を言うつもりはないのですが（笑）。

劉暁波は、その事情を説明して、「ウルケシが現場にいなかった」「ウルケシは現場の真実を知らないのだ」、と婉曲に批判しているのです。ウルケシは劉暁波と同じ師範大学の学生だから、あちこちで「劉暁波の弟子」を自称しています。そのような「自称弟子」へのおだやかな忠告と見るべきでしょう。

劉暁波はハンスト仲間の三人と相談して、侯徳健と周舵の二人に戒厳部隊と交渉しに行ってもらったと具体的に説明するなかで、真実を証言するのは、「歴史に対して責任を負わなければならない」からだと説明しています。政府の弾圧の非を鳴らして、運動を盛り上げるには「広場で大流血があった、政府は酷いことをする」と誇張して宣伝した方が、運動に有利だと考える向きが多い。大方はそのような発想で「広場の虐殺」を語りました。しかし、そういう嘘はいずれ必ずばれる。広場の真実を知っているのは、広場に残った人たちだけなのだ。広場のリーダーだった劉暁波は、自分の知っている真実を証言しないといけない、という考えに基づいて、しかも自分の証言が政府のプラスになり、反政府側にとっては不利なものかもしれないことが分かった上で、敢えて証言したわけです。ここにもまた、劉暁波の生き方がよく現れているように思われます。

この劉暁波の証言は『人民日報』(一九八九年九月一九日付)に載ったのですが、逆に『人民日報』に載ったから、みんな「政府の宣伝だ!」とこれを無視したところがあるのです。しかし、私は劉暁波の一連の行動から、彼の交渉のおかげで、北京市郊外から天安門広場に到達するまでに行われた衝突に伴う流血を止め、これ以上の惨状を食い止めたことを正確に認識できたのです。「広場における虐殺」(丸腰の市民に対して武器を携帯した兵士が退路を断って殺戮することを私は虐殺と呼びます。発砲する部隊に対して、敢えて立ち向かい闘う、戦闘による死傷者は市街戦の犠牲者であり、これを「虐殺」と呼ぶのは適当ではないと考えます)なるものがなかった、これは劉暁波の手柄なのです。これを見極めないと劉暁波は認識できない。広場の真実を無視して、虐殺を宣伝・煽動するマスコミ評論家等に、声を大きくしていいたいことです。

無血撤退と広場の真実

広場の真実は、なぜ隠されたのか。結局は柴玲《さいれい》(天安門広場防衛指揮部総指揮)という女性(当時北京師範大学児童心理系研究所院生)が、「虐殺だ!」と騒いだことを世界中のマスコミが、「広場の真実」と誤解して報道したのです。彼女は最後まで広場にいたから真実を知っていました。ただ「虐殺だ」と騒ぐと、みな話題にしてくれ、世界中のマスコミも大きくとりあげてくれた。しかし二年後の一九九一年七月に、柴玲、封従徳、李禄、張伯笠たち天安門事件の関係者たちがパリに集まって反省会を開きました。そのときに、柴玲も「天安門広場では虐殺を目撃しなかった」と語っています。日本では、その反省会のことは『月刊現代』一九九一年一〇月号が紹介したぐらいで、大新聞はすべて無視した。これは天安門事件二年後のことですが、もしマスコミに良心があれば誤報訂正のよい機会でした。当時は中国への制裁ムードが西側の風潮であり、マスコミは誤報の垂れ流しを改めなかった。

そして天安門事件四年後の一九九三年にＮＨＫの加藤青延さん（現解説委員）がクローズアップ現代で「天安門広場　空白の三時間に迫る」という番組を作りました。スペイン国営テレビの映像と侯徳健の証言で構成したものです。六月四日の午前二時半から五時半でも広場のなかを画像で検証しました。この番組は、それ自体としてはよいものでしたが、「四年間の空白」は大きく、人々に刷り込まれた虐殺イメージを軌道修正することはとうてい不可能でした。誤報を訂正する機会は幾度もあったのに、それらの機会をすべて失ったのです。

私自身は『天安門事件の真相』（上・下、蒼蒼社、一九九〇年六月）のなかで言及しましたし、これに先立ち八九年の一二月四日に『読売新聞』の文化欄には、劉暁波たちと戒厳軍の現場指揮官たちが退路を話し合って広場での死者を出さずに撤退できたことを書きました。そうしたら、「おまえは何を言っているのだ、中国政府を弁護するのか！」という攻撃を受けました。私の真意が伝わらず、重箱の角を突っ付く愚か者と罵倒され、どうにもならなかった、ということがあります。

『朝日新聞』は、記者二人（朝日教之カメラマン、永持裕紀外報部記者）を最後まで天安門広場に残し、撤退を見届けさせました。彼ら二人は真実を目撃して無事に帰ってきたのですが、この

夕刊　讀賣新聞　1989年（平成元年）

文化

「天安門広場での虐殺はなかった」

学生、軍と退路話し合い
急襲されて無血撤退

客観的資料を分析

矢《や》吹《ぶき》　晋《すすむ》

集過程でわれわれはいくつかの意外な発見をした。その一つは広場での虐殺問題である。広場の整頓過程は多くの日本人（いや世界中の人々）がテレビ画面から想像した印象とは著しく異なっていた。結論を先取りしていえば広場での虐殺は幻だったようである。むろん戒厳部隊は広場へ到着する過程で発砲を繰り返しており、また鎮圧以後のゲリラ行動に対しても発砲し死者を出している。武力鎮圧の過程で結局三百十九人が死亡したとされており（九月十七日、李鵬談話）、広場以外での殺傷は明白な事実である。にもかかわらず、なぜ広場にこだわるのか。

第一に天安門広場は人民中国の象徴、人民英雄記念碑は無名戦士の墓標、広場には象徴的意味がある。第二に歴史的意味。一九七六年四月五日の第一次天安門事件の流血は読者もご記憶かと思うが、当時死者がゼロであった事実はあまり知られていまい（厳家其ほか『四五運動紀実』を注意深く読むと、死者のなかったことがわかる）。最近の東

もう一ついえば、「逃げ場のない学生たちに対する殺戮（さつりく）」と発砲一般は区別されてしかるべきであろう。虐殺情報は学生側から発信されたものが多い。たとえば広場のジャンヌダルク柴玲は香港のテレビでこう証言した。「ある説では学生が二百人余り死んだと言い、ある人は広場で四千人余り死んだという」（香港『文匯報』六月十二日付）。ウルケシは香港の亜洲テレビへの談話でこう語った。「天安門広場であの夜死んだのは少なくとも千をもって数える数字であることだ。今回の血生臭い鎮圧のなかで、北京では私が思うに万をもって数える

二つの一番乗り部隊

戒厳部隊は基本的に三路（①万寿路～復興路～西長安街～広場、②六里橋～広安門大街～前門西大街～広場、③南苑空港～南苑路～広場）に分かれて進撃した。広場西側の人民大会堂に駆け込み、到着「一番乗り」を戒厳部隊指揮部から嘉賛されたとしているのは、③の広州軍区空軍某部隊の天兵（すなわちパラシュート部隊）であり、四日午前一

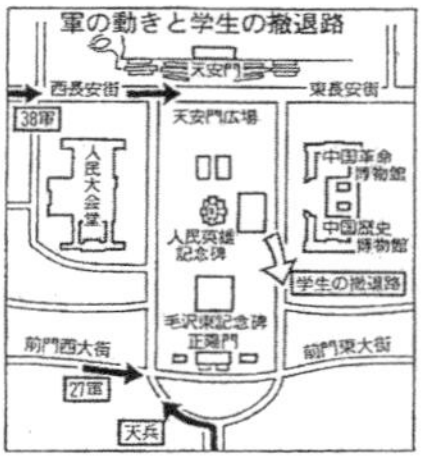

②の部隊である。②の戒厳部隊某連隊（襲撃独立団の後身だから、二七軍と推測される）は三日夜に六里橋を徒歩で出発し、二十三時五十三分に正陽門西側に着き、四日午前零時十九分に広場到着を報告している（解放軍総政治部宣伝部『捍衛社会主義共和国』三二四頁）。しかし②よりも五十八分遅れた③の空挺部隊が一番乗りだとされたのは、後述のような特殊任務によるものか。

①の戒厳部隊某部（三八軍を中核とする集団軍）先着部隊は四日午前一時三十分に天安門前の金水橋南側に着いた。先着部隊の初仕事は金水橋に「現地指揮部」を設けることであり、発砲を含めてかなり手荒に群衆をけ散らしたが、長安街センターラインを越えなかった。先着部隊はついで東長安街にいた約一万の群衆を南池子周辺まで追い払い、

た侯徳健（シンガーソング・ライター）、周舵（四通集団公司）が協和医院外科医宋松に付き添われて広場東北角で戒厳部隊某連隊政治委員季新国大佐、顧本喜中佐と会見した。彼らは平和的撤退を話し合い、広場東南口が空けてあることを確かめた。四時十分（一説では十五分）に広場の電灯が一斉に消えた。消灯作戦は、学生の撤退を促し、整頓着手の予告信号であった。四時三十分の点灯を合図に各部隊に出動命令が出た。

三方から攻めた軍

迷彩服を着た天兵すなわち某集団軍偵察大隊偵察第一中隊（この連隊は八八年六月に対ベトナム戦から帰還）は人民大会堂東門から飛び出すや、人民英雄記念碑の北側すなわち正面から記念碑に突撃した。目標は記念碑第二戒壇の東南角に設けられていた北京市大学

弥壇の東北側、東南側高さ三㍍余のところにくくりつけた三つの大スピーカーを射撃して故障させ、放送を中止させた。この間約三十分であった（『南方日報』八月十八日）。この偵察第一中隊は百九十六名からなり、数人の優秀な射撃手が大隊指揮員、中隊指揮員の命令による警告発砲を許されていただけで、他の兵士は弾丸を装填（そうてん）していなかった。数千名の学生や市民の渦へ一個中隊が突撃するのであり、誤って味方を撃つ危険性もあったからである（『捍衛』）。

いきなり指揮部を襲われ、学生たちは五時前後から撤退を始め、五時三十分ごろほとんどすべての学生が広場を離れた。整頓作戦は金水橋（北側）、人民大会堂（西側）、歴史博物館（東側）の三方向から将兵が人民英雄記念碑に向かい、北側からはさらに二十数台の装甲車が迫った（『捍衛』）。学生群はまず上から襲われ、ついで三方からしぼり出されるような形で無血撤退したわけだ。

事件後、アメリカのABCテレビ（六月二十七日）がビデオ・フィルムを点検していわゆる大虐殺の事実を否定した（本紙六月二十九日付朝刊参照）。アメリカの人権擁護組織「アジア・ウォッチ」の調査部長たるロビン・マンローは三日

言は中国当局から自由である。三者の証言および他の傍証を重ねて読むことによって、整頓過程の真相に肉薄できたわけである。

横浜市立大学教授・中国経済、現代中国論　一九三八年福島県生まれ。著書に「文化大革命」「チャイナ・ウォッチング」「チャイナ・シンドローム」など。

『読売新聞』1989年12月4日

新聞はなんと、彼らに記事を書かせなかったのです。『朝日新聞』には書かせず、同社の社内報『朝日人』（一九八九年八月号）に書かせた。では、本紙には何を書いたのか。柴玲の「私は、学生総指揮の柴玲です。まだ生きています。しかし広場は血の海だ……」（『朝日新聞』一九八九年六月八日付。原載香港『文匯報』六月五日付）が訳されている始末です。そういう嘘の記事を大きく載せた。これは日本のマスコミだけではなく、概して世界中のマスコミがそのようなやり方でした。私がいま特に『朝日新聞』を問題にしたいのは、『朝日』は記者が二人現場にいたから、真実は分かっていたからです。真実を知っていながら、それを報道することをためらい、柴玲の虚偽・誇大宣伝を選択した。柴玲はヒロインの一人ですから、それも報道するのは構わない。ならば、柴玲自身が事件の二年後に「虚報だった」という反省を語っているのですから、その機会に反省した柴玲の弁を報道すべきでした。しかし事件後現在にいたるまで二〇余年、一切訂正をしていないのは、甚だ不可解ですね（補足、永持裕紀記者が『アエラ』二〇一〇年一〇月二五日号に書いた「虐殺推定四千人、天安門事件を再現する」という二ページの記事も、その意図がアイマイな、不可解千万な記事です）。

劉暁波のほんとうの思想と行動を知るためには、ぎりぎりのところで身を挺して学生たちと軍の衝突を回避させたその行動力と勇気を知らないといけないのです。ところがノーベル賞をもらった途端に、劉暁波を持ち上げる人はたくさんいるのですが、肝心の行動力の現場とそれを支えた思想が分かっていないのではないか、これが私の一番言いたいことです。

これは二つの面から言えると思います。一つは知識人の生き方として劉暁波を考えることです。

私自身は劉暁波のような生き方はできないのですが、劉暁波がそういう思想と行動の持ち主であることはきちんと見極めないといけないと思っているのです。

もうひとつは、マスコミがいかに真実を報道しないか、作られた「空気」に合わせて書きまくるか、ということです。真実でない虚偽を書いて、そのあと訂正しない。その時点で真相が分からなかったのは、仕方がないことです。しかしながら自社の記者を二人も派遣しておいて、書かせないとはどういうことなのか。当時の斧支局長は二人の後輩が死んだと思い込み、線香を上げていたという随筆を書いた。その二人の記者が生還したのだから、その事実とそこで目撃した真実を書けばいいのに、一切書かない。その後、二〇年以上、誤報の訂正もしない。繰り返しますが、誤報が第一の問題、誤報を訂正しないことが第二の問題です。これは『朝日新聞』に限らず、他の新聞も五十歩百歩です。

劉暁波は、命をかけて広場に残りました。戒厳軍と侯徳健たちが交渉して無血撤退に導いたというのは、すでに繰り返したように劉暁波のおかげです。鎮圧する側にしても「人民解放軍」という名誉もあり、誇りもあるから、丸腰の、非武装の市民相手にやたらめったらに発砲はしにくい。天安門広場に到達するまでの過程で、バスを倒して火をつけたバリケードに進路を阻まれた。兵士たちには広場到達の軍令が出ていたので、抵抗を排除しないわけにはいかない。この衝突のなかで死傷者が出た。何人かの兵士が殺され、中には陸橋に吊るされて焼かれた遺体も写真に映されています。そういうことがあっても軍は最初は発砲しなかった。しかし、その後、ある時点から状況に迫られて、軍の方が自衛のために撃ちだすのです。一方では「何時までに広場に到着せよ」という軍令を受けているのに、燃えるバスという効果的なバリケードに妨害されて広場にたどり着けない。陸橋からは投石の嵐です。

こうした市街戦の衝突を経て、戒厳部隊はようやく広場に到着した。広場への到達の直前の段階では一部で水平射撃もみられました。しかし広場についた時点では、もはや水平射撃はなく、警告の発砲を空に向けて、あるいは地に向けて撃つ状況でした。

劉暁波ははっきり言っています。「空に向けて撃つか、地に向けて撃つか」。それが劉暁波の証言です。マスコミは、そのことを理解しないで煽っていました。典型的な例は、英ＢＢＣのジョン・シンプソン記者です。彼は広場近くの北京飯店で銃声を聞いて、そこから「目撃情報」を書き送り、ジャーナリストとして賞を得ました。彼は①天安門広場、②ベルリンの壁の崩壊、③ルーマニアのチャウセスク体制の崩壊という三大事件の現場の目撃者として有名になり、賞を得ましたが、少なくとも天安門広場の報道は不正確であり、ジャーナリストの本道を外した報道です。そもそも北京飯店から広場の現実を目撃することは不可能な距離です。

残念無念に思うのは、劉暁波の思想と行動に共感する日本の良識派が、劉暁波の真実をあまり知らずに応援しているのではないか。もっとよく実際の行動を理解してこそ、日中知識人の相互理解が深まるのではないかと残念でならないのです。

もちろん、広場での「虐殺」はなかったとしても、広場の周辺で多くの死傷者が生じたこと、総じて天安門事件当時、少なからざる死傷者が出たことは事実であり、私はこれを否定しているのではありません。

中国当局の発表によっても、事件での死者は三一九人とされていますが、実際はこれを上回るものと見ています。とはいえ、千人の大台を超えることはまずないと考えてよい。このような事件の悲劇性を強調するために、誰もが犠牲者の数を膨らましたくなる誘惑に駆られます。犠牲者数を多く増やすことが、権力の非道を憎み、正義を主張する証を得たような気分になります（南京事件の犠牲者が半世紀後、一九九〇年代になってから極端に水増しされたのは、典型的な一例です）。

劉暁波は毎年天安門事件の六月四日がくるたびに、死者を悼む詩を書き、天安門の犠牲者の遺族ともに、真相の究明と被害者への謝罪と賠償、武力弾圧の責任者に対して司法の追及を行うことを求めて、毎年、人民代表大会（中国の国会）と政治協商会議に対して、公開書簡などの手段を持って要求し続けてきたのです。

劉暁波の証言

広場撤退後の劉暁波はどうなったかというと、逮捕されます。私は当初、その場で逮捕されたのかと思いましたが、そうではなく、しばらく経って六月二三日に逮捕された（『人民日報』六月二四日報道）。多くの学生指導者や改革派知識人は国外に逃亡したのですが、彼は逃げなかった。これも劉暁波を考えるひとつのポイントです。彼は当局から睨まれていたのですが、逃げなかった。それは、逃げちゃ駄目だ、という使命感があったからでしょう。外国で安楽に暮らすよりも、中国の獄中生活のほうが精神的に自由だ、といった趣旨の発言をしています。

天安門事件のおよそ三週間後に逮捕されましたが、それをきっかけに、当局による劉暁波批判論文が一斉に飛び出します。『北京日報』（六月二四日付、共産党北京市委員会機関紙）」の王昭というひとの「劉暁波の黒い手をとり押さえよ」というのが出まして、これを二五日付の『人民日報』が転載する。それから劉暁波批判が一斉に集中的に出ます。もちろんその他に、方励《ほうれい》之《し》（天文学者、当局による批判論文集は『方励之的真面目』法律出版社、八九年七月）や厳家其《げんかき》（当時中国社会科学院政治学研究所所長）がいますが、やはり一番の批判の矛先は劉暁波でした。というのは方励之は当時すでにアメリカ大使館に庇護されていましたし、厳家其もパリに逃げていました。しかし劉暁波は国内に残った。当局にとっても劉暁波の行動の真意がよく分からない。バイ菌が国内にあると若者が感染しやすい。このような知識人のあり方は、当局にとって恐るべき存在であり、それゆえに狂喜のような劉暁波批判が展開されました（主な劉暁波批判は『劉暁波其人其事』中国青年出版社、八九年九月）。

そういう経緯で劉暁波は国内に残って、獄中から「広場の真実」を証言したのです。

資料②　北京師範大学講師劉暁波の証言（六月四日）（『人民日報』一九八九年九月一九日）

北京師範大学中文系講師の劉暁波は、六月四日の天安門広場の「清場」について次のように語った。

「私は歴史に対して責任を負わなければならない。したがって、あの時に私が目撃した事実を話しておく必要があると考えている。六月四日の午前二時頃、私は「北京市大学学生自治連合会」のスピーカーが、「北京市大学学生自治連合会」のリーダー、ウルケシの演説を流しているのを聞いた。ウルケシは、天安門広場と生死を共にしなければならない、最後の一人まで闘わなければならないと演説していたが、演説しながら彼は喘ぎはじめた。多分心筋梗塞の発作が起きたのだろう。これ以後は彼を見かけなかったし、彼の声も聞いていない。当時ウルケシが寝ていた担架は、われわれがハンストをやっていたテントの東側に置いてあったが、われわれがテントから出たときにはすでにその担架は見当たらなくなっていた。そこで、私は侯徳健、周舵、高新と相談し、侯徳健、周舵の二人が戒厳部隊と交渉しに行くこととなった。この二人のほかに「北京市大学学生自治連合会」からも二人の学生代表を行かせようとしたが柴玲に反対された」

天安門広場から撤退するときの情況について、劉暁波は次のように語った。

「私は戒厳部隊が発砲するのは見ていない。彼らが発砲したのは、空に向けてか、スピーカーに向けてだけだった。また、私は一人の死者も見なかったし、まして天安門広場で流血が河を成したなぞということは見ていない」

（白石和良訳『チャイナ・クライシス重要文献』第三巻）

2　「08憲章」

「08憲章」の意義

劉暁波は、天安門事件で逮捕され、九〇年代にまた逮捕されたのですが、最初の一年はただ拘留されて、あと三年ぐらい労働改造というかたちでぶち込まれています。そのあと九〇年代なかばに解放された。でも公職は剥奪されてもうありませんから、あとはフリーランスとして、評論活動を行ううちに「08憲章」になります。

「08憲章」というのは要するに、国連の「世界人権宣言」記念日に合わせたものです。人権宣言は一九四八年の一二月一〇日に採択されました。「08憲章」は劉暁波が中心となって起草したと言われていますが、特別の思想性や目新しいところはありません。つまり世界人権宣言に盛られた精神を中国でも実行しなさい、ということです。

実は世界人権宣言そのものは、中国政府も認めているんですよ。それと違う価値観を語っているわけではない。中国政府の言うのは、「自分たちは途上国であるから、いまだ『人権』を充分に保障できる余裕は無い、と。途上国ではいま『国権』が必要なんだ、人権よりも国権を」と上位におきたいと主張しているのです。中国は貧乏だから滅びてしまうかもしれない、現状では人権を充分に守りきれない。まあ、「国家社会主義」を主張しているようなものです。いずれ余裕

劉暁波の投獄期間

刑期	罪状	判決
1989年6月〜1991年1月	反革命行為を煽動した罪で起訴される。	中国で最も有名な秦城監獄に投獄され、「反省文」に署名してようやく釈放された。
1995年5月〜1996年1月	民主化と人権擁護の運動に参加して、1989年の学生の抗議活動に対する名誉回復を公然と主張したため。	6カ月投獄の後、釈放。
1996年10月〜1999年10月	社会秩序を混乱させたカドで起訴された。	労働教養所に3年投獄された。1996年に劉霞と結婚。
2009年12月〜2020年（予定）	国家政権転覆煽動罪で起訴された。	懲役11年の判決を受け、すべての公民権2年剥奪された。いまは遼寧省錦城監獄に投獄されている。

ができたら、自分の方から人権を保障したいと、言っているのです。

実は中国の憲法も条文の文字面だけを見ると、相当いいことが書いてあるのです。ただ実行しないだけです（笑）。条文を見てみると、言論の自由、表現の自由と全部書いてあります（中華人民共和国の一九八二年憲法第三五条には、「中華人民共和国公民は言論、出版、集会、結社、行進、示威の自由を有する」と明記している）。だから、そう法律が中国に無いわけではない。形だけは、他国の優れた例を真似した法律が定めてあるのです。ただ実際には、言論、出版、集会、結社、行進、示威の自由を許さない。逆にとんでもない人権侵害を平気でやっています。そういうなかで劉暁波はぎりぎりの抵抗を続けてきた、ということになります。

中国民主化運動の完全な封じ込め

劉暁波は、「08憲章」を発表して中国共産党の一党独裁を批判し、翌二〇〇九年には「国家政権転覆煽動罪」のカドで逮捕された。これは端的にいえば共産党独裁を批判したからです。中国共産党は独裁を堅持すると強調しています。これは国是だという。劉暁波はその国是を批判したカドで国家転覆という罪になる。

ノルウェーのノーベル賞実行委員会は、〇九年にも劉暁波を候補として選んでおり、賞を与えることを検討していたのですが、〇九年は見送られた。そして二〇一〇年に与えられたということです。

しかし、平和賞受賞をきっかけに、中国で民主化運動なり人権擁護の運動が起こるかと思ったら、まったくその可能性は無い。つまり完全な「封じ込め」になっているわけですね。

その封じ込めのやり方は、こんな形です。天安門事件以来二〇年一貫していて、北京オリンピックその他、アジア国際大会・会議があるときは必ず事前に、反体制活動家を拘束する（場合によっては、所払い措置を行い、田舎に追放する）、ということには慣れています。特に政治的なディシデント（政治的異端分子）は、一〇〇％、完全に押さえています。今回聞いたひどい話は、今回のノーベル賞受賞で劉暁波の仲間が集まって対応を協議する秘密会議をやった。それを終えて帰宅したところ、片端から軟禁された。というのは、最近の携帯電話にはＧＰＳ機能がついていて、当局は秘密の会議を察知しており、終わったところで一斉逮捕あるいは軟禁という話です。どうしようもない、ほぼ完璧に動静を押さえられています。したがってこれをきっかけに民主化運動を、という話にはならない。

もし劉暁波が仮にオスロの授賞式に出席したいと言ったとしたら、おそらくは「ノーベル賞授賞式にどうぞ、出席してください」と言うはずです。ただし、一度出国したら、もう帰国を許さない。祝賀を契機とした国外追放です。劉暁波はそういうやり方を知っているから、絶対に当局の甘言に乗らないのです。

ちなみに天安門事件後、天文学者の方励之は米国に亡命し、いまアリゾナ大学の教授になっています。しかし民主化運動は何もできない。もう一人有名なケースは厳家其ですが、中国社会科学院政治学研究所所長でしたが、鳴かず飛ばず、事情はよく知りませんが、この二〇年間何も目立つ活動ができない。それから知識人の間で広く人気があったという意味では、作家の劉賓雁《りゅうひんがん》が挙げられますが、彼はもう亡くなりました。もう一人、理論家として有名だったのは蘇紹智《そしょうち》というひとがいました。彼はユーロコミュニズムの研究の第一人者でした。私の『中国のペレストロイカ［民主改革の旗手たち］』（蒼蒼社スペシャルブックレット）には、彼ら、方励之・蘇紹智・王若望・劉賓雁・呉祖光・黎澍・呉敬璉・廖隆蓋が入っています。この本は天安門事件前に書いたものですが、彼らがこれからの中国の政治改革を推し進めていくだろうと思いました。この本を作ったのは一九八八年、天安門事件の一年前です。彼らと劉暁波を比較すると、当時の時点ではこれらの人たちの方が圧倒的に有名で、劉暁波は文字通り「ダークホース」、まだ誰にも分からない存在でした。

徹底した知識人批判

劉暁波という男は、一九五五年生まれです。文革時代に青年期を送り、そのときに徹底的に考え、思想形成を行った人物です。彼の知識人批判というのはすさまじいところがあります。それはたとえば「地獄の入り口で――マルクス主義の再検討」という論文でもわかると思います。劉暁波の論文集は、天安門事件の後に、『現代中国知識人批判』（徳間書店）として邦訳されましたが、この論文は収められていない。その際に書いた書評でも言及しましたが、「忠の字踊り」という文革時代の「語録」をかざしておどるパフォーマンスについて、彼はその旋律や動作をいまでもはっきりと覚えており、脳裏に刻み込まれている。とうてい忘れられない記憶になっている。

ところが文革が終わると、中国の知識人たちは誰もがこの歴史を忘れたフリをしている。毛沢東夫人の江青ら「四人組」は加害者として起訴されたけれども、加害者はこの四人組に限らないのは明らかだ。しかしながら、圧倒的大部分の知識人たちがほとんどすべて「文革の受難者」面をしたり、「反文革の英雄」面をするばかり。これは一体どういうことだ。中国知識人はなぜかくもデタラメなのか。文化大革命と脱文革期、二つの時期における知識人たちの曖昧な、責任回避の態度に劉暁波は、しらけたというか、中国のインテリのデタラメぶりに接して非常に衝撃を受けたと述べてます。若い青年期に文革のもとで政治の悪を知り、その文革が終わったあとの知識人の態度を見て、なぜ彼らはそうなのか、弱さの根源をいろいろ考えたと彼は述べています。「すべての者がそこに身をおいた文革という大災難がわずか数人にもたらされたかのようであった」、「中国の知識人の否定は、自らに向けられることがめったになく、もっぱら他人に向けられる」、「中国知識人の伝統である自己美化に満ちており、「愚昧な大衆」への呼びかけが欠けており、人間の個性・権利・自由に対する関心が欠けている」、つまり中国の社会においては、知識人と大衆の間には距離がありすぎて、知識人たちの狭い世界のなかで自己満足しているだけではないのか。こういった認識が彼の知識人批判です。

「中国人には由来、誠実で自覚的な懺悔の精神が欠けている。いつもすべての錯誤と責任を他人に押しつけ、成功と栄誉と真理を自分のものとしてきた」ということです。こういう完膚無きまでの中国知識人批判を劉暁波はやめない。

その批判対象には、たとえばさきほど挙げた作家の劉賓雁やいまの鄧小平路線を合理化していった「新権威主義論」者たちや、あるいはリベラルな思想家の李沢厚などを含みますが、劉暁波から見ると全部批判し克服すべき対象です。彼の批判は、このように徹底したものであり、それゆえ、その発言にはインパクトがあり、政府当局はその影響力を恐れたのです。

劉賓雁には『第二の忠誠』という小説があります。私は面白いので、語学教室でこれを教材として授業をしたことがあります。その結末は、共産党に対する党員の忠誠というのは、大事であり、尊重すべき価値観である。しかしながら、それだけでは文革みたいな運動の発生に対応できない。「党への忠誠」とともに、自らの「良心への忠誠」、すなわち「第二の忠誠」を忘れないことによって、文革の悲劇を乗り越えようと訴えたものです。心にもうひとつの忠誠を用意しておかないと、党に良心をかすめ取られてしまう。党組織の奴隷になるだけだ、という筋書きです。

この「第二の忠誠」を劉暁波は、酷評しています。

「劉賓雁の『第二の忠誠』は、自らを除籍した党に対してひたすら思いをよせ、二度目の復権を党に期待しているだけではないのか。だが、専制者の恩恵による復権を期待するとは、愚昧の極みを示す心理状態にほかならない」。『第二の忠誠』なるものは劉賓雁の愚昧の極み、『党離れ』できない弱さだ」と批判しているわけですね。つまり、「専制者が（劉賓雁を）復権させる権力をもつことは、ふたたび地獄に突き落とす権力をももつことだ」と劉賓雁を批判しています。

ここには世代の差が見えます。劉賓雁は一九二五年長春市生まれ、解放前夜の一九四四年に入党し、五〇年代に『中国青年報』に優れたルポルタージュを書いて、作家協会に推薦された。反右派闘争に際して右派分子とされ、文革後に名誉回復した。共産党に対する期待の点でも、その活動を党によって評価された点でも、劉賓雁はやはり党によって育てられた作家です。党離れは不可能なほど、党生活を送ってきた作家です。

これに対して一九五五年生まれの劉暁波は、ちょうど三〇歳若い。生まれも育ちも長春市なので、三〇歳年長の劉賓雁の姿は、おそらく彼の両親の姿と似ていたかもしれない。父親は東北師範大学中文系の教授でした。劉暁波は両親の世代と重ねて劉賓雁の生き方を観察し、共産党政治の欠陥や病根をその根底から深く認識した。そのような劉暁波の共産党に対する視点から見ると、右派分子にされ、文革期にふたたび投獄されながら共産党への期待を捨てきれない劉賓雁は、党への「愚忠」そのものに見える。劉賓雁は愚忠の精神を批判しながら、自らは愚忠に陥っている事実に気づかない。これが劉暁波から見るとはがゆくてならないのだと思われます。

もう一つ、魯迅に対する批判を読んでみましょう。

「魯迅の三〇年代の雑感を読むと誠実、賢明、深刻、独立した知者のイメージが消えて、残るのは個人的損失、私的怨恨、政治的功利だけに拘泥する凡才のイメージである。狭量で器が小さく、理屈が通らなくなる」と手厳しい批判ですね。魯迅はむろん気骨のある作家で私は尊敬していますが、劉暁波にかかると、形無しです。魯迅の弱さも乗り越えないと中国の未来はないとも言っています。私の友人丸尾常喜は魯迅研究に生涯を捧げ、『魯迅――「人」「鬼」の葛藤』（岩波書店、一九九三年）を書きましたが、生前、劉暁波の魯迅論について彼と議論できなかったのは心残りです。

世代的にいうと、そしてこれが思想形成に直結するのですが、劉暁波の生き方は、天安門事件当時に著名であった多くの改革派知識人と相当に異なります。これはやはり彼が文革期に中国の政治の裏表を透視した体験によるものと思います。

ただし、いまの中国の若者、バーリン・ホウ、「八〇後」と呼ばれる、八〇年代以後に生まれた中国の若者たちは、劉暁波と比べて三〇歳若い世代ですから、その世代から見ると劉暁波もまた違和感をもって眺められているかもしれない。この世代は江沢民時代のイデオロギー教育を受けた世代ですが、「三つの代表」といったわけの分からない新理論を党が唱えていた時代の申し子ですから、何を感じて、何を考えているのか、私には皆目見当がつかない。

この「八〇後」世代の意識と行動はさておき、劉暁波の世代は、文革のなかで育って、社会主義に幻想をもたず、マルクス主義にも期待しない、そういう知的世界で自分の主義・信念・思想を形成して一人闘っている人間、というイメージになりますね。

劉暁波のマルクス主義批判

そのことをもっと調べると、「劉暁波のマルクス主義批判」にぶつかります。先ほど紹介した「地獄の入り口で――マルクス主義の再検討」という文章です。香港の『解放月刊』一九八九年四月号が出典です。

ここでは要旨を申し上げます。

「私は一五歳の時、初めて『共産党宣言』を読んだ。全書を貫く激情と自信は私の心を深く動かした。中学時代に『マルエン選集』『レーニン選集』を通読し、大学時代に『マルエン全集』を通読した。相対的にいえば、私はマルクスの初期の著作が好きである。これらの著作は、濃厚な哲学臭と反逆精神を帯びている」。そういうところが劉暁波は好きだと言っています。

「マルクスの著作が私にとって最初の知的背景となったことは、終生ついて回るかもしれない」と言って、ただ彼は、マルクスの教条的な信者ではなくて「批判的研究対象としてのマルクス主義が永らえてほしい」と思っていると述べています。つまり時は毛沢東の文革時代ですから、劉暁波にとってマルクス主義とは最初から疑うことから始まっているわけですね。

あとはちょっと陳腐なんですが、アインシュタインの言葉として「青年時代にマルクス主義を信じない者には良心がないというべきである。中年以後もマルクス主義を信じている者は頭脳がないというべきである」（笑）とそういうふうにアインシュタインが言ったとして、「この話は私が若いときにマルクス主義を熱狂的に敬虔に信じたことを自ら慰めるのに役立つ」と苦笑する。このとき劉暁波は、すでにマルクス主義を捨てているわけですね。それで「マルクスは『経済学批判序説』のなかで、真理の探求に関わることを述べている。大意はこうである。『真理への入り口においては、地獄の入り口と同じように、いささかなりとも猶予は許されない！』」という言葉を引いて、みずからの論文全体のタイトルとしているわけです。

この論文が発表されたのは、一九八九年の四月です。天安門事件の前夜に香港で出た雑誌です。当局側が一番恐れたのは、このような劉暁波の思想ですね。『劉暁波其人其事』という、当局による劉暁波批判のパンフレットは、特別にたくさん印刷され配布されました。劉暁波は当局にとって、「動乱を煽動する」「狂人」「狂犬」「黒馬《ダークホース》」……などと言われました。

ここでいう「ダークホース」は、これは日本語の感覚とちょっと違うかもしれません。当時、リベラルな思想で知識人の間で人気のあった李沢厚みたいな人物、党内の最も西洋的なリベラルな知性として尊敬されていた人物に対して、まったく無名な劉暁波が、「そういう所が中国人の一番悪いところだ」と、厳しく批判した。それでみんなびっくりして、劉暁波という若造はいったい何者だ？　と話題になりました。つまり突然暗闇から出てきて、権威をなぎ倒す、という意味でダークホースが彼のあだ名になりました。

資料③　劉暁波「地獄の入り口で――マルクス主義の再検討」（香港『解放月刊』一九八九年四月号）

私（劉暁波）はかつて中国の多くの若者と同じように、熱狂的かつ敬虔にマルクス主義を信じたことがある。この信仰（原文＝信仰）は、一方では愚昧無知のためであり、他方では文化専制主義によってもたらされた知識真空のためであった。私の青少年時代を回想すると、ほとんど文化砂漠のなかで生きてきた。統治者がわれわれ「共産主義の後継者」のために定めた良書とは主としてマルクス、エンゲルス、レーニン、スターリン、毛沢東の著作であり、それに関わる紹介的な著作であった。これらの人々の著作のうち、マルクスは疑いなく最も哲学的な天賦に恵まれており、彼の著作にはある種の創造的天才的な閃きがあり、しかも豊富な哲学史上の知識が含まれており、彼の本を読むと他の人々の本を読むよりもはるかに幸せであった。

いまでも忘れがたいのは、私が（一五歳のとき）初めて『共産党宣言』を読んだときの感激であり、全書を貫く激情と自信は私の心を深く動かした。その後、中学時代に『マルエン選集』『レーニン選集』を通読し、大学時代に『マルエン全集』を通読した。相対的にいえば、私はマルクスの初期の著作が好きである。これらの著作は、濃厚な哲学臭と反逆精神を帯びている。とりわけ後者は私に対してきわめて大きな影響を与えた。さらにマルクスの著作の中の豊富な哲学史の知識は私がその後西方哲学を学ぶ上での糸口を提供してくれた。マルクスの著作が私にとって最初の知的背景となったことは、終生ついて回るかもしれない――絶対的信仰としてであれ、批判的な研究対象としてであれ。絶対的信仰としてのマルクス主義が私の心中で死滅し、批判的研究対象としてのマルクス主義が永らえてほしいと私は希望している。私だけではなく、あらゆる中国人は思想上でこの関門を越えなければならない。すなわちマルクス主義を批判することである。

アインシュタインはこう語ったことがある。青年時代にマルクス主義を信じない者には良心がないというべきである。中年以後もマルクス主義を信じている者は頭脳がないというべきである（大意はこうである）。この話は私が若いときにマルクス主義を熱狂的に敬虔に信じたことを自ら慰めるのに役立つ。しかし、私が同意しようがなく、また自分で許せないのは、青年時代にマルクス主義に対して無知蒙昧に似た信仰をもつことは良心の現れなのかということである。良心と頭脳は截然と分けられるのであろうか。私が思うに、宗教信仰を除けば、マルクス主義であれ、あるいは他の何主義であれ、いかなる時期においても絶対的に信仰するのは、盲目愚昧の現れであり、すべて自己の良心と頭脳を喪失した現れにほかならない。マルクス主義あるいは他の主義を批判的に研究することは、いかなる時期においても知恵のメルクマールである。マルクス主義に対する熱狂的な信仰が当方世界の半分以上に広まったとしても、中国やソ連の広範な信徒たちはいま世界で愚昧な一群ではないのだろうか。人間の愚昧、無知、盲目および軟弱さが社会主義陣営においてマルクス主義が絶対的信仰となった重要な原因の一つである。

細かく思索すると、人々のマルクス主義に対する熱狂的信仰はある種の思想あるいは信仰（宗教的意味での）ではなく、絶対的権力に対する崇拝と屈伏なのである。というのは、東方のマルクス主義はすでに思想や信仰ではなく、専制権力の有機的な一部分であり、東方の専制者が独裁統治を行う道具なのである。したがって、マルクス主義批判は東方専制主義批判に直接的に転化するし、マルクス主義の弁護を続けることは東方専制主義の弁護に直接的に転化する。とりわけ中国とソ連では、専制者はマルクス主義を看板とする思想独裁を一日たりとも放棄できないのであるから、真の覚醒者は一日たりともマルクス主義に対する批判を放棄できないのである。

マルクスは『経済学批判（序説）』のなかで、真理の探究に関わることを述べている。大意はこうである。「真理への入口においては、地獄の入り口と同じように、いささかなりとも怯懦や猶予は許されない！」キリストの受難精神に富むこの言葉は、私がこの文を書くよう激励する主要な動力の一つである。それゆえ本文のタイトルとした。

私はマルクス主義を絶対的権威とする専制主義国家の平民として、批判的態度でマルクス主義を改めて検討したい。一部の人から見ると、甘んじて地獄に下り、あるいは自ら苦しみを求めるものである。しかし、私はそのように考えているわけではない。私は地獄に落ちるのではなく、私個人が非常に興味を感じ、しかも創造力を発揮できるゲームをやるのである。遊び方が確かなものかどうかは知らない。一歩退いていえば、まずはこの批判を地獄へ行くことだとしても、私個人の選択にすぎない。したがって、煉獄の火が私を焼き尽くしたとしても私の望むところであり、祖国あるいは人民、あるいは四つの現代化のためという厳粛な目的への献身なぞではさらさらなく、私が自分の選択に対して完全な責任をもつだけのことである。私が昇天しようが、地獄へ行こうが、すべて私自身が決定する。神に対して期待するのでない限りは、人間はこの世で自ら決定するのである。

心を落ち着けて論ずれば、どんなに残酷な暴政であろうとも、人間はそれに直面したとき、恐れるべきではなく、恨み言をいうべきではない。服従するか反逆するかは各個人が決めることである。中国人が専制者を恨むとき、自らをもっと恨むべきなのだ。もし中国人があまりにも怯懦であり、愚昧でないならば、当代中国の専制者はどうしてかくも憚ることなく、かくも道理を語ることなしに、真理とみなすことができるのか。暴政は怒るべきではなく、恐るべきは暴政に対する屈伏、沈黙、賛美である。徹底的な反抗を決めさえすれば、専制主義がどんなに残酷だとしても長続きするはずはない。したがって、唯一価値のあるのは、自ら選択すること、この選択に対して責任を負うことである。苦渋に満ちた受難者の口調で専制主義の残酷さに対する怨みを述べたところで、他の人々と同じように、沈黙したり、完全に服従したり、迂回して避けるならば、いくつもの山、いくつもの嶺を越えて九十九折りの河川に沿って歩くように、専制者の逆鱗に触れることはないし、中華民族の伝統的実名――含蓄にあてはまる。なんたる妙か！

もし専制主義の非情さを知り、反抗を決意すれば禍が天から降ることを知っておりながら、あえてぶつかり、血を流そうとも他人を恨むことはできない。「観客」を恨むことはできないし、専制者を恨むこともできない。この咎は自分のものである。地獄へ落ちることを恨んではならないのは、反逆者が世界を不公平だと恨んでならないのと同じである。怨みからは永遠に何も生まれはしない。

昔マルクスは一人で資本主義社会と対立する立場に立ち、いささかも妥協せず、徹底的に反抗的な態度で挑戦を行い、断じて猶予することがなかった。マルクス主義が今日どんなに時代遅れであり、陳腐なところがあるとしても、マルクス主義が東方専制主義の政治的道具としてどれほどの人に屈辱を与えたとしても、私がいささかの容赦もなくマルクス主義を批判したとしても、マルクス自身の当時の勇気はいかなる時代においてであれ、貴いものである。いや、私は勇気こそが創造に必須だとさえ考えている。およそ凡庸な者にはいささかの勇気もない。勇気は知恵と同じく、人類の富を創造する動力の一つである。

ついで一言いえば、マルクス主義に対する批判は西方でかねて始まっており、参考とすべき成果もある。いや、現代の西方においては、マルクス主義批判は文化界、思想界にとって重要な動きではなく、この批判がないとしても西方社会は失うものは何もない。しかし東方では、とりわけ中国人とソ連では、マルクス主義批判の意義はちいさなものではない。一般的に必要だというのではなく、緊急に必要なのである。というのは、東方ではマルクス主義批判はある思想流派の検討にとどまるものではなく、専制主義の独裁手段に対する批判であり、独裁主義に直接的に反対する上で必要不可欠のものである。それゆえ、私の批判はマルクス主義自体に対するものというよりは、東方式の思想独裁に対するものである。

私は地獄の入口において、誇らしい英雄のポーズをとったり、目を細めて優柔不断な態度をとる人間にだけはなりたくない。

(矢吹晋訳、原載、香港『解放月刊』一九八九年四月号、のち『劉暁波其人其事』一〇一～一〇五頁所収)

3　劉暁波ノーベル平和賞受賞の意味

平田　劉暁波さんの思想と行動や「08憲章」の意義について、はじめに矢吹さんにおうかがいしました。ではこれらの点について、加藤さんはどう見ておられるか、見解をお聞きします。

獄中受賞の意味と劉暁波のペンクラブ活動

加藤　確認したいことが二点ほどあります。

一つは、「文化大革命」の体験が、彼の思想に及ぼした影響。一九五五年生まれということですから、文化大革命が始まる時期に中学生でしょうか。『ワイルド・スワン』（講談社、一九九三年）のユン・チアンが一九五二年生まれですから、その三つ下です。よくわからないで毛沢東語録を掲げた紅衛兵の世代で、青春時代が文革の最高潮とその衰退の時期に重なる。そういうところである種の「幻滅」をひきずっているのではないか、ということです。

それからもう一つ、私が注目したいのは、共産党への入党歴が一切ないということです。

矢吹　入党歴はない。入党申請するにいたらなかった、ということだと思います。入党には、紹介者がいないといけませんし、申請してから普通は二年審査期間が必要です。時間もかかりますし、太子党は別として、普通は手続きも簡単ではない。

加藤　一九八八年に大学に就職していますので、もしかしたら、入党したのかなと思っていました。そのあとすぐにコロンビア大学に行きますので、アメリカに入国するさいは党籍がないほうがいいので、帰ってきてからということもあったかもしれませんね。

矢吹　そういう、別の観点からの配慮はあったかどうか。そのあたりはよく分かりません。ただし、劉暁波がコロンビア大学に招かれた八〇年代後半は、「米中蜜月」でした。キッシンジャー・ニクソンの七二年訪中以後、米中はもはや敵国同士ではなく、反ソのために共闘する同盟国でした。キッシンジャーという策士は、仇敵中国と結ぶことによって、ベトナムの背後をゆるがせ、パリ和平協定を成功させたのです。

他方、中国はベトナムを裏切ることの問題を知りながら、背に腹は替えられず、ソ連社会帝国主義の脅威に対抗するためにアメリカ帝国主義と結託した。こうして七〇～八〇年代は、米中双方の思惑が一致して「米中蜜月」が演じられたのです。相当な数の中国共産党員が訪米しており、この時点で、党員なるがゆえに訪米ビザを拒否された例をほとんど聞きません。

ただし、九一年に旧ソ連が崩壊すると、米国にとってチャイナ・カードは無用になり、ポスト冷戦期の約二〇年は宙ぶらりんの米中関係になります。クリントン政権も、ジョージ・ブッシュ政権も、一期目は反中を売り物にしてスタートし、二期目は米国側の中国頼みが目立つようになります。二期クリントン政権は、ルウィンスキー・スキャンダルの窮地を中国訪問で切り抜け、二期ブッシュ政権は、9・11同時多発テロへの共闘を中国から提案され、それまでの反中路線をかなぐり捨てた。要するに、時代は五〇～六〇年代のマッカーシズムとは、少なくとも米中関係に関する限り根本的に変わっていたと思います。

加藤　そもそも入党しようと思ったことがないということでしょうか。我々が知っている多くの中国の反体制派知識人は、もともと共産党員で、共産党の中での言論抑圧など苦い体験から出発したケースが多い。かつては党員でなければ大学教員になれないという事情もあった。そういうかたちで、党を経由して、疑問を持っていくケースが多い。ですが、劉暁波の場合はまったくそれが無いようですね。

矢吹　そう思います。彼と思想を同じくして一緒にハンストをした四人のなかで、高新だけが党員でした。

加藤　私は、中国は専門ではありませんが、劉暁波のノーベル平和賞受賞が決まってからの国際的な反響は、注目して見てきました。私事ですが、定年で一橋大学から早稲田大学に移るにあたって、日本ペンクラブに入りました。言論の自由を守る国際組織である国際ペンクラブの日本センターです。ペンクラブは、劉暁波の問題に熱心です。

矢吹　阿刀田高さんのほうですね？　劉暁波の反体制派の「独立中文筆会」ではなくて。

加藤　私が入ったのは、阿刀田高さんがいま日本センターの会長をしている国際ペンクラブで、二〇一〇年九月に東京で世界大会がありました。初代会長島崎藤村や第五代会長芹沢光治良のペン活動を研究したことがあり、かつて井上ひさしや米原万里さんが熱心にやっていたということもあって、誘われて入会しました。それで知ったのですが、劉暁波の「独立中文筆会」も、大きくは国際ペンの傘下にあり、日本ペンとも姉妹組織なようです。

政府レベルでいえば、欧米は劉暁波のノーベル平和賞受賞を大歓迎し、中国政府に対して彼の獄中からの釈放を求めるものでした。それに対して、中国政府は、劉暁波は国内法にもとづく犯罪者だから内政干渉だと言って、本人・夫人はもちろん、「08憲章」賛同者ら劉暁波の国内の友人たちさえ出国させず、けっきょく本人不在の「空席の椅子」の授賞式になりました。

中国政府は、ノルウェー政府に公式に抗議したほか、各国に授賞式に代表を送るなと圧力をかけ、最終的にはロシア、イラン、ベトナムなど一九か国が、ノルウェー政府からの招待を断り欠席しました。

そうしたなかで、日本政府は、ノーベル化学賞の鈴木章・根岸英一教授のダブル受賞もあって、平和賞の授賞式には出席しましたが、尖閣列島問題など日中関係の困難を抱えているためか、欧米に比して控えめな対応でした。劉暁波受賞のニュースに、菅首相は「普遍的価値である人権について、ノルウェーのノーベル賞委員会がそういう評価をし、メッセージを込めて賞を出した。そのことをしっかりと受け止めておきたい」と述べるにとどめました（一〇月八日）。後に国会で野党議員に質問されて、「釈放されることが望ましい」とは述べましたが、明らかに中国政府を刺激しないよう気を遣っていました（一〇月一四日、参院予算委員会）。

国際的に見て、劉暁波のノーベル平和賞を高く評価しているのは、アムネスティ・インターナショナルなど人権団体ですが、自らのこととして喜び、かつ大きく報じているのが、実は国際ペンクラブです。

国際ペンクラブにとって、今年のノーベル賞は、文学賞が元国際ペン会長のペルーのマリオ・

ヴァルガス＝リョサで、平和賞が劉暁波なので、ダブル受賞なんです。国際ペンのホームページに大きく出ています。

国際ペンクラブは、別に一国に一センター、一言語一センターとは決まっていませんから、世界一〇四か国に一四五のセンターがあります。中国関係では現在、五つのペンクラブがある。そのうち、スウェーデンに本部があるインディペンデント・チャイニーズ・ペン（中国独立ペンクラブ、独立中文筆会）の創立者の一人で元会長が、劉暁波です。

つまり、言論・表現の自由を求める国際ペンの世界的な活動の中で、二〇〇一年に創立され国際ペンに加入した中国独立ペンの三〇人の創立メンバーの一人で、二〇〇三年から〇七年まで会長であった劉暁波が、平和賞を受賞した。その同じ年に、一九七六年から七九年まで国際ペン会長をつとめたヴァルガス＝リョサが、文学賞を受賞した。日本ペンのホームページには、「国家間に溝が深まる時でも、国際ペンは友好への掛け橋を閉ざすことのない類まれなる組織である」というマリオ・ヴァルガス＝リョサの言葉がかかげられています。

だから国際ペンにとってはダブル受賞だが、劉暁波は未だに獄中につながれている、これを釈放させねば、というのが国際ペンクラブの主張です。一二月九日の授賞式には、国際ペン会長ジョン・ラルストン・サウル（カナダ）、中国独立ペン現会長 Tienchi Martin-Liao（廖天琪）ら二〇人の代表を派遣し、オスロでアムネスティ・インターナショナルと共催で中国における獄中作家の解放を求めるシンポジウムを組織しています。

国際ペンクラブは、第一次世界大戦の悲惨を見た文学者の国際連帯の非政治的組織として、一九二一年から存在していますが、主要な活動は、言論・表現の自由を守ることであり、権力による検閲や弾圧への抵抗でした。そのため戦前は亡命者のペンクラブを認め、支援してきました。戦後は獄中作家の救援に熱心です。

ナチスに弾圧されたドイツやオーストリアのペンクラブは、戦前はロンドンで、トーマス・マンの兄のハインリヒ・マンたちが活動していました。国際ペンはそれをドイツ亡命者ペンとして認め、亡命作家たちを受け入れ作家活動を助ける活動をしていたわけです。戦後は、いろいろな国が独立したけれども、そこで起こっている言論弾圧、とりわけ言論活動ゆえに獄中に繋がれている人たちの救援をずっと続けており、今年（二〇一〇年）はちょうど、獄中作家委員会の創立五〇周年でした。

中国には、ほかにも四つのペンクラブがあります。劉暁波流にいえば、たぶん中国共産党公認のNGOである、北京と広州のペンクラブがある。香港にも、中国語と英語の二つのペンクラブがあります。それらとは別に、スウェーデンのHaningeという町に本部をおき、中国人作家やジャーナリストの作品を中国語や英語で世界に発信するのが中国独立ペンです。劉暁波はそういう組織を作り、その第二代会長だったのです。

国際ペン・ニュースによれば、中国には現在、劉暁波と同じように獄中にある作家が四〇人以上いる。その代表者である劉暁波にノーベル平和賞が与えられたということは、世界のすべての獄中作家たちに対する励ましであると、国際ペンはメッセージを出しています。

実は日本でも、彼の受賞をはっきりと祝福し、かつ獄中からの釈放を求めているのが、日本ペンクラブです。ちょうど今年の九月、国際ペンの世界大会が日本で開催された直後に劉暁波の受賞が決まり、一〇月八日に、阿刀田高会長の談話を出しています。

こういう国際的な文学者・詩人たちの世界的な繋がりの中に、劉暁波がいる。

これまでも例えば、二〇〇〇年にノーベル文学賞を受賞した作家、高行健がいました。彼は華人としてノーベル賞を受賞した最初の人物ですが、天安門事件で亡命してパリで文学生活を送る。一九九七年にはフランス国籍もとっていて、あまり政治的なメッセージは出さない。文学は文学の世界の中で変えるということで、九月の国際ペン東京大会にも来ましたけれども、明示的な中国政府批判はしなかったですね。

それと、ノーベル平和賞では一九八九年受賞のダライ・ラマ一四世がいました。けれども彼も、インドにあるチベット亡命政府から発言する人だった。ですから、中国の本土に住んで、中国人としてノーベル賞を受賞したのは、劉暁波が初めてで、その意味でもユニークな立場にあるわけです。強いて言えば、旧ソ連のアンドレイ・サハロフに近いですし、つい最近身柄拘束を解かれた、ミャンマーのアウン・サン・スーチー女史に近い位置にある。

資料④　劉暁波氏のノーベル平和賞受賞についての日本ペンクラブ会長談話

今年度のノーベル平和賞が劉暁波氏に授与されることが発表されました。日本ペンクラブは九月下旬に開催した国際ペン東京大会・獄中作家委員会五〇周年記念式典でも劉暁波氏の身柄拘束を解くよう訴えたところですが、この決定を歓迎するとともに、中国政府が劉氏の拘束を一刻も早く解き、中国社会の言論・表現の自由と民主主義の拡充に向けてより大きく踏み出すことを期待します。

言論・表現の自由は、社会を不安定化するものではありません。それどころか社会をいっそう強靭にし、より豊かにします。一人ひとりの可能性を広げ、輝かしい未来をいっそう確実にするものです。文学者間の真の対話にも言論・表現の自由が保障される環境が不可欠であると考えます。

二〇一〇年一〇月八日　日本ペンクラブ会長　阿刀田　高

劉暁波の思想は中国国内に影響を持ちうるか

つまり、劉暁波は中国の国内にいて、獄中に拘束されたままノーベル平和賞を受賞したことが、大きな意味を持つわけです。ただ、そうであるがゆえに、これは矢吹さんの意見を聞きたいのですが、彼の思想が中国国内で影響力を持ちうるだろうか。国外亡命者の場合と違うのでしょうか。つまり、彼が国内にいながら、国外の欧米諸国にメッセージを発する。しかも共産党経験をくぐっていないですから、その意味では人権派であり、欧米派ですね。国内外の反体制急進派から見れば、穏健派、リベラル派といってもいいと思います。そういう位置にいることによって、彼のノーベル平和賞受賞が、これからの中国の行方にどういう意味を持つのかに関心があります。ちょうど『差異のデモクラシー』（加藤哲郎・今井晋哉・神山伸弘編、日本経済評論社、二〇一〇年）という本を出し、私は「政治の境界と亡命の政治」という論文を発表したばかりですので。その問題との関連で言えば、いま世界的に中国経済が大きな影響力を持ってきた。中国だけではなくて、アジア全体が活気に満ちている。欧米ではリーマンショック以降の経済金融危機で、いまだに出口が見つからないでいる局面で、国際ペンクラブの組織も、この九月の東京大会で大きく変わりました。

これまで一〇人いた理事会（The Board）の中に一人だけ、日本人で日本ペンクラブの常務理事だった堀武昭さんが入っていたんですが、今回アジア出身理事が、三人に増えたんです。堀武昭さんは国際ペンクラブのナンバー2である事務局長になった。これも非常に画期的なんですけれども、それに合わせてアジアの作家が二人、世界の一〇人の中に選ばれた。その一人は韓国の詩人リー・ジル・ウォン（Lee Gil-Won）、そして中国の亡命作家ということで入ったボード・メンバーが、ヤン・リャン（Yang Lian）です。実はこの人は天安門事件で亡命しロンドンに住む詩人で、劉暁波らの創った中国独立ペンクラブから選ばれて国際ペン理事会に入った。

これは作家たちの世界で、非常に重要な意味を持っています。

中国に五つもペンクラブがあるにもかかわらず、戦前風にいえば亡命者ペンの代表を、国際ペンが最も重要な活動的センターとして認知したという関係になったわけです。

ペンというのはPがポエット、Eがエッセイストおよびエディター、Nがノーベルということになっていますが、劉暁波は、欧米のリベラルな、言論の自由のために闘う作家や詩人、エッセイストのペンクラブに広く認知されていた。ロンドンに本部を置く国際ペンの理念からすれば、国内で共産党公認の活動をしているペンクラブ以上に、劉暁波らのスウェーデンに本部を置いているペンクラブの貢献を認めたことになるわけです。

中国の知識人とマルクス主義

そういった劉暁波のノーベル賞受賞がどういう意味を持つのか。私自身は、天安門事件の時に反体制リーダーとして騒がれた知識人の代表である、方励之の『中国の失望と希望』（学生社、一九九〇年）および厳家其の『中国への公開状』（学生社、一九九〇年）と、劉暁波の『天安門事件から「08憲章」へ』（藤原書店、二〇〇九年）を読み比べてみました。

一言で言えば、劉暁波のマルクス主義批判は、先ほど矢吹さんが言われたことと重なりますが、方励之や厳家其のそれとはだいぶ違う。あまりマルクス主義をくぐった形跡がないんです。先ほど矢吹さんのお話で、初期マルクスを読んだというお話がありましたが、国家イデオロギーですから毛沢東も読んだでしょうし、レーニンも読まされて、マルクス主義についても基本的なことは教科書的に勉強したとは思いますが、それで自分の思想を創ったという形跡が見られません。

たとえば、方励之の『中国の失望と希望』は、「マルクス主義がもう時代遅れだ」というところから始まるんですけれども、それがほとんどマルクス主義用語で語られているんですね（笑）。

矢吹　そうですね。一九三六年生まれの方励之は、私よりふたつ上ですから、いま七四歳ぐらい……。

加藤　よくあるパターンなのですが、要するに、マルクス主義がいかにもう時代と合わないかということを、一生懸命マルクス主義の言葉で語っているという特徴がある。彼は自然科学者ですよね。

矢吹　方励之は、北京市生まれ、北京師範大学付属小学から北京大学物理学科を出て、天安門事件当時は中国科技大学の副学長というエリートでした。科学技術大学は大躍進期の一九五八年に北京に作られ、その後安徽省合肥に移った、共産党の設立した新しい大学です。

加藤　時代的にも立場的にも当然、マルクスを学んでないといけなかったのでしょう。だから、日本のマルクス主義をくぐった知識人には、非常に読みやすい。ただし結論は劉暁波と近くて、人権や民主主義が、マルクス主義に欠けていたものとして必要だという話になる。

それから厳家其は、もともと中国社会科学院の政治学の研究者ですから、私と専門領域が近い人物です。社会科学院政治学研究所長をつとめ、趙紫陽のブレーンだったといいます。いまはパリ在住でしょうか。彼の『中国への公開状』も、政府批判としては重要で、民主主義の問題を前面に出している。その特徴は、もちろんマルクス主義の用語を当然使っていますが、マルクスの思想と中国の伝統思想をなんとかして接合しようとしている。中国にも民主主義に流れる思想的伝統があったんだと主張する。それが毛沢東以降の新中国になんとか再生させなければいけないといって、権力分立や連邦制を主張するわけです。

これを劉暁波の言葉で言えば「民衆自治」で、もっと下の方から、という考え方が強く出ています。

ただこれも、ある意味では読みやすい。社会科学院の政治学者ですから、当然マルクス主義の用語もたくさん入れて現体制を批判していますし、加えてロックやルソー型の社会契約論と中国思想をくっつけるような論調になるわけです。

先ほど矢吹さんが言われたように、この二人も「六・四」の批判をして、その後、国の外に逃れたわけです。

それに対して劉暁波は、国の中にとどまった。いまは獄中にいるけれども、授賞式のために出てしまうと帰れない。「亡命」することになるから、中にとどまっている。この点で、二人とは違います。

ただ、この「08憲章」ばかりではなく、劉暁波の全体の論調が、一つはマルクス主義風ではない。もう一つは非常に西欧主義的で、人権と民主主義、自由、個人主義、市民社会という西洋近代思想の流れを率直に表現している感じを受けます。

逆に言えば、中国の伝統思想やアジア的なものとは、切れたところにある。いちおうマルクス主義で育って、現在権力を握っている党幹部たちに語りかける言葉としては、まるで外国語で語るみたいな性格を持ちかねない。

これは、矢吹さんがおっしゃった、ひとつは世代的な問題であり、私から見ると、思想的な背景や経歴、文化経験、共産党をくぐってないことから来るものだと思われます。

他方でそれが、中国国内へは伝わりにくく、影響力を与えにくくなっているのではないか。これは、先ほど申し上げたように、彼の文学活動の拠点が、スウェーデンにある独立ペンであったこととも関係すると思います。国際的には大きな反響を呼び起こす可能性もあるし、国際ペンなどを通じて、世界の迫害された作家の代表のような位置を持続的に保ち続けることができると思います。

しかし、中国政府としては認めがたいし、中国の民衆にとっても、とりわけいま尖閣列島問題や反日デモで中心になっている、天安門事件の後に生まれてきたいま二〇歳ぐらいの若い世代、中国の経済的台頭に見合ったナショナリズムを身につけている世代には、彼の言葉は届きにくいのではないか、という危惧があります。また方励之や厳家其もいまは亡命者ですから、同じだろうと思いますが、彼らの言葉も、こうした世代には届きにくいのではないかという懸念を持っています。その辺りは、矢吹さんはいかがでしょうか。

党内改革派の動きもすっとばす

矢吹　まず厳家其を支える国際的な世論があるのはその通りなんだけれども、中国政府から見ると、中国に対する内政干渉である。外の国際世論を使ってプレッシャーをかけているからけしからん、それは排除するという論理。つまり「外圧」と捉えられてしまう。

あともう一つ、より深刻なのは、中国国内にいて、いわゆる李鋭《りえい》ネットワークの人たちですね。及川淳子さんが研究している、あのグループです。彼らは基本的に中国共産党のオールド・ボリシェヴィキです。李鋭は毛沢東の秘書もやっていまして、党レベルでは中央組織部副部長まで昇進した党官僚、すなわち「部長級幹部」です。あるいは胡績偉は『人民日報』の社長までやっているし、他にも何人か高級幹部がいる。これらはだいたい胡耀邦ネットワークといってもいい。

胡耀邦というのは、一〇代で「紅小鬼」（メッセンジャーボーイ役）として、長征を完走した古参幹部です。一九四九年に革命政権を創るなかでいちばん若くて、感受性が豊かであった。六〇年代の文革の中で批判・下放された。他方、共産党支配の現実を下部から観察して、人民から遊離した共産党のあり方を反省して改革派指向になっていく。

そうした胡耀邦を支えた仲間たちが、李鋭や胡績偉たちです。さらに劉賓雁もそうです。要するに彼らは長征に参加した古参幹部のなかで最も若いゲリラ兵士であった胡耀邦の周辺にいて、胡耀邦に希望を託した世代です。そういうグループはいまも、党内で政治批判の行動を続けています。

実は今回も、一〇月一日付で「政治改革への提案」を行いました。一〇月一五日から一八日まで五中全会が開かれるスケジュールに合わせて、彼らは具体的な政治改革への提案をまとめていた。

ところが不幸なことに、今回の劉暁波のノーベル平和賞受賞騒動が、結果的にですが、彼らオールド・ボリシェヴィキたちの努力を吹き飛ばしてしまったわけです。

加藤　党内改革派ということでしょうか。

矢吹　そうした党内改革派の努力は、五中全会に焦点を合わせて署名活動を行っていたのですが、劉暁波のノーベル賞受賞決定の一週間後に中央委員会開催。このタイミングのために、中央委員会にぶつけようとした李鋭たちの提案（公開書簡）は空振りに終わってしまった。これは偶然のタイミングにすぎない。しかし私から見ると、二つの勢力が、なかなか一緒に仕事をできないことの象徴的な表れですね。党内改革派と党外活動家は分断されています。互いに自分たちの活動こそが現実的に有効だと感じています。

中国共産党は強大な組織を持っているから、党内からの改革しかあり得ない。党内改革派というのは、自分たちが党内に一定の立場を保有している古参幹部たちですから、その立場を利用する。あるいはその立場に縛られる。だから「党内でしか改革はあり得ない」と考えるわけです。しかし、劉暁波のように、元々党から疎外されている者にとっては、これは党から与えられた特権を享受しつつ、党を批判する点ではなはだ不徹底な改良派にしか見えない。

平田　中国共産党員は現在はどのくらいの勢力になっているのでしょうか。

矢吹　現在約七八〇〇万人です。二〇〇九年七月一日は建党八八周年記念日でした。建国六〇周年を控えて、中国共産党中央組織部は「中国共産党党内統計公報（二〇〇八）」を発表しました。これは二〇〇八年末時点における党員数と党員の属性を分析したもので、興味深い。

まず党員の年齢構成を見ると、一八〜三五歳の者が一七八五万人で二三・五%、三六〜四五歳の者が一七一九万人で二二・六%、四六〜五九歳の者が二二二二万人で二九・三%、六〇歳以上の者が一八六六万人で二四・六%である。四五歳以下の若い党員が半数に迫りつつある若い政党であることが分かります。ただし、この政党が実際に若いかどうかは別の事柄ですね。

次に入党時期から党員の構成を見ましょう。建国前に入党したオールド・ボリシェヴィキは、七三万人（一・一%）にすぎない。文革前の入党者七九九万人と合わせても一割強にすぎない。四人組裁判以後、二〇〇二年の党大会までに入党した者が二八〇三万人で四割を超える。そして

図　党員の年齢構成

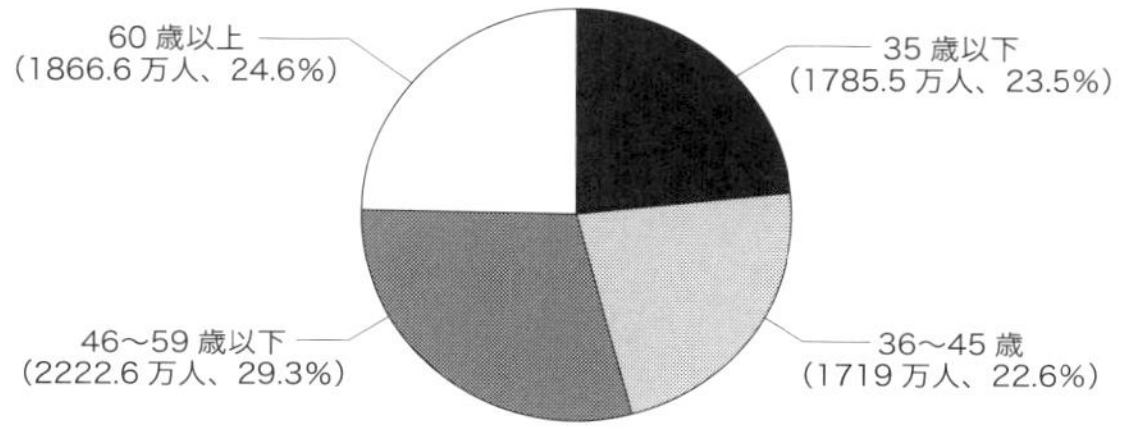

図　入党時期から見た党員構成

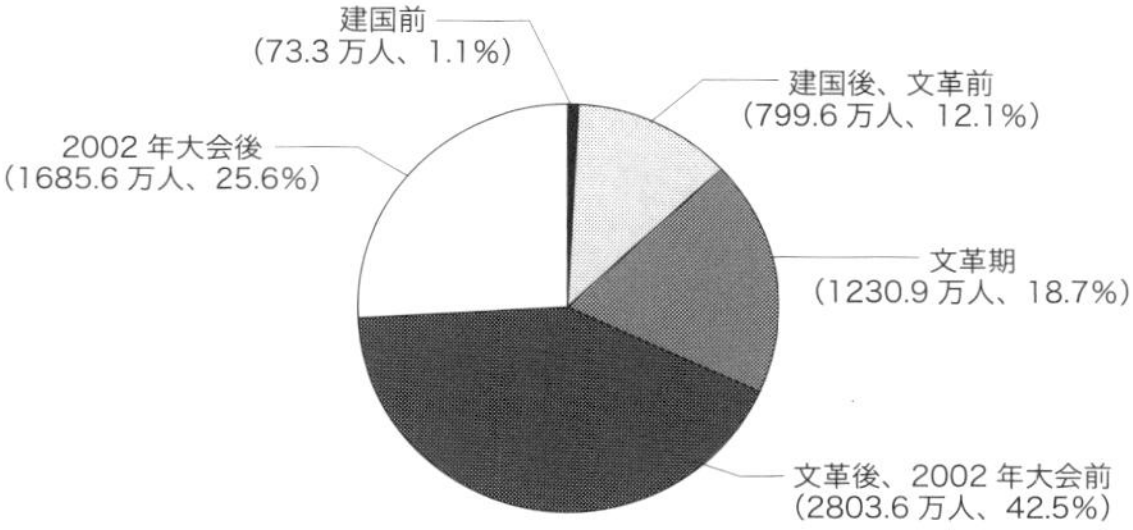

二〇〇二年以後の入党者、すなわち党歴一〇年に満たない者が全党員の四人に一人を数えます。拝金主義に徹底的に汚染された若者によって、あえていえばこのような社会でよりうまい汁を吸おうとする若者によって中国共産党は利用され始めたわけです。

党員の職業を見ておくと、労働者は七三三万人で一割弱、農民は二三六一万人で三割、両者で四割です。「党政機関工作人員」というのは、党官僚、政府官僚ですが、六二〇万人、企業幹部やテクノクラートが一六八七万人、両者で三割を占めます。残りは「学生、退職者、その他」が三割弱です。

一見社会的には人口との対比から見てバランスがとれているように見えます。しかしヒラ党員から、中級幹部、高級幹部（ノーメンクラツーラ）まで、そのヒエラルキーは、きわめて重層的です。ヒエラルキーの上層が利権集団そのものであることは、周知の通りです。

このような政党が中国共産党を僭称することに対して、疑問を感じないとしたら不思議です。マルクスやエンゲルスは言うに及ばず、中国共産党のかつての指導者毛沢東や鄧小平から見ても、容認できるかどうか、きわめて疑わしいですね。毛沢東が文革期に過激な中国共産党批判を展開したことの意味を改めてかみしめるべきです。鄧小平は「先富論」を唱えたので、この現実を容認するかのように受け取るのは誤解だと思います。彼は政治改革の必要性を強調して、政治改革なき経済発展は、腐敗の温床となることを明確に自覚していたのです。遺憾ながら、彼にはそれに取り組むだけの時間が残されていなかったのです。今日の権力の腐敗の責任は一にかかって江沢民以後の指導者の無為無策に帰せられるべきだと私は固く信じています。

劉暁波の動きも党内改革派の動きも中国の現実からずれている

矢吹　もう一つ重要な論点があります。現実の社会問題は、劉暁波サポーターでも李鋭ネットワークという党内改革派でもなくて、まったく別なところで起こっています。その意味では、劉暁波の動きも党内改革派の動きも、現実の中国社会の動きからずれているように見えます。

私は『[図説] 中国力チャイナ・パワー　その強さと脆さ』（蒼蒼社）を昨年（二〇一〇年）出版したのですが、そこで人権派弁護士のリストを作り、二〇人挙げました。

この人たちは、チベット問題の弁護をしたり、エイズ問題にも取り組む。毒粉ミルクも法輪功

表　弁護士登録の更新が危ぶまれる弁護士たち

人権弁護士姓名	弁護を引き受けた主な事件
1　江天勇律師	チベット・ブロンラン・ラマ事件、ラプロン寺ラマ事件、地震被災区何洪春事件、「大衆日報」B型肝炎差別訴訟事件、エイズ感染者事件、山西レンガ工場事件、法輪功事件、"3.14 事件" 後チベット声明に署名。北京市弁護士協会幹部の直接選挙賛同者。
2　李和平律師	郭泉渉の国家転覆事件、黒龍江三班の奴隷事件、浙江の家庭教会事件、楊佳事件、労働教養事件、法輪功事件。
3　黎雄兵律師	楊春林事件、袁顕臣事件、祁崇淮事件、三鹿毒粉ミルク事件、北京地下鉄事件、北京鉄道公安事件、エイズ被害者事件、少数民族の人権擁護、山西レンガ工場事件、法輪功事件、"3.14 事件" 後チベット声明に署名。北京市弁護士協会幹部の直接選挙賛同者。
4　李春富律師	エイズ被害者事件、李淑鳳労働教養事件、派出所拘留者の非正常死亡事件、労教人員の非正常死亡事件、農民工の人権擁護、法輪功事件。
5　王雅軍律師	エイズ被害者事件、労働教養事件、労教人員の非正常死亡事件、農民工の人権擁護、法輪功事件。
6　程海律師	戸口問題にかかわる北京市公安局事件、暫住証問題の北京市公安局事件、楊佳案、鉄道部提訴事件、労働教養事件、法輪功事件、"3.14 事件" 後チベット声明に署名。北京市弁護士協会幹部の直接選挙の発起人。
7　唐吉田律師	エイズ被害者事件、労働教養事件、失地農民権利擁護事件、法輪功事件。北京市弁護士協会幹部の直接選挙の発起人。
8　楊慧文律師	三鹿毒粉ミルク事件、少数民族の権益擁護。北京市弁護士協会幹部の直接選挙賛同者。
9　謝燕益律師	エイズ被害者事件、失地農民権利擁護事件、強制移転事件、労働教養事件、不法拘禁反対事件、法輪功事件。
10　李敦勇律師	家庭教会事件、失地農民権利擁護事件、強制移転擁護事件、"3.14 事件" 後チベット声明に署名。
11　温海波律師	青島錯埠嶺強制移転事件、青島河西強制移転事件、三鹿毒粉ミルク事件、法輪功事件、"3.14 事件" 後チベット声明に署名。北京市弁護士協会幹部の直接選挙賛同者。
12　劉巍律師	エイズ被害者事件、倪玉蘭公務執行妨害事件、法輪功事件。"3.14 事件" 後チベット声明に署名。北京市弁護士協会幹部の直接選挙賛同者。
13　張立輝律師	黒龍江三班奴隷化事件、法輪功事件。北京市弁護士協会幹部の直接選挙の発起人。
14　李順章律師	法輪功事件。北京市弁護士協会幹部の直接選挙賛同者。
15　彭剣律師	三鹿毒粉ミルク事件。北京市弁護士協会幹部の直接選挙賛同者。
16　李静林律師	三鹿毒粉ミルク事件、青島聖元毒粉ミルク事件、艾滋感染者維権案、北京律協直選、法輪功事件、"3.14 事件" 後援助蔵人声明簽名。北京市弁護士協会幹部の直接選挙賛同者。
17　蘭志学律師	エイズ被害者事件、失地農民権利擁護事件、内黄看守所拘留者非正常死事件、労働教養事件、法輪功事件。北京市弁護士協会幹部の直接選挙賛同者。
18　張凱律師	三鹿毒粉ミルク事件、鉄路旅客曹士和致死事件、家庭教会事件、南昌公安による万建国取調べ致死事件、法輪功事件。
19　劉暁原律師	楊佳事件、看守所非正常死亡事件、死刑冤罪事件。
20　李勁松律師	陳光誠事件、胡佳事件、楊佳事件。
21　韋良玥律師	法輪功事件。
22　楊在新律師	失地農民権利擁護事件、暴力的計画生育被害擁護、法輪功事件。

（資料）香港中國維権律師関注組（China Human Rights Lawyers Concern Group）

も、ダムで立ち退きを強いられた農民の弁護もする。これは普通の民衆の被害者、中国の「下等」の人たちを弁護しています。この人たちは現実の改革闘争に直接コミットして弁護している。そういう人たちの活動が、中国共産党のまさに恥部をあばいているということで、政府から片っ端から逮捕されたり、弁護士資格を剥奪されています。

こうした人たちの方が、現実の改革という意味では大事なんですね。劉暁波はこういう動きからは切りはなされたところにいるしょせんインテリの世界の話だということが、ひとつ大事なポイントだと思います。

厳家其について言うと、連邦政府論が彼の一番の政治的主張になるんですが、中国共産党の第二回大会で、連邦制ということをはっきりと言っているんですよ。連邦制が中国共産党の支えだったんです。つまり、漢民族は中心にいるけれども、その周辺にチベットやウイグル、満洲などのマイノリティがいるわけですね。そういう人たちには大幅な自治を与えて、そこでの連邦制を敷かないといけないと。最近、私は藤野彰さんとの共著『客家と中国革命』（東方書店）で、連邦制の初心を改めて論じたので、参照してください。

国際主義を捨てて排外主義へ

矢吹　しかし現実を見ると、「中華帝国主義」あるいは「社会帝国主義」に帰着する社会主義建設になった。それはスターリンと同じことですね。連邦制といいながら、結局はスターリンと同じく、中国では毛沢東独裁になった。中国語でいう「大一統」式の統一です。とにかく分裂への恐怖がトラウマになっている。弱いから帝国主義によって分裂させられる。強くならなければ、富強中国にしないといけないということで、共産党が中央集権を強調し、地方分権はあっさり放棄された。対内的には中央集権、対外的には、ほとんど排外主義に近い（たとえば、いわゆる反日暴動や少数民族への同化強制）。

ただそれでも、マルクス主義の残滓が残っていた間は、マルクス主義は、元来「労働者に祖国はない」国際主義ですから、狭い愛国主義に転落することを防ぐ上でそれなりのバランス作用がありました。中国共産党の四九年革命というのは元々、民族・民主革命であり、民族主義を極力動員した面があるのですが、しかし他方で、たとえば、アフリカのタンザン鉄道に援助するとか、それなりの国際主義がかろうじて存在していました。

しかしいま、国際主義は名存実亡となり、ただ「中華民族の団結統一」だけ声高に叫ぶ。だからほとんど排外主義寸前の民族主義に転落したという大きな問題があります。

厳家其は天安門事件で、中国共産党の指導する中国の一番の欠点は、過度の中央集権であって、中国共産党の初志に戻って連邦制に再編せよ、と主張しました。それが厳家其の政治体制改革構想の核心でした。それは天安門事件で潰れた。厳家其の亡命と共に、連邦制構想も消えてしまい、現在ではカゲもないありさまです。

天安門事件直後の一〇年ぐらいは、すなわち二〇世紀末までは、旧ソ連が潰れるという逆風の中で中国の統一を守っていく上で、中央集権もやむを得ないと、私はある意味では同情的だったのですが、ただ北京オリンピックも終り、経済力も非常に強くなって、いまや世界第二の経済大国になった。こうして政治的にも経済的にも相当余裕が出てきたわけですね。条件のないところで連邦制を唱えても空語ですが、いまや条件が整い始めたのに、政治改革を一切封印しているのは、政治改革が既得権益を脅かすことを支配階級が恐れているからだと解するほかはありません。鉄は熱いうちに打てといいますが、太子党集団は、経済改革で得た利益を独り占めするために、政治改革の道を封印してしまった。機会は永遠に失われた、少なくとも私の目の黒いうちに政治改革の成果を見ることはできないであろうと悲観しています。残念です。

チベット問題であれ、ウイグル問題であれ、自治を拡大する方向とは全く逆に、やたらと中央集権を強化し、漢民族への同化を強制しているように見えます。そのことに私は非常に危惧を持っています。

平田　それは時期的には、いつ頃からのことでしょうか？

矢吹　時期的には、旧ソ連邦の解体からだと思うんです。ソ連邦の民主化の波が中国を襲って、中国も明日は我が身、ソ連邦と同じように潰れるのではないかというのが国際的な常識だったんですね。詩人蘇東坡の名をもじって、「蘇東波」と呼びます。ツチヘンをサンズイに変えただけで、中国共産党の高級幹部たちはこれを蛇蝎のごとく恐れたのです。旧ソ連解体があたかもドミノのように東欧諸国をなぎ倒した。そのツナミのような「蘇東波」という民主化圧力が中国に押し寄せるならば、ルーマニアのチャウシェスクの末路を歩む他ない。そこで中国は「ソ連とは違う」ことを強調するほかなかった。なまじ「国際主義」を語ることは、「蘇東波」を認めることと同義に見えたのです。国際主義を否定し、中国の独自性を強調することは、生存へかける願望

図　チベットの政治犯

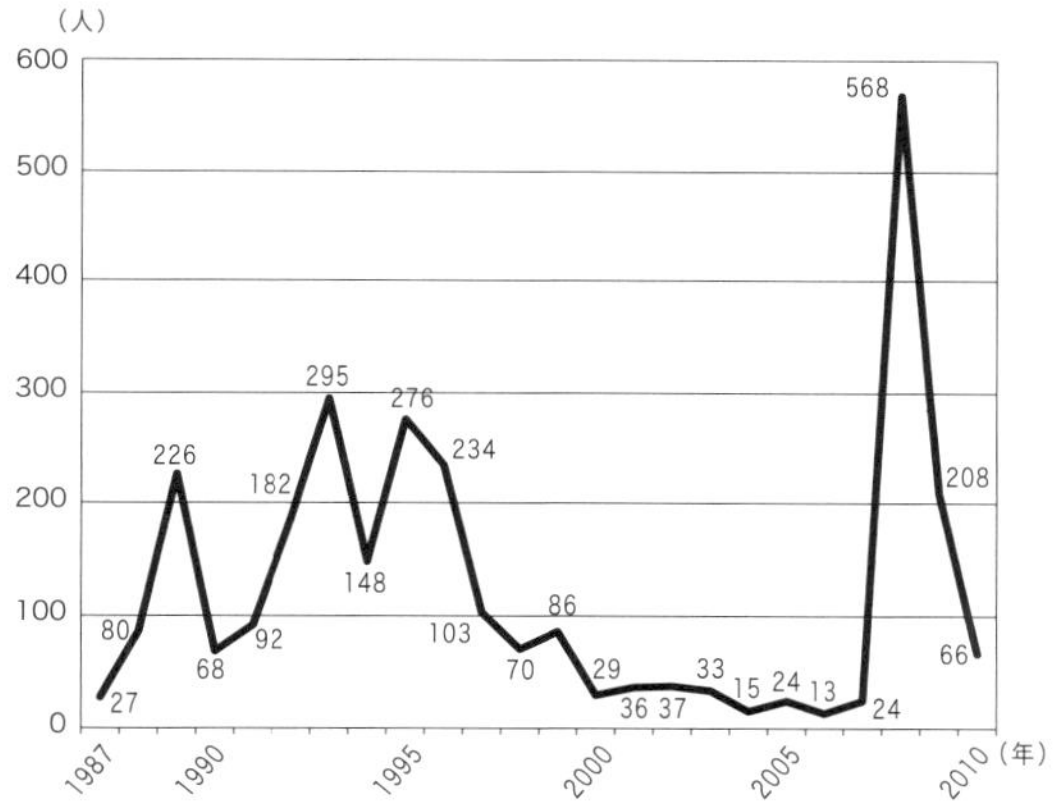

表　ウルムチ暴動の受刑者

裁判日	人数・件数	起訴日	罪状	判決（人数）	種族	上訴
2009年10月12日	7名・3件	7月5日	殺人、放火、強奪	死刑6名（執行済み）、終身刑1名	ウィグル族7名	2009年10月30日棄却
2009年10月14日10月15日判決	14名・3件	7月5、7日	殺人、放火、強奪、財産破壊	死刑3名（執行済み）、死刑（執行猶予2年）3名、終身刑3名、懲役（5～18年）5名	ウィグル族12名、漢族2名	2009年10月30日棄却
2009年12月3日	13名・5件	7月5日	殺人、放火、強奪、傷害	死刑5名、終身刑2名、懲役（10～20年）6名	ウィグル族11名	2009年12月19日、一部は上訴したが棄却
2009年12月4日	7名・5件	7月5～7日	殺人、傷害、放火	死刑3名、終身刑1名、懲役（10～18年）3名	ウィグル族5名、漢族2名	n.a.
2009年12月22～23日	22名・6件	7月5日	殺人、強奪	死刑5名、死刑（執行猶予）5名、終身刑8名、懲役（12～15年）4名	ウィグル族22名	n.a.
2010年1月25日	13名・5件	n.a.	n.a.	死刑4名、死刑（執行猶予）1名、終身刑8名	ウィグル族6名	
計	76名・26件		殺人、放火、強奪、傷害	死刑26名、死刑（執行猶予）9名、終身刑15名、懲役（5～20年）18名、懲役8名	ウィグル族63名、漢族4名	

（資料）*2010 Report to Congress of the U.S~China Economic and Security Review Commission Nov.2010*

と化したのです。

他方、アメリカでも、「旧ソ連の今日は、明日の中国」と見ていた。私の個人的体験をかたりましょう。

私の『図説・中国の経済』（蒼蒼社）を、スチーブン・ハーナーが英訳したところ、この本がアメリカ読書界でだいぶ話題になり、その年のOutstanding Academic Bookに選ばれたのです。その理由は単純でした。旧ソ連の崩壊の次は中国だ、と誰もが予想していたのです。

ところがヤブキの本は「巨龍の覚醒」を副題にしている。中国経済は、ソ連の轍を歩んで崩壊するのではなく、いよいよ覚醒してきたというのは、本当か。どうやら本当らしい。ヤブキの本は、さまざまなデータに基づいて、中国経済の躍進を分析しており、これは参考になるというわけです。つまり、中国もまた旧ソ連のように崩壊あるのみとする予断の間違いを説明する材料として私の本が紹介されたというわけです。

この本は、その後、増訂版を作りました。今度はワシントンの著明なシンクタンクCato Instituteの*the Cato Journal*（二〇〇一年一月号）がドーン編集長の長い書評を書きました。後日来日したドーン教授が経団連を通じて私に一献用意してくれ、懇談して、その後のアメリカの対中認識が手にとるようにわかりました。彼によると、いまやアメリカは躍進する中国と本格的な対話を迫られている。あなたの本は、中国経済の諸側面を分析しており、参考になるというわけです。

そのときドーン教授は、ユノケル石油を中国資本が買収する計画を米議会が拒否したことに触

写真　『図説・中国の経済』のアメリカでの反響

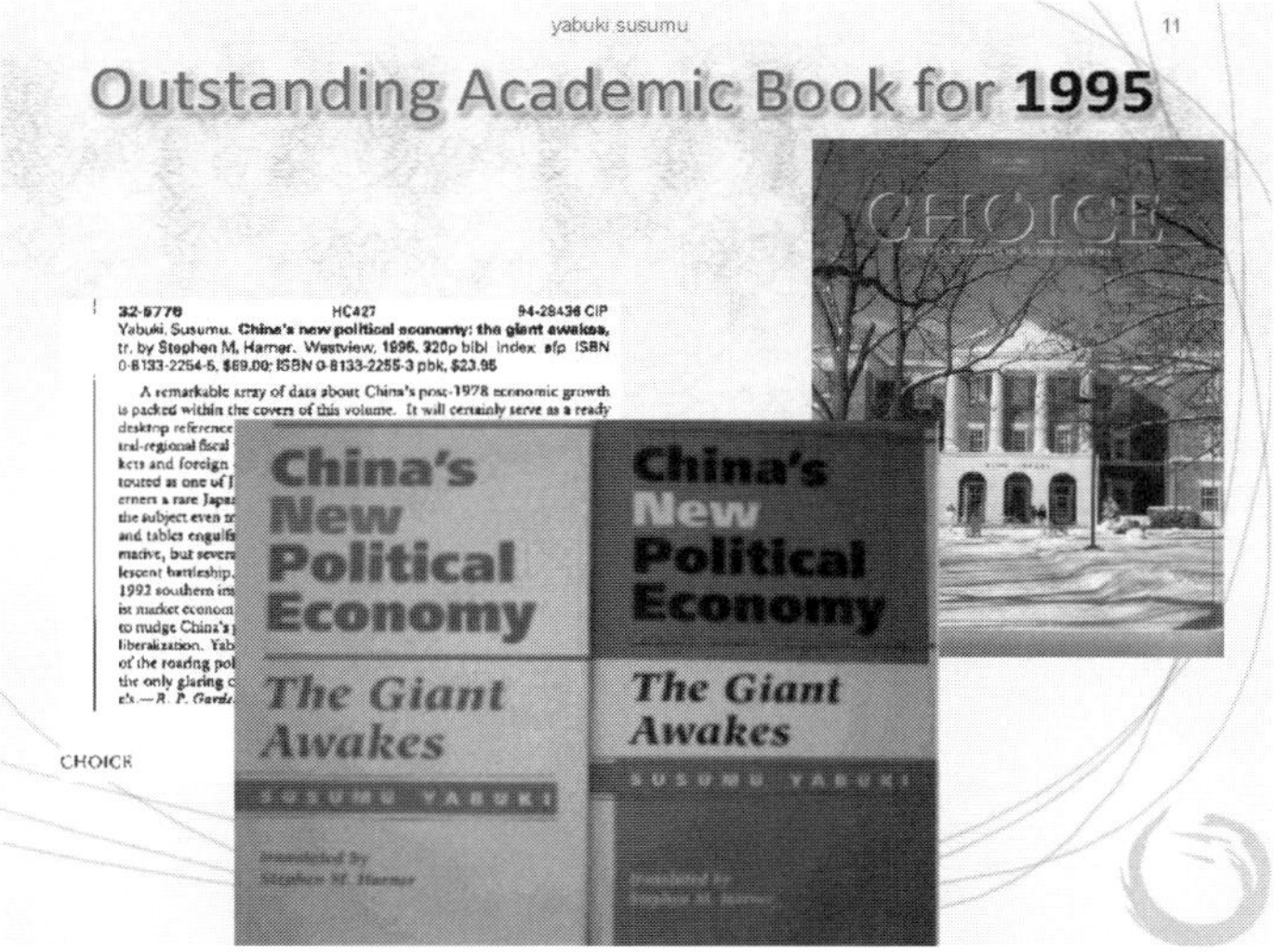

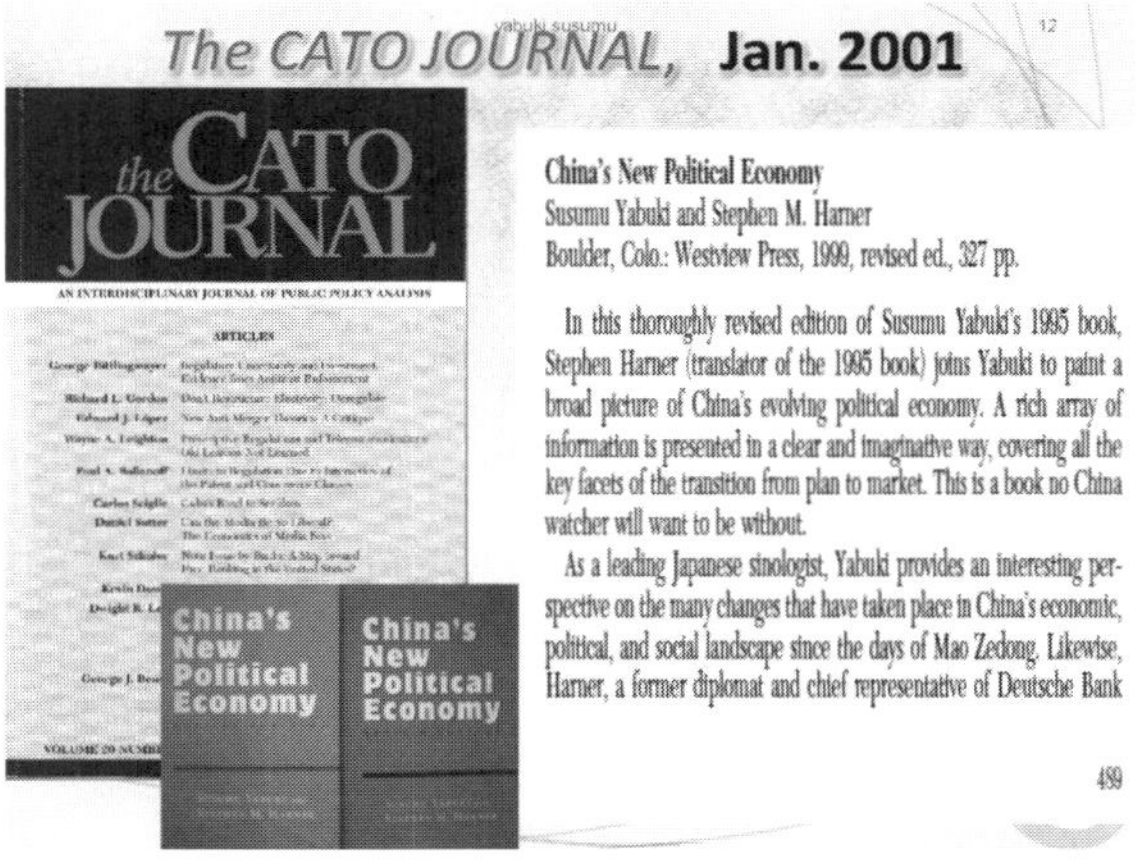

れて、「これは間違いだ。米国は中国の石油業界参入を許して、中国経済をグローバル経済に巻き込んでいくべきだ」と強調し、議会宛に送った意見書を見せてくれたのが印象的でした。私はアメリカの戦略家たちの前向きの発想に驚くと共に、私の本が一助とされたことに誇りを感じた次第です。

いずれにせよ、このような個人的体験を通じて私は、アメリカの対中積極派の考え方を知ることができた次第です。

4　中国民主化のゆくえ

西欧人権派も中国の現実からずれている

平田　冒頭、矢吹さんのお話で、天安門事件の広場での虐殺デマということを強調されたんですが、日本も含めて世界中のマスコミが、そういうデマ宣伝に走ったというのは、中国の民主化運動が東ヨーロッパの民主化運動と軌を一にして起こっている。同質のものなんだと。したがって、中国解体の日も近いという思いこみがあったということですね。

矢吹　全くその通りですね。それは「08憲章」の時にも続いていて、劉暁波たちがあのメッセージを出したのは、「〇九年」をものすごく意識したメッセージだったのです。二〇〇九年はまず、天安門事件二〇周年ですね、それからチベット暴動五〇周年、そして中華人民共和国建国六〇周年、それから五・四運動九〇周年。こうして「二〇、五〇、六〇、九〇周年」ということを劉暁波たちは意識していました。

国際的な側面で見ると、一九六八年にプラハの春があり、一〇年後の七七年に、フサーク体制下のチェコスロヴァキアで「憲章77」が出たでしょう。劉暁波たちはそれを非常に強く意識している。「08憲章」は、いわば「憲章77」の中国版という解釈もできます。

加藤さんも言われましたように、国際的な側面で劉暁波が注目されているという文脈でつまり、外の方は国際連帯ということで中国を見ている。それに対して中国は、それは困る、封鎖したいという強い欲求があるわけですね。

加藤　ノーベル賞授賞について、さっき言ったことを補足しますと、旧ソ連でも、ノーベル賞は、ソルジェニーツィンにもアンドレイ・サハロフにも授与されました。ソルジェニーツィンは一九七〇年の文学賞受賞時、国内にいましたけれども、七四年に逮捕されて、国外追放になるわけです。ソ連崩壊後、九四年に帰国しますが。サハロフは七五年に平和賞を受賞し、モスクワから離れたゴーリキー市（現ニジニ・ノブゴルド市）に流刑されても、国内に残って、モスクワ人権委員会などで活動を続け、歴史研究者たちのスターリン粛清犠牲者救済組織メモリアルにも受け継がれて、ソ連崩壊のときに一役買った。八九年に亡くなりますが、その前年八八年に欧州議会は「サハロフ賞」を設けて、人権と思想の自由を守るために献身的な活動をしてきた個人や団体に与えている。中国の民主家では、一九九六年に魏京生が、二〇〇八年には胡佳が受賞しています。

明らかにノーベル賞授賞委員会の方は、ソルジェニーツィンではなくて、サハロフの経験、あるいはチェコのハヴェルの経験を見ながら、そうした文脈でなんとか中国が民主化しないだろうかと願って、劉暁波に与えた。そこが見え見えですね。

矢吹　そうです。ですから中国は、そうはさせないという防御姿勢がはっきり出てきている。

加藤　私も参加したのですが、二〇〇二年に北京大学で行われた国際シンポジウムで、ソ連からロイ・メドヴェージェフが来て、旧東ドイツからはＰＤＳ（東独崩壊後の東ドイツ地域左翼政党）の代表が出席し、中国の研究者、マルクス主義者たちと、「冷戦後の国際共産主義運動」を検討する国際会議がありました。

その会議のあとの雑談の場で、党内反対派らしい若い人たちが言っていたのは、我々は共産党の独裁はおかしい、複数政党制は必要だと思っている。文革と同じように「六・四」も歴史研究の対象にされなければいけないとわかっている。しかし、今それをすると、党からの弾圧だけではなくて、自分の地位の問題が起こってくるし、なによりそんな発言をしたら、自分たちは中国の中で影響力を持たなくなってしまう、と言う。

だから、中国を民主化するためには、中国共産党の中にとどまらなければいけない。複数政党制を実現するためには、さしあたり一党独裁が必要だと。こういうロジックなんです。ロシアからきた、ロイ・メドヴェージェフなんかも、旧ソ連崩壊の経験を踏まえて、「平和的でスムーズな民主化のためには共産党の指導が必要だ」というんですね。

私は、「マルクスから疑え」とやや挑発的な報告をしてきたのですが、中国共産党の心ある人たちも、いまのままではいけないと思っている。けれども、それを実現するためには、中国共産党がスムーズに複数政党制や民主主義に離陸できるような路線を敷いてくれなければいけない、そうでないと、騒乱状態、暴力対立が起きてしまう。こういうロジックに、知識人が絡めとられてしまう。

それに対して西欧人権派的な話は、こうしたロジックをポンと横に置いて、民主主義と人権を錦の御旗にする。だから、たんに中国の歴史的伝統と繋がらないというだけではなくて、「六・四」以後の中国国内における知識人の動向とも、波長が合わないのだと思います。

劉暁波の思想の核心

平田　私は「08憲章」から出発していろいろ考えさせられました。なぜ劉暁波が国家政権転覆煽動罪に問われたのか。これまで、劉暁波の名前ぐらいは知っていましたが、いかなる人物なのか、よく知らなかった。さきほど矢吹さんは、「08憲章」はあまり目新しいことはないと言っておられましたが、いろいろ勉強していく中で、私の結論としては、これはかなり質的な違いを持っているというような認識を持ったんです。『天安門事件から「08憲章」へ』（藤原書店）を読んだ時点では、まだよく分からなかった。それから、いろいろ調べてみますと、天安門事件で捕まった後に、獄中で反省文を書いたとも言っていますね。

だから、国内にとどまって、いろいろ言っていますけれども、一種の穏健派かなという印象を持っていたんです。

しかし、劉暁波の『現代中国知識人批判』（徳間書店）を非常に感銘深く読みまして、ここにも原点があるというか、これは劉暁波の思想の核心が込められているのではないかと。それが、こんどの「08憲章」に繋がっているのではないかと私は思ったんです。

さっき矢吹さんが言われたように、これは現代中国知識人批判ですから、二千年、三千年という長い間、中国知識人の体質として染みこんでいる功利主義的、政治的なあり方をかなり厳しく批判している。だけど、最終的には何を言いたいかというと、結局、社会主義批判であり、マルクス主義批判であり、それが知識人批判となっている。つまり、「専制的権力の道具」となったマルクス主義が、中国の伝統的な知識人の思考方法と合体して、ますますその方向にのめり込んだのだと。

だから、これからどう脱するかということで、さっき加藤氏が言いましたように、西欧主義、普遍主義的論理を持ってくるというのも、そういう普遍的価値で現状を見ないと、その問題点はなかなか見えてこないということじゃないかと思うんですね。

矢吹　そこは一つのポイントですね。一つだけ補足すると、劉暁波はヨーロッパの価値観を学んで、自分の生き方の指針としているのではないんです。ヨーロッパの価値観を語るけれども、その背後にあるのは、中国知識人に対する批判です。その批判のために、ヨーロッパの価値観を使っているだけです。決してザーパドニキ（西洋派）、ヨーロッパかぶれではない。そこが誤解してはいけないところです。彼の父親は東北師範大の中文系教授であり、劉暁波自身も古典を徹底的に学んでいます。ヨーロッパの価値観の側面だけから見ると、外来思想の輸入業者みたいになってしまう。現に、日本の中国研究者の中には、劉暁波のノーベル賞受賞について劉暁波の思想は「端的に言えば、米国型の民主社会のあり方を唯一絶対のモデルとする傾向が顕著」であるとして、危惧を表明している方もいます。これはとんでもない誤解ですね。

加藤　なるほど、ポイントは知識人批判なんですね。あと、もう一つは、劉暁波には、現代中国社会が当面している問題をどう見るか、という彼なりの分析があって、それは、魯迅が問題にしていた時代とも、毛沢東が革命をやった時代とも違う、ということです。

つまり、鄧小平の改革開放が始まって、社会が急激に大きく変わっているところが、彼の分析には入っている。

そのことがよく出ていると思うのは、私が読んだ『天安門事件から「08憲章」へ』（藤原書店）の中にあるNGOの分析で、「民間組織はすべて『非合法組織』なのか」という論文です。中国がこれだけ近代化して、WTOにも加盟したのに加え、中国民政部の統計でも、さまざまな民間組織が二〇万もあるという。NGOがたくさんあるのだけれども、そのNGOの実態は何かについて、劉暁波は、中国の「民間組織」の現状を徹底的に分析しています。業界団体、学術団体、文化・芸術・スポーツ団体、それから宗教組織まで公認されているかのように見えるけれども、実は登録され公認されている組織はすべて、共産党支配を認める限りにおいてであって、本当のNGO＝非政府組織ではないというのが、彼の分析です。

平田　問題は原点の天安門事件に帰る以外にないと私は思います。この天安門事件の時の学生たちの主張も、基本的には、いまの社会主義なり、いまの共産党独裁の体制を前提として、言論の自由を認めるべきだとか腐敗を正すべきだというもので、決して政府と共産党を敵視するものではないという主張ですね。「五・四宣言」を見てもそれが分かる。

なかには過激な主張、マルクス主義という二〇世紀の悲劇的な体験をどう総括するかとか、共産党一党独裁も止めるべきだとかいう、当時の状況からすれば飛び出した主張も壁新聞などには見られましたが、ただ、全体としては、いまの枠内で民主主義を目指すというのが主要な発想だったと思うんです。しかし、中国共産党はこれも「動乱」として武力弾圧を加えた。

しかし、中国社会も大きく変わった。豊かにもなった。NGOも沢山生まれている。しかし、共産党一党支配・独裁という根本は変わっていない。その矛盾が極限にまで達し、今、この共産党独裁・一党支配という現実を正面から問題にし向きあわなければならない――これが「08憲章」の根本的な主題だと思います。

中国における「市民社会」

加藤　二一世紀の初めに、アメリカのハーバード大学ライシャワー研究所が、「市民社会の国際比較」という大きな研究プロジェクトを組織し、日本や中国も分析されました。

当時の所長のスーザン・ファー教授は、「アジアにおける市民社会の広がり」というウェブ上の序論で、「現在ハーバード大学で進行中のプロジェクトでは、『市民社会』を、市場における利益や国家権力の追求を目的としない『家族と国家の間に位置する空間』と定義し……世界各国から専門を異にする学者達が、ビルマ、中国、香港、インド、日本、パキスタン、フィリピン、シンガポール、韓国、スリランカ、台湾、タイ、ベトナムなど多種多様な市民社会に関する研究を行っています」と述べていました。

つまり、家族と国家を媒介するヘーゲル的「市民社会」理解を前提とするが、「市場における利益や国家権力の追求を目的としない団体」という点に現代的ポイントを組み込んでいる。

同じ頃に、私は、北京大学の友人たちとチームを組んで、トヨタ財団から助成を受け、「華人社会における市民社会の形成と政治民主化のプロセスとの関係」という研究プロジェクトに取り組んでいました。そこで私は、国家や政党からの自立はもとより、丸山眞男風の「個人の自立」を核とした「市民社会」概念を提唱したのですが、中国の友人たちの考えとどうも合わないことに気がつきました。北京大学の研究者たちにとっての「市民社会」とは、ハーバード大学よりもさらに広く、「国家と社会の架け橋」という位置づけでした。要するに、私的企業でも業界団体でも圧力団体でも、組織や団体が作られれば何でも、それが市民社会だというのです。

ところが、日本の社会科学では、丸山眞男をくぐっていますから、権力からの自由、個人の自立という問題を考える。でもこれは、中国の研究者たちに通じないのです。もちろん彼らも、西欧市民社会の思想と歴史は、ある程度トレースしています。ただ、いままでは支配者である共産党と個人を繋ぐものが何もなかった。個人はバラバラに党によって垂直的に支配されてきた。それがようやく横の繋がりが認められ、水平的交通ができるようになっただけでも画期的で、一党独裁ではない社会に繋がる、というわけです。

日本の政治学者からみれば、ハーバード大学の「アジアの市民社会」でさえものたりないのに、これでは市民社会や近代といった概念が中国流に骨抜きにされているのではないか、と感じました。もちろん報告書には、両論併記にしてこれから詰めてゆくということにしましたが。

そういう経験をくぐって劉暁波を読むと、私などには親しみやすい。まっとうな原理に従って主張しているので共感できる。

だから、劉暁波は、西洋かぶれというよりも、中国の新しい現実に即した新しい問題を見つけ、解決の仕方を模索しているのだろうと、納得できます。ちょうど丸山眞男や内田義彦が、日本の高度成長が始まった時期に、産業化・都市化が進んでも必ずしも民主化に直結するわけではなく、「市民社会なき資本主義」もありうる、だから民主主義の永続革命を提唱し、市民社会を求め続けた、それを受けて、平田清明が「市民社会と社会主義」を問題にしたのと同じようなことが、中国でもようやく問題になってきた。つまり、経済発展・産業化によって自動的に民主化がもたらされるわけではなく、民主主義や自由には独自の課題があり闘争が必要なんだという問題を、劉暁波ら新しい世代の知識人は、認識しているんだと思うんです。

だから、インターネットで発信するとか、自分は中国に留まり獄中にいても、スウェーデンに本部を置く国際的ネットワークを作ることによって、中国国内で発信できなくなっても、世界中に伝わる手法を取っているのではないでしょうか。

「08憲章」と中国共産党

平田　先ほども述べましたが、劉暁波の思想の原点だと思われるのは、『現代中国知識人批判』に込められていると思います。

直接的には中国知識人の批判であっても、最終的には、専制支配の道具となっているマルクス・レーニン主義批判、社会主義批判なんです。矢吹さんのお話でそういうことも別の論文で書いていているということも分かりましたが、学問・文化・思想などが政治から独立していない、政治に従属している。魯迅の批判もそうなんです。後半の魯迅も政治的になった。だから、そういうことから脱しない限りはどうしようもないという劉暁波の強烈な認識がある。

それで、「08憲章」を読むと、これはある意味では政治的な声明ですからね、具体的にどうこうするということは抜きです。ただ、こういう方向に行くべきじゃないかという政治的な宣言なんだけれども、やっぱりこれは国家政権転覆煽動罪に問われる根拠がある。つまり、何かというと、天安門事件の時は、「四つの原則」があって、基本的にはその枠内でやっていたわけですが、共産党支配あるいはプロレタリア独裁は、見直さなければならない。社会主義を見直すということは「08憲章」には直接には出ていないけれども、そういうことをもう見直さないと、どうしようもないんだということですよね。

だから、憲法がすべてに優先する最高法規であり、共産党支配や一党独裁はもとより、「いかなる政党も団体も個人も憲法に則らなければならない」という考え方だとか、特に司法が共産党支配になっていますから、司法の独立が認められなければならないとか、三権分立を認めるべきであるとか、軍隊の国家化すなわち国家の軍隊が共産党の私兵となっている現状をやめ、共産党は軍隊から退出すべきだとか、公務員採用における党派の差別を除去するべきとか、あらゆる分野を共産党が支配しているなかでこの原則に真っ向から否定する綱領を政治的宣言として掲げているわけですね。だから、共産党としては、これは絶対に認めることができない。

矢吹　ただ、類似の政治的主張は天安門事件までは当たり前でした。この文脈では決して過激とはいえない、むしろ穏健な主張だとさえ思います。当局の側がいま極度にナーバスになっているのです。とはいえ、最初の署名者三〇〇人で、その後あっという間に六〇〇〇人に増えてきた。その時に、当局が逮捕したのは劉暁波ただ一人ですよ。そのことの意味をどう考えるか。

　共産党にとっては表向きは絶対許せないかもしれないけれども、いずれはこの主張は認められるであろう。そう思っている人が、むしろ多数ですよ。その意味では劉暁波は、「佐倉惣五郎」の役割ですよ。農民一揆の指導者だけを処罰するけれども、後は全部無罪にせざるを得ないというのが、いま中国の抱えているもう一つの現実なんです。

加藤　六・四の時に、方励之が、「四項基本政治原則」の問題を指摘しましたね。第一が社会主義の道、第二がプロレタリア独裁、第三が共産党の指導、第四がマルクス・レーニン主義と毛沢東思想の堅持で、毛沢東の文化大革命は誤りとされながら、この四項目はタブーであり続ける矛盾を衝いたわけです。この四項目のタブーは、天安門事件から二〇年たっても続いている。その後の党内改革派も、そこに踏み込むとすぐに弾圧が来るからということでやり過ごし、建て前はそのままにして、実質を骨抜きにし、なんとかそれを撤廃しようとしてきたのが現実だったわけです。確かに第四の「マルクス・レーニン主義と毛沢東思想」などは、ほとんど形骸化している。しかし、「共産党の独裁」だけは、強固に続いている。

平田　それが、たとえ抽象的な宣言であったとしても、それを正面に掲げたところに「08憲章」

の意義がある。そして中国国内にどのような影響を及ぼすかということは、まず置いておくとして、そういうことを公然と宣言する人が出てきて、インターネット上に掲載したら、一気に大勢の署名する人が出てきた。この衝撃というのは、かなり大きな意味があったんじゃないかと僕は思っています。

それからもう一つ、先ほど、劉暁波がノーベル賞を受賞する直前に中国共産党の五中全会が開かれ、そこで政治改革への提言がなされたというお話がありましたが、インターネットを見ていたら、こういうのが見つかりました。今年に入ってから温家宝が行ったいろんな発言などがあります。

矢吹　政治改革発言ですね。

中国共産党は政治改革の必要性をどう見ているか

平田　中国共産党自身が、政治改革の必要性をどう見ているのか、温家宝の今年（二〇一〇年）に入ってからの発言を中心にまとめてみました。

二月の旧正月での演説では、「人々の尊厳と安心感のある生活を守るために努力する」と温家宝は述べていますが、人々の「尊厳を守る」とは、「人権を守る」ということと同意語だと思います。

また、四月一五日の人民日報には、胡耀邦を絶賛する社説を掲げました。政治改革の必要性を強調して「憤死」し、これが契機となって天安門事件が起こったわけですから、胡耀邦を絶賛するというのは、すなわち政治改革の必要性を中国共産党自身が認めていることを意味しています。五月四日の北京大学での「民主主義の精神」をテーマにした討論会に温家宝が出席しましたが、その場で、事前に論議で誰が発言するかを精査し、それ以外の発言を制限しようとした大学当局のやり方を痛烈に批判しています。

特に重要なのは、八月二一日の深圳での経済特区三〇周年を祝う演説で、「経済改革だけをやって政治改革をすすめないと、経済改革もすすまなくなる。権力が過度に集中しているために腐敗が起きており、この問題を解決する必要性がある」と明確に述べ、「中国式の民主化をすすめなければならない。社会主義を自浄的に改善していく政治システムの構築が必要」とはっきり述べています。

一〇月三日のCNNのインタビューに答えて、「私を含むすべての中国人は、民主主義や自由を抑えがたいほど強くもとめている。中国はゆったりだが持続的に政治改革を前進させていくであろう」と明快に述べています。

そして、こうした一連の発言は、温家宝の個人的な発言にとどまらず、矢吹さんからご紹介があったように、一〇月の中国共産党の五中全会への李鋭たちの「政治改革への提言」に繋がっています。

こうした、一連の発言や方針を見ますと、中国共産党自身も、政治改革の必要性は充分自覚していると思います。

こうした動きは、ただ建て前だけなのか、それとも実際にどのような手順で具体的にどうやろうとしているのかが問題だと思います。

「08憲章」とこうした中国共産党自身の政治改革の方針、また李鋭などの動きとの関連をどう見るかという問題はあると思います。

温家宝の改革発言

矢吹　平田さんから「温家宝の今年に入ってからの政治改革の発言」をまとめたものをいただきましたので、まず時間軸を逆にさかのぼりまして、彼の発言のコメントからはじめたいと思います。

温家宝は確かにこういうことを言っています。ちょっと目立つのは、胡耀邦を誉める社説を「人民日報」に載せる（二〇一〇年四月一五日）、これが一つです。裏を読みますと、胡錦濤というのは、胡耀邦のおかげで抜擢されたから、本当は胡錦濤がやらないといけないことなのに、彼はまったく能なしのお公家さんみたいなひとで駄目なのです。

胡耀邦生誕九〇周年をやったときに、胡錦濤は外国へ行っていた。逃げているんですね。そういう状況で「胡耀邦をどう扱うか」というのは天安門事件をどう見るか、ということと深く連動していますね。つながっているんですね。つまり天安門事件は「胡耀邦の死を追悼する」、というかたちでデモがあって、それが広場にすわりこんだ、という経緯です。しかもそのときの首相は趙紫陽で、そのとき同行したのが温家宝だったわけです。趙紫陽が広場へ言って学生たちに「来るのが遅すぎた。私は、皆さんの要求に従って何かやることは出来ない」というのがあって趙紫陽が失脚する。そしてその後ろに温家宝はいたわけです。

温家宝は胡耀邦書記に仕え、趙紫陽に仕え、江沢民に仕え、そのあと総理になって一〇年弱ぐらい経つわけですが、二〇一二年に党大会があると彼は引退するわけです。そういう晩年になって温家宝はハデなパフォーマンスが目立つわけです。そういうパフォーマンスのひとつが胡耀邦を賞賛することなどにあらわれています。

また八月の深圳の経済特区三〇周年を祝う、温家宝の演説での「経済改革だけをやって政治改革をすすめないと、経済改革も進まなくなる」という政治改革の必要性への発言も、ところがこれに対する見方も厳しくて、ほとんどパフォーマンスだろう、ということが言われています。誉める人は、温家宝はもう終わりで、彼のポストを継承するのが李克強だから、温家宝の時代にはできないが、李克強の時代には少し政治改革の舵をとってくれ、ということを期待を込めて言っている、というのが好意的な解釈です。

しかし私は、温家宝自身が駄目なのだと思っています。後に中国の特権階級のことを述べますが、理由は、まず息子ウィンストン・ウェン（温雲松）もヘッジファンドをやって、アメリカの手先のようなものです。また温家宝の奥さんの張培莉も宝石鑑定士の資格を持っていて、温家宝も張培莉も地質大学卒業で、当然なんですが張培莉も宝石鑑定協会の第一人者で、資産がどれだけあるかわからない。だからマスコミが「庶民宰相」、親しみやすい総理と言っていますが、これは全部パフォーマンスでね。温家宝がどれぐらい金持ちか。あるいは温家宝の奥さんがどれぐらい資産を蓄えているか。温家宝は張培莉を絶対に外国に連れて行きませんが、まさに派手で目立つからです。そういうことをみんな知っているんです。

私は読んでいないのですが、劉暁波の仲間で、いま軟禁されている北京大学の余杰さんは温家宝批判の本を書きました。『中國影帝溫家寶』(香港新世紀出版社)という本ですが、中国随一の名優・温家宝といった意味です。つまり、温家宝はどこへ行っても庶民の苦境に同情し涙を流さんばかりだが、これはすべて演技にすぎない。オスカー賞をもらってもおかしくないほどの出来ばえだ。しかし、政治家としては何一つ実行していない。それどころか温ファミリーは私財をどれほど貯め込んだのか。それを公開せよといった辛辣な批判です。温家宝については公然とそういう批判も出てきています。それは政権末期でレームダックということもあり、また温家宝自身にも問題があるのですが、じつは温家宝の名を借りて胡錦濤を批判したい。今の体制を批判するに際して、批判しやすい温家宝あたりをやり玉にしているということもあります。胡錦濤そのものは批判しにくいのです。

たとえば二〇一〇年の三月の全人代で、温家宝は政府政策報告でも、「灰色収入」が問題だということを、つまり合法か非合法かわからない問題をなんとかしないとまずい、ということを言っています。しかし採択された言葉を見ると「灰色収入」という言葉がすっぽりと消えてしまいました。それでどう書いてあるか、と言いますと「合法的な収入は守ります。非合法の収入は取り締まります」(笑)。中国は、「灰色収入」がすごいのです。合法か非合法かわけのわからない、そういうものが国民所得の一六パーセントも含まれていて、これは相当な額なんです。

誰でも中国人とつきあうと言うといっていますが「あんた、月給いくらだ?」と聞くと「表は、これこれくらいだ」。つまり、少なくとも表の月収と同じぐらいアルバイトをやっています。だいたい倍ぐらいの所得が普通です。大学の先生なんかは、英語を教えたり、翻訳やったりそういうのはわかりやすい。基本的にサラリーマンの所得はその程度でしょうが、官僚や経営者になると、どれほど隠れ所得があるか分からない。高級幹部が強く反対し続けているのは、所得の公開です。

趙紫陽の政治的遺言

平田　温家宝の政治改革発言について、矢吹さんの方から厳しい評価を聞きましたが、先ほど話に出た、李鋭たち中国共産党の老幹部たちの五中全会に対する公開書簡の中で、「我々ははいまだに香港の人々が植民地時代に有していた言論出版の自由を手にしていない」とし、「高級幹部みのならず、国家の総理でさえも言論出版の自由はないのだ」として、温家宝の政治改革に対する発言を削除して中国国内に伝えないことに対して、「目に見えない黒幕」がこれをやっている、「目に見えない黒幕」とは、中国共産党中央宣伝部だとし、中央宣伝部は中国共産党中央委員会を凌駕し、国務院も凌駕していると痛罵していますね。

及川淳子さんの論文に触発されて、日本でも出版された趙紫陽さんの「政治的遺言」（『趙紫陽――中国共産党への遺言と『軟禁』15年』ビジネス社、『趙紫陽極秘回想記』光文社）を最近読みましたが、大変感銘を受けるとともに驚きました。

天安門事件の真相、中国共産党の権力内部での動き、「老人政治」の実態といったものについても興味深く、私にとっては長年の疑問がいくつかはっきりしたこともありましたが、それ以上に驚いたのは、趙紫陽さんが最後に到達された結論が、「08憲章」の中身とほとんど一致していることでした。趙紫陽さんは、総理あるいは総書記として、中国の改革開放路線の第一線での指導者、ご本人の言葉によれば「大番頭」であった方です。観念の世界ではなく、実務を取り仕切った方の実際の経験と、一五年に及ぶ軟禁という体験を通して到達された結論が、言論出版報道の自由はもとより、プロレタリア独裁の廃止、すなわち共産党一党独裁の廃止であり、議会制民主主義の確立であり、司法の独立であり、社会のあらゆる分野で共産党が独裁的権力をふるうことへの否定であり、これらのことは「08憲章」と全く同じ主張です。こうした政治改革をやらなければ、中国には「途方もない腐敗」が起こると警告されていますが、実際にそのようになりつつあります。さらには、チベットには高度な自治を与えなければならないとの主張もされています。

また、最初は「共産党の指導をやめて多党制を実施したら、中国は混乱するだろう。とりあえずは、貧困問題から解決すべきだ」と思っていたが、「その後、経済改革は政治改革をともなわなければだめだ。民主的な監視をしなければ、腐敗問題は解決できない」と思うようになったとはっきり述べています。「共産党は、あらゆる権力をコントロールするという地位から一歩ないし完全に撤退すべきだ」とも断言されています。

李鋭たち老幹部や、趙紫陽が現在の中国共産党の内部でどのような影響力と力を持っているかは分かりませんが、こうした中国共産党の内部から政治改革・民主化の動きも注視していく必要があるのではないかと私は思います。

劉暁波さんたちも、西洋の思想をいきなり持ってきたというのではなく、こうした中国共産党内部の動きも充分熟知し検討した上で、「08憲章」の内容を準備したのではないかという印象を持ちました。

中国における法の整備

加藤　二つ、矢吹さんにお訊ねします。一つは、劉暁波は、詩人であり、文学者であるということの意味です。かつての中国共産党では、文学を通じての政治批判があり、文学批判を通じての政治があった。魯迅の時代まで溯るまでもなく、整風運動も文革も、党による文学批判から始まったし、その後も文学の様式での政治批判は多く見られました。

ですが、どうも今回の劉暁波の場合は、文学という要素で人を引きつけるとか、影響力を持つという感じではない。『天安門事件から「08憲章」へ』に詩が出てくるんですが、中国語の原文がないからかもしれませんが、詩もどのぐらい中国の伝統を引いているのかが見えなくて、漢詩の音韻や形式は感じられない。私流に読み解くと、やはりノーベル文学賞というより平和賞なんです。そういう点で、文学と政治という関係の中での問題をうかがいたい。

それから六・四の頃、私は天安門の学生や知識人を支持して、中国中のＦＡＸ番号の分かる所に、手書きで連帯の挨拶を送信していたんです。政府機関とか大学とかホテルとか手当たり次第でした。いまはそれが、完全にインターネットに変わった。それも個人の手に普及した。

それと同じように、当時のスローガンのなかに、「民主と法制」というのがありました。要するに、法制度が整っていないから、法とルールにもとづく統治にせよ、という話が多かった。けれども、その後二〇年、実際に私も中国にほぼ毎年行って調べものをするんですが、環境問題や不動産売買も含めて、法制度は、ずいぶん整備されてきている。その意味で「法制」は進みました。

ただ、その法が十分守られていない。言論の自由を認めた憲法もそうなんですが、法を作ることはできても、法を受けとめ、法に従ってルールを作り周知し、支配・被支配の関係を安定させていくところがうまくできていないのではないか、という印象を受けるのです。

最近は「民主と法治」ということを聞きますが、中国における法の問題については、どうでしょうか。

矢吹　前者について。いまどき日本にくる中国の留学生は、中国の古典をあきれるほど知らないのですが、劉暁波は吉林大学でも、北京師範大学でも、中文系です。つまり伝統的な中国の文学・歴史・哲学は十分に咀嚼しているのです。その上で、近代の「普遍的価値」（中国語「普世価値」）に基づいて、遅れた政治や思想を批判しています。つまり彼の言葉の背後には、中国の伝統文化がつまっています。この文脈では、彼は魯迅に似ていて、魯迅を徹底させた印象があります。

次にノーベル平和賞が政治的なメッセージだというのは明らかで、オバマ大統領が核兵器削減と言っただけで受賞したり、佐藤栄作が沖縄返還と言っただけで受賞した。今回劉暁波受賞の意味はただ一つ、「非暴力的政治改革」の思想を評価したのです。我々がアジアについて忘れるべきではないのは、金大中なんですね。金大中が南北朝鮮の対話を言ったからなんですが、その背後にあるのは東西ドイツの統一ということなんです。ポスト冷戦をうまく生かして、西ドイツは東ドイツを吸収したわけでしょう。そのことをヨーロッパの知識人たちは高く評価していて、ヨーロッパでは戦後が終わった。それに引きかえ、アジアはどうか。金大中一人だけがそう言っているから、彼にノーベル平和賞が与えられたわけです。

私はたまたま一九九九年に、ベルリンの壁が崩壊して一〇年という時に、ハンガリーに四〇日ほど滞在して、いろんな知識人と会っていたんだけれども、その時に彼らは金大中のノーベル賞受賞にはそういうメッセージがあるのだ、絶対に分かってくれと言っていました。

つまり、国際政治は大国が牛耳っているんだけれども、小国のインテリたちがいつも考えているのは、ノーベル平和賞のかたちでメッセージを送って、問題提起をしている。元々そういうものなんだと言った。そして、アジアの冷戦はちっとも終わらないじゃないか。日本や中国の政治家は何をやっているんだと。だから、そういうのが金大中のノーベル平和賞授賞の意味なんだと言っていたわけです。

それと、文学と政治についてですが、私には簡単に答えられないですが、これは現代文学をやっているような人に答えてもらうしかないです。ただ、天安門事件までと、それ以後の二〇年とでは何が違うかというと、基本的にあの時点では経済的な門戸開放を進めたけれど、それは限定的で、当時は鎖国状況だった。いまはもうグローバル経済で、経済の面ではグローバル化し、それに伴って人間の往来も頻繁で、以前の鎖国状況とは相当違ってきている。

だから政治批判なども、ある常識になってきている。西側だとみんな知っているわけですから、インテリの常識なんです。ただ、それを明白に言ったら、罪を犯したとリーダーだけを弾圧するんですよ。なぜなら、すべては統制しようがないところまで来ている。

平田　ああ、なるほどね。

矢吹　ただ、だからといって、そこまで来たから民主化が近いかといえば、そうは思わないというのが私の見方です。

そのへんが、かつて情報鎖国を行い、いろいろな鎖国をしていたときの孤立していた閉鎖的な社会主義国とは違う。人間も金も食べ物も情報も、完全にグローバルななかにある。そういうなかで政治権力を維持するために、建前だけでいいから、社会主義はすばらしい、共産党は正しいと言って、強引に抑えているのが、いまの中国の姿です。

だから、ノーベル平和賞の授賞式に行くなとか、外国にまでそんなことを言っているのは、あれは本当にそう思っているかどうかは疑わしい（笑）。ただ、建前としてそういうことをやっている。そうでなければ保たない。そのへん、裏と表があり、どういう言葉で説明すればいいのか難しい状況がある。

加藤　ただ、今ではＥＵ経済を支えているのは俺たちだ、という自負もありますね。

矢吹　そうです。だから、加藤さんが言う政治と文学や、グローバル経済のなかでの政治の統一の取り方もかなりデリケートで、簡単には説明しきれないということですね。

加藤　中国の制度と法律についてですが、私がいま実証的に研究しているのは、環境問題なんですが、環境法なんかは、法制度としてはある意味で、日本より進んでいるところがある。

矢吹　法だけは、ということ（笑）。

加藤　そうなんです。私たち外国人の調査に対しては、ちゃんとこういう法律があります、と出してくる。外国への弁明には法文を見せればいい、ということらしいです。

ところが私たちは、実態を知りたい。そのデータがほしい。ところがそのデータが出てこない。実態の方は全然法に従って動いていないわけで、どうもその現実の方が、中国を見るには重要で、制度面で法律の条文があるかないかという話ではなくなっている。かつては、まさに法制度がない、遅れているというかたちだったんですけれども。

矢吹　ですから、特にＷＴＯが象徴的なんだけれども、そういう法を作らないと、加盟できないということで、全部作ったんです。まさに明治時代の鹿鳴館ですよ、鹿鳴館。ただ法律の世界は、一番いいものを翻訳するから、法律の条文自体はものすごく先進的なものを採っている。しかし、それを裏づけ、実行する体制は全然ないし、やる気もない。

しかもそれに対して、我々は途上国だから、まだできないと言って、途上国特権をフルに使っている。ＣＯ２の排出は、いまアメリカより多くて世界一なんだけど、一人あたりでいくと、先進国の方が膨大な排出になるじゃないか。我々はまだ取るに足りないと主張する。

加藤　途上国と先進国を、二枚舌で使い分けるんですよね。

矢吹　そのとおり。もう日本を抜いた、自分たちは先進国だ、次はアメリカを追い抜くと威張ったかと思うと、一人あたりの排出量は百何十番台だと。中国は人口が多いからまだ行けると。だけど、それはある意味では嘘なんですよ。人口が多いのは事実だけれども、経済政策によって、支配階級が富を壟断しているんです。

だから私は、「春闘なき高度成長」と言っているんです。高度成長という点においては、日本のそれと同じです。ただ日本は当時、組合が総評ですからね。いまの連合みたいにダラカンじゃないから、日本は毎年春闘をやって、パイの分け前を取っていた。ところが中国は、闘う労働組合が一切無いわけです。その代わりにストライキがあるといっても、みんな山猫ストですからね。組合は共産党支配で、企業内の労働秩序を保つための御用組合ですから、労働者のためには闘わない。

だから、中国は高度成長のこの一〇年、二〇年の間、パイは増えたけど、分け方はものすごくアンフェアなんです。分け前を増やすことは一切やらなかった。その結果として、労働分配率はどうなったか、を後で具体的な数字で示します。

2章　人権なき大国――中国の台頭をどう見るか

平田　それでは、1章のお話を受けまして、台頭してきた中国の現状をどう見るか、について話を進めたいと思います。

1　政治改革を封印したままの経済改革

天安門事件前の状況

矢吹　中国経済についてこの二〇年の成果を概括すると、全体的にはこういうことが言えると思います。天安門事件以後、ちょうど二〇年ですが、二〇年のうち前半は、再度天安門事件のような民主化運動が起こったら困る、ということで、薄氷を踏むような思いをしながら政治をマネージしてひたすら経済を発展させる。雇用が増え、少しでも賃金が上がれば大衆は納得するという、ちょうど岸内閣が倒れた後の池田内閣が「寛容と忍耐」で政治危機をのりきって「所得倍増」のスローガンを掲げて、人々を経済マインドに巻き込んでいった、その経過と似ています。

また民主化運動の指導者たちも、外国に亡命したグループはもう拠点がなくなり、根無し草で何もできない。劉賓雁、方励之、厳家其、蘇紹智であれ、いずれもそうですね。そういう中国では一流の有名人たちも外へ行ってしまうと、もうなにも出来ない。方励之は理科系で自分の専門を教えられるからまだいいのですが、文科系の研究者にとって英語で講義するのは楽ではない。中国語を教えるぐらいなら若者にもできるかもしれませんが、アルバイト口を奪い合う競争相手が多いので、生活を維持することすら厳しい。

事件後数年まではたとえばプリンストン大学にチャイナ・イニシャチブという研究・情報センターができて、民主化運動の情報収集が活発でしたが、民主化の展望が限りなく先に引き延ばされる過程で、センター予算も乏しくなり、いつの間にか雲散霧消した。若い学生たちは柔軟ですから、ＩＴを学び、経営学を学び、アメリカ社会で雇用を求めて運動から離れていきました。

他方、国内に残った人たちは、ある者は牢獄にぶち込まれて身動きできなくなり、ある者は運動を離れて、それぞれの生き方を選ぶことを余儀なくされる。これは若者にとって当然の選択であり、運動から離れたことを誰も非難できないのは当然です。それが活動家たちの状況です。他方一般の民衆から見ると、「旧ソ連が崩壊したこと」が、当初の予想とは逆に、裏目にでます。

旧ソ連が潰れて、政治が民主化したのは歓迎すべきでしたが、ロシア経済は「マフィア経済」に変身しました。ゴルバチョフの「ペレストロイカ」（改革、再編成）が失敗したとき、ソ連共産党自体が崩壊し、ソ連社会の秩序そのものが崩壊した。こうした無秩序の社会で暗躍するのは、どの国でもヤクザであり、闇屋です。ロシアはマフィア経済の天下になってしまった。

中国は陸続きの隣国だからロシアの大混乱が手にとるようによくわかる。一例を挙げますと、ロシアから中国のナイトクラブやカラオケバーをめがけて、白系ロシア人美女がたくさん出稼ぎにやって来たのです。中国人たちは、それまでは香港・台湾ドルに対して、日本円に対して、そして米ドルに対して人民元の安さにはぎしりしていたのですが、旧ソ連の崩壊に伴い、ルーブルの価値が下落して人民元が強くなったことを、彼らはカラオケバーの美女の値段で実感したのです。ロシア美女たちは、最初東北地区に現れたと思ったら、あっという間に、広東省深圳まで夜の世界を席捲する始末です。

同じ現象は中越国境でも見られました。中越国境貿易の開放に伴い、ベトナムの少女たちが中国の個人企業経営者の妾として売られる例が大流行しました。このような具体例を通じて、中国の大衆の意識が大きく変わりました。それまでは、香港ドル、台湾ドル、米ドル、日本円に対して「自分たちの紙幣はまるで駄目だ、値打ちがゼロだ」と圧倒的な劣等感にさいなまれていました。天安門事件のときの改革派知識人は、中国は政治が悪いから、人々は貧しい。これでは「球籍＝地球の籍」を失うであろう、こんな悪い劣等国だったら「地球から除名されるであろう」、というコンプレックスを持っていました。

「河殤」というノンフィクションは、「黄河を悼む」という意味ですが、中華民族は亡びたというイメージです。それが天安門事件前後の自画像です。今日のチャイナ・アズナンバーワンとは、一八〇度異なる劣等感の固まりです。

ところが、ソ連が崩壊したことによって、二つの点から彼らはルーブルに対する人民元の価値に目覚めた。まずロシア国境やベトナム国境での国境貿易からも分かりました。国内の大都市には、大流行のカラオケバーの主役がロシア美女にとって代わり中国の成金たちは大喜びです。

ベトナムはソ連経済を頼りに運営し、半ば癒着していたので、ソ連崩壊の影響はきわめて厳しいものがありました。変わり身の速いベトナム当局は真っ先に中国の改革開放の模倣を始め、市場経済を取り入れました。ソ連依存から中国依存への変身は、ベトナムが一番目ざましいものでした。

私はソ連崩壊の翌九二年にハノイやハイフォンを訪ねたので、変身の現場を目撃した強い印象を覚えています。「お国のドイモイは中国の改革開放と似ているね」とベトナム政府の役人に声をかけると、彼らは異口同音に、いや違う。われわれはレーニンのネップ政策、買い戻し政策を導入したのだと強調し、中国への敵愾心を瞳に燃やしていました。七九年の中越戦争から一〇余年の当時ですから、ベトナム・ナショナリズムは当然理解できることです。

中国の市場経済に自信をもつ

中国流の「市場経済の本格的密輸入」は、中国大陸でまだ始まったばかりだったけれども、ソ連崩壊を契機として、彼らは中国経済に自信を持ち始めた。これからはますます元が強くなりそうだ、商品は豊富になりそうだ、と期待しました。

他方、天安門広場の学生たちのように、ゴルバチョフの政治改革に期待した人々は、政治改革の失敗はソ連の二の舞をもたらす、と政治改革に対して臆病になりました。こうして旧ソ連の崩壊経験が改革派にとっても、大衆にとっても、ネガティブなイメージを与えてしまった。天安門事件後に、中国政治が安定団結にこり固まり、政治は棚上げ、経済がすべてだ、といわんばかりの経済主義に陥ったのは、一つは、旧ソ連のペレストロイカ失敗のため、もう一つは、中国の市場経済への転換が、基本的に順調であったからと見てよいでしょう。

政治当局が民主化運動を徹底的に、必死になって弾圧したのは事実ですが、弾圧によって運動が消えたというよりも、一つはソ連の反面教師の役割、もう一つは、中国経済から得られる実利が大衆の不満を吸収したからだと私は見ています。当面、政治は封印したまま経済改革を一生懸命やろうというのは政府が提起した方針ですが、民衆もそれを受け入れたわけです。これが前期一〇年の政治的安定と経済発展の、一つのポイントです。

一九九七～九八年にアジア通貨危機がありました。このときはタイに始まって、最後に韓国まで波及した。韓国は経済発展の優等生だったけれどやられたのです。

実は、韓国経済はよすぎたことが裏目に出た。実績がいいからどの機関もみな韓国に金を貸していました。韓国は短期の資金を導入して、ロシア国債を買っていました。ロシア国債が紙屑になったために、韓国の不良資産が発生した。投機が裏目に出ただけの話で、韓国経済自体のパフォーマンスが悪いわけではなかった。

中国の場合、あの時点では資金の流入は制限しており、いまほどオープン・ドアでは無くドアは部分的に開いただけだったので、アジア通貨危機の影響を最小限に抑えることが出来ました。むしろそれをきっかけに中国は飛躍するのです。

朱鎔基が当時の首相だったのですが彼は積極的な財政政策で危機の中国への波及を食い止めました。二〇〇一年、ＷＴＯ加盟に成功して、以後は経済的にますます勢いがつきました。ＷＴＯに入るまでは、鄧小平の「韜晦作戦《とうかい》」といいますか、ソ連が潰れたから、中国は大きな顔をしていると世界中から叩かれるというので、鄧小平の有名な言葉「韜光養晦《とうこうようかい》」（日本語で言うと「韜晦作戦」です）を堅持しました。控えめにふるまい、でしゃばるな、ここでは実力の涵養に努力せよ、ということでした。

ＷＴＯ加盟で豹変

こうして最初の一〇年が過ぎて、二一世紀以後、後半の一〇年の経済発展ですが、この時期に中国は経済政策の大きな方向を間違えたのではないか、これが私の評価です。つまり二〇〇〇年にＷＴＯに入って、そのあたりから中国の経済が、市場経済として本格的に動き始め、高度成長の軌道を驀進し始めた。だから、経済発展の成果を踏まえて、政治改革を慎重に進めるべき条件は少しずつ成熟していたのです。経済の自由化に対応した「政治の自由化」を展望すべき地点に立ったわけです。

いきなり「議会の選挙」とか、「複数政党」による執政の交代とかをやらなくてもいい。たとえば政府の「行政の透明度」を高めるとか、汚職役人を摘発するとか、マスコミに役人や政策の矛盾を追及させるとか、そういう具体的な事例を通じて、発展しつつある市場経済に適合した政治体制をつくっていくこと。それが必要だと観察し、意見を述べてきました。

しかし、私の期待は裏切られました。政府当局はそういう意見を無視したのです。

そもそもの出発点を考えると、彼らは「社会主義市場経済」をやると言っていた。これというのは、本質的に資本主義経済です。しかし、「共産党の指導」下の市場経済である。市場経済を「社会主義市場経済」と言っていただけです。共産党が上部構造であり、経済的基礎は市場経済です。下部構造が上部構造を規定するというマルクス主義の原則にしたがうならば、市場経済が発展すれば、いずれは政治にも反映して、市場経済にふさわしい政治体制に変えていくだろう、そういうことを期待して中国の市場経済を見ていたのです。

ＷＴＯに入るまでは、先ほど加藤さんが言われたように、法律もいっぱい作って、彼らのやり方でやっていくんだと、努力していました。しかしＷＴＯに入ったとたん、態度が豹変して開き直った。いろいろな事柄について、「我々は途上国だから義務はない」と、途上国の特権を強調する。義務を拒否する。そしていろんな権利だけは主張する。そういう使い分けをしてくるようになりました。

それがナショナリズムと絡んでくる。それまでは国際連帯ということがいろいろブレーキとしてあった。しかしその頃から国益そのものを追求することが正しいんだ、ということになってしまった。しかも「国益」と言っていますが、実は国益ではなく支配階級の利益、太子党の利益なんです。民衆は関係ない。そこがポイントなんですけれども。

それで過去一〇年間は、外貨がやたらとたまるだけなんです。どういうことかというと、国内植民地を作る体制です。農民から収奪して安い労働力として使えるだけ使いますが、都市民の持っている福利厚生はいっさい与えない。住宅にも入れないし、学校にも通わせない。ドイツでも移民労働者が問題になっていますが、ほとんど同じで国内の植民地なんです。都市民と農民とのあきらかな差別政策により、農民はあからさまに「二等国民」なんです。都市民が農民に持つ差別感情というのは、すさまじいものです。

2　和諧社会の現実——労働分配率の激変

加藤　自由な移動も認めないんですよね。

矢吹　農民は都市民になれないのです。中国はやたらと団結を強調しますが、実は内部はバラバラ、明らかに差別構造が強固に存在するのですから。先ほども申し上げましたが低賃金・重労働で搾取する「女工哀史」です。その結果の「春闘無き高度成長」ですから労働分配率は一〇年間でがくっと下がっています。

もう一つ、別な観点から見てみましょう。農民の賃金と都市の所得を預金と比較してみます。これは勤労者の所得を中国全体の預金の伸びと比較すると、預金の伸びのほうがはるかに多い。これは誰が預金しているのか。農民や普通の労働者ではなくて太子党ですよ。あるいは官僚階級の預金

和諧社会の現実――労働分配率が激減した（1998―2007 年）

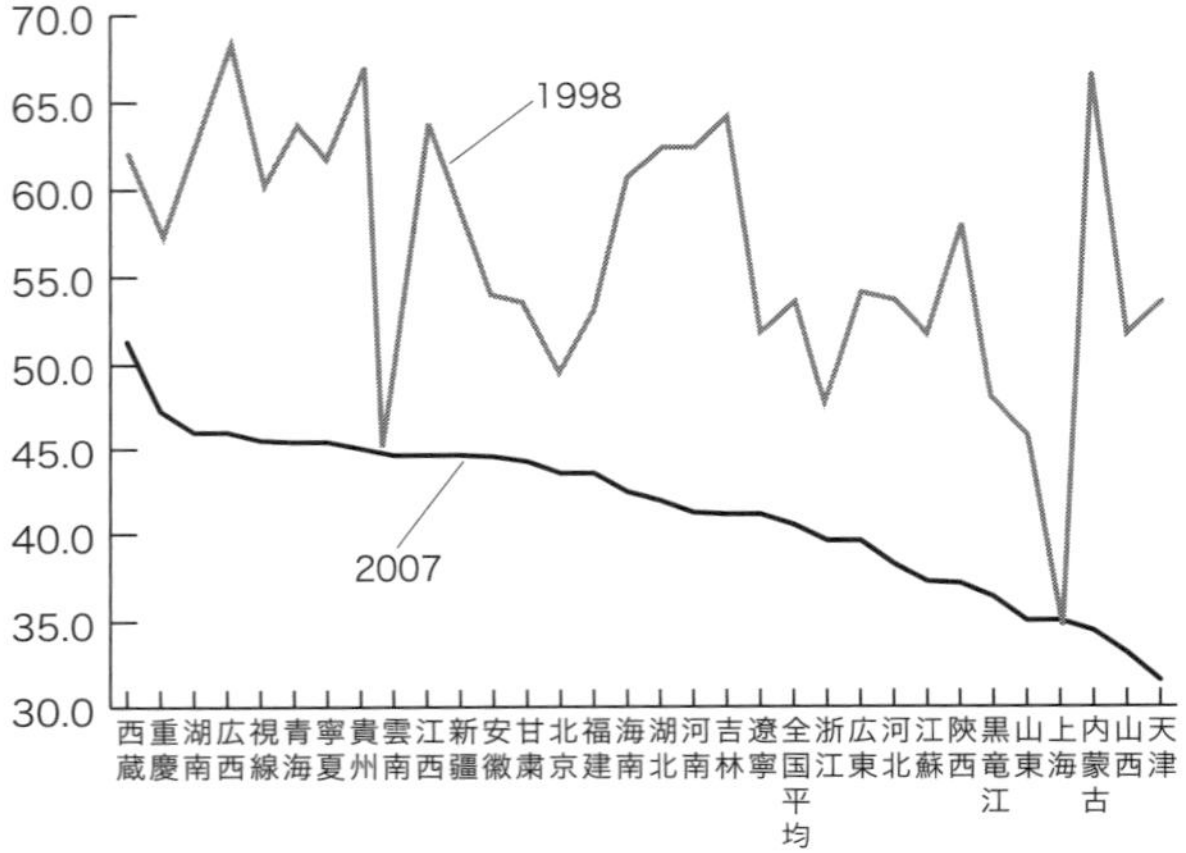

主要国の労働分配率（2003―2007 年平均）

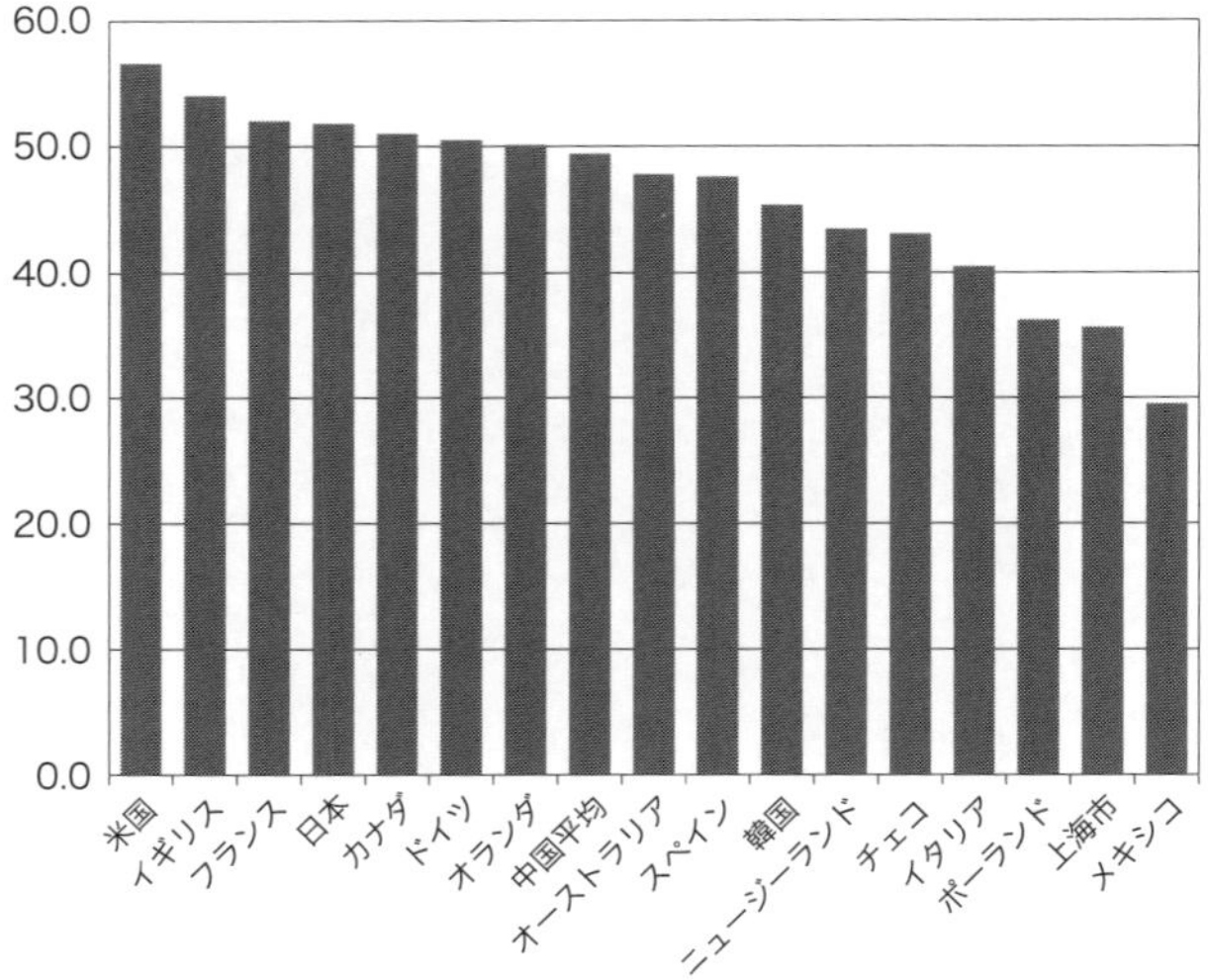

（資料）『中国統計年鑑』および OECD 事務局

です。だからどこからみても無茶苦茶な経済体制というほかない。

しかも、今度は人民元レートを安く設定して、無理な蓄積をやる。ドルが貯まるということは、基本的に「飢餓輸出」をしていることです。輸出というのは、国内で生産した富を外国に渡し、その代わりに外貨を得るものです。富が外貨に変身して、政府の手元に残るものですから、これは一種の強制貯蓄と言えます。富を消費に回さない。労働者が生産した富を使わないで、お金の形で預けておくわけですから、消費を抑制して貯蓄していることを意味します。豊かな人々が消費を抑制するのは構いませんが、貧しい民が大勢いるなかで、輸出一辺倒の政策を採るのは、飢餓輸出になります。

貿易が黒字になるのは、輸出と輸入のバランスがとれていないことを意味します。輸出が多すぎて輸入が少なすぎるのは、前者は「安売りのため輸出が伸び」、後者は黒字を用いて「輸入を増やす努力を怠った」ことを意味します。

ここで人民元レートを高くすれば、輸出価格は高くなり、その分だけ輸出が減少します。しかし人民元レートを高くすれば、その分だけ輸入産品が増えます。輸出が減少し、輸入が増加すれば、外貨は減少し、むやみに溜まることはなくなります。それが輸出入を均衡させる人民元レートです。

そのような、ありうべきレートと比較して、現在のレートは明らかに低すぎます。だから黒字が溜まるのです。こんなにドルが貯まるというのは、①極力安価な労働力に依拠し、②極力安い元レートを堅持して、飢餓輸出を続けているからにほかなりません。二・八兆ドルの外貨準備そのものが飢餓輸出の結果であり、外貨をあのように貯めることは、為替政策の間違いと所得政策の間違いを象徴的に示すものと見てよいのです。いわんやドルは安くなることは予想されても、高くなることはほとんど期待できない通貨です。これは価値を保蔵する点でもまずい選択です。

少し元高にすると、日本の円高みたいに購買力がつくから、外国のよいものがどんどん入ってきます。中国は賃金レートが同じだとしても、為替レートを元高に少し変えただけで外国のものが安く買えて、それだけで生活がよくなります。輸出指向型経済を内需指向型経済に転換できます。この一〇年、中国政府はいっさいそれをやらなかった。つまり、①農民や労働者たちの低賃金を利用するだけではなくて、②為替レートを元安に抑えることによって、二重に中国の人々の労働の成果を安売りして外貨に変えていたわけです。

人民元の切り上げをなぜやらないか

いま人民元は、実は「米ドル・ペッグ」です。だから米ドルが安くなった分だけ、人民元も安くなっている。米ドル安に対して、それを値下がり分をカバーする努力さえも、中国当局は行わず、アメリカべったりの依存症です。アメリカが人民元のレート高を要求すると、中国はこれに抵抗することが国益を守ることだと錯覚を作り出し、外国の干渉は受けないと息巻いています。人民元安路線の堅持が、飢餓輸出の堅持であることを忘れているのは、奇々怪々です。これは結局、それが誰の利益か、という話ですね。人民元を安くしているというのは、飢餓輸出であり、国益にはならない。しかし、売国政策でもうける人々はいつも存在し、大きな顔をしています。

繰り返しますが、「ドルを使えない」と言ったのは、象徴的な意味で、アフリカやアラブの中国資本の投資は、中国人労働者を連れて行ってやっているのですね。彼らはたしかにドルを使って生活しているけれども、事実上は、かつての苦力に近い。

資本の自由化をやらず、交換不可能な「半人前の通貨」にしておくシステムのなかでは、ドルを持つこと自体が特権になる。日本だって、私の学生時代には、外貨管理の制約で、留学も観光旅行もできなかった。だから、外国への出国を「認める、認めない」が特権になります。いまの中国は、この種の特権まみれの社会です。

もちろん庶民が日本などに来る短い旅行は認めています。それを申請して「許可」してもらう場合によっては、そこで役人に「リベート」を渡さなければいけない。こうして、アメリカの国債や長期債を買う前に、やるべきことはいくらでもあるはず。その方が、中国の庶民の利益になる。ソウルのG20で黒字率（GDPに占める貿易黒字の比率）が問題になって、四％以上は問題視されました。中国の場合、二〇〇四年までは黒字率が一・四％だった。ところが、二〇〇五年から四・六％になった。二〇〇六年が六・七％、二〇〇七年が七・八％、二〇〇八年が六・九％と、黒字率がバーッと増えているんですよ。

このへんで、絶対に元安をやめて、元高へと切り上げをやるべきでした。しかし、やらない。もうやれない。それで利益を上げている人たちがいて、既得利益化してしまったからです。いまや合理的な経済政策が採用できなくなってしまった。

そういうプロセスを経て、「開発独裁から民主化へ」という展望がなくなりました。これは開発独裁の失敗と見るべきではない。韓国や台湾の経験を中途で放棄した、あるいはつまみ食いだけした者の責任です。理論や戦略の欠陥ではない。そのような政策を利益集団が選ばなかったのです。なぜかというと、利害が絡んで選べなくなったからです。

加藤　その意味では、「国家資本主義」ではなく、「官僚制資本主義」ということですね。

矢吹　毛沢東流にどぎつくいえば社会帝国主義です。中国の政治文化に深く根ざしている。実に根深いですよ。かつては「国民党官僚資本主義」でした。いまは共産党と国民党を置き換えると、実によく似ている。シャムの兄弟です。国民党官僚資本主義と共産党官僚資本主義は双子の兄弟、クローンみたいです。これは、中国の社会にかなり深く根づいたシステムなのでしょう。だから、なかなか簡単には崩れない。「カニは自分の甲羅に似せて穴を掘る」と言うけれども、共産党は国民党と違う社会を創ると称して革命をやったけれども、気がついて見ると、国民党と同じことをやっていた。仮に、一九三〇年代の国民党路線をそのまま延長して今日に至ったとしたら、どれほど犠牲を減らすことができたか。ゲリラ闘争や抗日戦争なしに、歴史が発展したならば、という空想に浸ると、歴史の狡智に慄然とする思いです。

蓄えた外貨は軍事予算とヘッジファンド・ビジネスへ

もう一つの問題は、こうして蓄えた外貨を何に用いるか、ですね。

軍事予算に重点的に回すならば軍国主義です。古典的な命題にいう「バターよりも大砲を」です。庶民のバター（生活向上）のことを考えない。軍拡には惜しみなく資金を投資する。その象徴が空母の建設ですね。二〇〇四年八月から航空母艦をつくるための「〇四八プロジェクト」（〇四年八月に決定したプロジェクトの意）を進めています。

二〇〇九年三月、浜田幸一の息子の浜田靖一が国防大臣として訪中した直後に、青島で海軍六〇周年記念という艦隊の閲兵式がありましたが、アメリカやその他はみな海軍艦艇が閲艦式に呼ばれているのですが、日本の海上自衛隊だけは呼ばれていないのです。日中の軍事・安保交流はたいへん遅れています。アメリカの軍艦は青島に二〇〇二年に招かれています。日本は二〇一〇年の尖閣トラブルのために、予定されていた海上自衛隊の青島訪問は今回も実現しませんでした。

こういう不幸な状況が日中関係では続いています。その事実さえも十分に理解せずに、政府が率先して対立を煽る始末ですからどうにもならない。衆愚政治そのものですね。

中国では、日米同盟を仮想敵として、軍事予算を重点的に配分する軍国主義と呼ぶしかないような事態になっています。胡錦濤は二〇〇七年の党大会で「富国」と「強兵」とは「主と従」の関係だと述べましたが、いまや軍部は「主と主」の「二大礎石」だと並列しています。

経済を見ると軍事工業と関わりのある企業が大企業の中心に位置しています。

石油関係、電力、兵器、通信、運輸など、こういう大企業はすべて、軍産複合体です。「フォーチューン」の五〇〇社企業を見てみますとみんな国営企業です。たとえば石油はいちばんひどくて中国石油（ペトロチャイナ）、中国石化（シノペック）、それから中国海洋石油（オフショアオイル）の三社の寡占状態で、末端のガソリンスタンドに至るまで全部これらの会社です。石油というのはある種公共的な軍事産業とはいえ、その三社以外にはいっさい無い。

しかもその石油派の総代表が周永康という政治局常務委員で、北朝鮮の金正恩のおひろめのときに付き添っていたのは彼なのです。これは何を意味するかと言いますと、石油派の利権代表が中国全体の治安維持の総責任者としてチベット弾圧とかを指揮している。経済的な利権（地下資源開発計画）と治安対策が同一ということです。これはものすごく危うい政治と経済の一体化です。

核集団のトップが汚職にまみれる

もうひとつ国営企業の例を挙げておきますと、「中核集団」というのがあります。中国核工業集団といって核弾頭を作ったり原発を作ったりを全部この集団がやっています。国有企業の筆頭にあたるのですが、ここは康日新という社長で党書記が昨年の五中全会で除名されました。何故かというと十億ぐらいの賄賂を自分のポケットに入れました。

中国にはいまたくさん原発の計画があり、その原子力産業を支える企業であり核技術での軍事産業でもあります。中核工業という核集団のトップが汚職にまみれて、共産党を除名された。それぐらい腐敗しています。いずれにしても「フォーチューン」五〇〇社でも国営企業ばかりで民営企業がない。

私は中国の市場経済が進み、本田宗一郎とか井深大や松下幸之助が出てくると期待していたのです。国益にかかわる重点産業は仕方がないとしても、民営の企業が入ることでバランスがとれる経済になると思っていたのですが、実際にはそうではなくて、圧倒的には国営企業なんです。

今回、四兆元の内需拡大という政策であったのですが、全部国営企業に行ってしまった。せっかく育ってきた民営企業もあんまり儲かりすぎるとどこかに邪魔をされてしまう。それを防ぐためには有力な国営企業に株を持ってもらって、それで保護してもらうんです。暴力団にみかじめ料を払って守ってもらうように、株を持たせて守ってもらう、そういうふうな構造になっています。

「人民元しか使えない階級」と「ドルを使える階級」

以上のことをまとめて言いますと、経済の運営が、労働者や農民に有利な経済政策ではなくて、支配階級が儲かるような経済政策になっている。

ひとことで言いますと中国はいま二つの階級に別れています。「人民元しか使えない階級」と「ドルを使える階級」です。ここで「ドル階級」とは象徴的な意味です。庶民も外国旅行は可能であり、その場合にはドルを一定の制限内で換金できます。私の言いたいことは、為替管理を制限する状況を堅持する場合に、管理する側に生まれる特権のことです。早い話が為替レートが誰の利益を考えて決定されているかが問題ですし、制限を設けておくと、管理する側に一定の特権が生まれ、彼らの思惑によって外貨の蓄積、使用の方向が歪曲される。外貨は富の集約形態であり、その自由化をいつまでも長引かせることは、それによって利益を得る階級があり、その特権を私は批判しているのです。

言い換えれば、管理をやめて「なぜ自由化をしないのか」です。一つは、そのほうがレートを操作しやすいからですが、もう一つは、レートの操作にとどまらず、結局は富の配分をゆがめる可能性につながります。だから為替政策は所得政策につながると問題にしているのです。

蓄積したドルという形の富をどうしているかといいますと、一つはアメリカの国債を買っています。八〇〇〇億ドルを軽く超えました。サブプライムローンやリーマン・ブラザーズで破産した住宅公社債は、日本では二〇〇〇億ドルですが、中国では四五〇〇億ぐらいであり、日本の約二倍です。これがあやうく紙屑になるところでした。だからねじ込んで、不良債権にしないで棚上げにしています。どうするのか、簡単には返せないから金利だけでも払うのでしょうか。

いずれにしてもその他の債権を含めて一兆五〇〇〇億ドルという対米債権は、膨大な額です。日本は民間の銀行は別として、政府レベルで国債とその他の長期債で一兆ドルしかアメリカに貸していません。中国は日本より二～三割も多くもっています。アメリカにとって中国のほうがはるかに大事な相手なのです。

もちろん日本は「国債を売るぞ」なんていえない。橋本内閣が少し言って大騒ぎになったぐらいです。ところが中国は売るかもしれない、もちろんその一兆五〇〇〇億ドルは紙きれになるんですよ。しかしそのことで基軸通貨国アメリカは確実に崩壊するわけです。というわけでいまや米中関係はここまできているんです。

それは、私は政策を間違えた結果だと思っています。中国はまだそんな実力がないのですから、早い話がまだ人民元を自由化していないのに、そんなにドルを貯め込んでいったいどうするのか。彼らはやはりアメリカに騙されているとしか思えないのです。

日本がドルを買うのは仕方ないんですよ。遺憾ながら米国の属国みたいな地位だから。中国は全然そうではないのに、日本の悪いところばかり真似をしてたくさん買わされて得意になっている。だから中国のエコノミストに会うたびに、いつも「日本の悪いところばかり真似をして、中国にはまともなエコノミストがいないのか」とイヤミを言うのですが、現実にはそんな愚かなことばかりしている。

ヘッジファンドへの投資を教えられた

ゴールドマン・サックスのCEOでヘンリー・ポールソン前財務長官は、彼はこの十数年で二〇〇回中国に行っています。わが伊藤忠の民間大使は七〇回、と言われていますが（笑）。とにかくポールソンは二〇〇回と言われています。

何故そんなに行くのか。貯め込んだ米ドルの使い方を教えているんです。「儲かりますよ。ヘッジファンドに投資しなさい」と。それで温家宝の息子のウィンストン・ウェンや、全人代委員長の呉邦国の娘婿のウィルソン・フォンや李瑞環の息子たちジョージ・リー、ジェフリー・リーなどなど。政治局幹部の子弟は本当にドルに汚染されている。人民元を裏返しにするとドルに見えるほどドルにリンクしていますから。

そういう太子党が、国内植民地から低賃金で搾取した金で支配階級がドルを買って貯めている。こういう支配階級は、毛沢東的に言えば「官僚資本主義者階級」ということで、昔は国民党官僚資本主義が中国革命の打倒対象だった。「四大家族」というのがありましたね。いまの太子党は四大家族よりもっとたくさんありますけれども、共産党官僚主義者であって、儲けを壟断《ろうだん》している。農民や労働者には分け前がいかない。本当に「春闘なき高度成長」ですから、一人あたりをみると依然として本当に貧しい。人口が多いからではなくて、所得分配政策をまともにやっていないからです。こういう政策が問題になっているのは、ここ一〇年の話です。

平田　矢吹さんは『中国力』の中で、中国の特権階級、ノーメンクラツーラ制度の実態について、衝撃的な告発をされています。中国の支配階級、特権階級のみが儲かり、富が人民の生活や福祉の向上に向かわない現状を「共産党官僚資本主義」ということで、厳しく批判されています。また核集団のトップが汚職にまみれている例が紹介されましたが、そうした腐敗があまり罪の意識や「違法性」の自覚がないまま行われている実態について、もう少し詳しくご紹介ください。

矢吹　ノーメンクラツーラとは、「リスト」を意味するラテン語起源のロシア語です。もともとは幹部ポストを列挙したリストのことだったのですが、転じて現存社会主義の支配集団を意味する言葉を意味するようになったのです。

この旧ソ連型ノーメンクラツーラの中国版ともいえる支配集団が、現代中国で強固に形成されています。近年、極秘とされたリストも含めて、中国版ノーメンクラツーラの実態や構造が明らかになってきています。すなわち「中共中央の管理する幹部職務名称表」「中共中央への報告を要する幹部職務名称表」や、「中共中央統一戦線部の管理する幹部職務名称表」「中国人民銀行が管理する幹部職務名称表」などに上げられているリストがそれです。これらが中国の支配集団、支配階級を形成しています。

中国が市場経済化を進めて三〇年余。後半になって、中国経済は大きく離陸し発展を始めました。ところが政治改革は一切封印された。その結果、共産党政権に途方もない腐敗が進行した。江沢民お膝元の上海市書記陳良宇が逮捕されたり、国有重点企業ナンバーワンの中国核工業集団のトップ康日新（党書記）が逮捕されたり、中国移動通信（チャイナ・モバイル）副総経理（党書記）の張春江が「重大な経済問題」で解任、逮捕されたのは氷山の一角です。

なぜこんなことになってしまったのか。ここからただちに「共産党の独裁」にすべてを帰してしまうのは、過度の単純化であり、解決すべき課題を取り違えていると私は思っています。経済改革が進み、市場経済が進展したにもかかわらず、それに対応した「政治改革が欠如」していたことにこそ真の核心があると私は思います。天安門事件とソ連解体に衝撃を受け、政治改革を一切封印したまま経済改革だけを進めたというところに矛盾の結節点があるのです。

市場経済が進む中で、先に上げた中国のノーメンクラツーラは、「幹部特権を経済的特権」に変えた。しかも、この特権幹部たちは、幹部特権に守られていかなる規制も受けない。このような既得利益を享受する集団、階級が、政治を壟断し、徒党を増やし、共産党組織を動かしているところが問題の核心なのです。

中国共産党の二〇〇二年第一六回大会で、「三つの代表」論が認知されました。すなわち中国共産党は、①先進的生産力の発展要求、②先進的文化の前進方向、③中国の最も根本的利益を代表しなければならないとする、奇怪な口実が党大会で認知されました。市場経済、中国の資本主義を強力にすすめようとする勢力にも入党が認められたのです。

ここから、公然と私利私欲の追求を行い、その行為を声高に自己弁護する風潮が、一気に広まりました。「みんなで規律を無視すればこわくない」「みんなで忘れるならば、規律違反は追及されない」というわけです。

今や、「太子党」の全盛時代です。「太子党」とは、革命元老党、革命元勲党、解放軍元老党、既得利益擁護党という強大な利益集団の別称です。

革命以後六〇年。中国の老幹部たちは、恵まれた特権や高給を保護され、それを子々孫々継承してきました。このような特権を贈与し、贈与されつつ既得権益を死守する精神が、中国共産党の建党精神とは全く乖離していることは明らかです。しかしながら、このような利権まみれ幹部の子孫、特権の世代間承継者こそが、「太子党」のイメージであるわけです。

中国共産党は、現在七八〇〇万人と言われています。前にも述べましたが、注目されるのは、そのうち二〇〇二年以後の入党者が全党員の四人に一人となっていることです。拝金主義に徹底的に汚染された者たちによって、あえて言えばこのような社会でよりうまい汁を吸おうとする者たちによって中国共産党はハイジャックされたのです。

もっとも、七八〇〇万人の党員のうち、その五％には真のエリート、三五〇万人ほどの志の高い人々がいると私は思っています。志の高い五％の真のエリートが明日の中国を支えるという一面も見ておく必要があると思っています。

しかしながら、一旦、既得権集団、階級が出来上がってしまった場合、これを是正するのは容易なことではない。私が、中国の民主化に絶望的になっているのは、こうした現実を考えるからです。

中国の市場経済は「強欲資本主義」

矢吹　二〇〇三年から中国は外貨が貯まり始めた。この時点で「元を切り上げて民衆の生活を良くする」とか、労働への配分を増やすことを考えないといけなかった。胡錦濤・温家宝の時代は、そこでできた経済力を民衆に返すべきだったのに、一切やらなかった。それでヘッジファンドの流れを作った。彼らの責任は重大です。

それまでは、国営企業を買収するときに、ちょっと儲けたとか、輸入の許可証をつくって売ったとか、役得で儲けるとか、わりと「一過性のもの」が多かった。しかし再編された国有企業というのは会社のかたちをしていますが、いずれも国営企業にちかい。でも会社のかたちをとっていますから、役員たちの報酬は、ぜんぶ自分たちで決められる。いちおう制限はありますが、かなり甘くて、たとえば経営者は本給の六割以上の副収入をもってはならない、とあるのですが、とにかくいろいろ抜け道もあり子会社の数も入れるとわけがわからない。

そのやり方をみていると本当に悪徳資本家そのものなんですね。あるいは、アメリカの「強欲資本主義」そのものですね。

加藤　マフィア資本主義ですね。

矢吹　ロシア経済を指していうマフィア経済とは、ニュアンスが違うと思いますが、政治権力が腐敗して、まともな経済政策が行われていない。むろん成長政策であるとか、諸階級への富の配分に直結しないところでは、有能な経済官僚によって巧みなマネジメントが行われている。これは一つの現実です。ただし、政治改革を行わず、政治がゆがんでいるために、富の配分がゆがみ、奇怪な資本主義が形成されつつあるということです。

そのゆがみが、たとえば労働分配率の激減に現れているように、この一〇年にとりわけ顕著なのです。中国共産党の行政の全てが利権がらみです。「腐敗が腐敗をよぶ」。とにかくすさまじい、経済構造と政治構造になっています。

腐敗が進んでも崩壊しないシステム

では、腐敗が進むと崩壊するか――おそらく絶対に崩壊しない。なぜか――崩壊させる人々や活動家がいないからです。

劉暁波のような抵抗派は、ある意味、物書きですから、直接的な力にはならない。権力側から見て危ないのは、さきほど申し上げた人権派弁護士や民衆のためにうごいている現場の活動家たちです。こういう人たちが少し派手な抗議行動などをすれば、すぐ弁護士資格剥奪、逮捕です。こういう弾圧は本当に一生懸命緻密に、徹底的にやっています。なにしろ七八〇〇万人党員がいますから、手足はいくらでもある。みんな貧しいのでちょっとエサをばらまけば、いくらでも密告者は出てきます。「五毛党」と呼ばれるメールで密告するボランティア監視人は三〇万人いるようです。

だから整理しますと、政治と経済ということでいえば、市場経済が発展してそれにともなって政治が少しでも民主化することを期待していましたが、それは全く期待できない。そうならないように、政治が経済を厳しく管理している。それは、天安門以降の「四つの原則の堅持」とかたちは似ていますが、新しい状況であることも確かなのです。市場経済にともなう、社会の変化、経済の変化に対応できて、そのうえで政治をコントロールするだけの技術をもってちゃんとやっている。だから潰れない。

他方、ディシデントたちはぶち込むか外国に追放するか、そういうかたちで維持している。一部の論客は、中国の政治はものすごく腐敗しているから、あと五年ぐらいで潰れます、などと言っていますが、私は全然そういう展望は持てない。残念ながら、私の目の黒いうちはどうも期待できない、と思うんですね。結論的にいっても経済は伸びていますし、ガス抜きの方法もいろいろあるので不満はそれなりに吸収されていくのです。

「中国バブルがはじける」とか、あるいは「中国共産党が分裂する」とか言われてきましたが、これは幻想ですね。それほど、彼らは弱い組織ではない、という認識です。

平田　先ほども話題になりましたが、こういう資本主義はなんと定義されるでしょうか。

矢吹　そうですね。定義的には「国家独占資本主義」でもいいですが、「共産党官僚資本主義」でもいいしあるいは、「膨張する社会帝国主義」でもいいかもしれません。「社会帝国主義」とは毛沢東が言った言葉ですが。定義よりも、内実をどのように的確に把握するかでしょうね。

3　民主化の反乱はなぜ起こらないか

「開発独裁から民主化へ」という理論では説明できない

加藤　政治と経済の結びつきのところは、矢吹さんと相当共通するところがあるのですが、若干異なっているところもあります。

一つは、天安門事件以後の二〇年を前半と後半に分けまして、前半の時代に改革開放が始まって、「社会主義市場経済」という言葉が出てきた。私たち政治学者は、もともと日本の高度成長から始まりますが、韓国、台湾、香港、シンガポールやインドネシア、タイ等々の経済発展・近代化過程の政治体制を、「開発独裁」という言葉で性格付けました。経済学で「アジア・ニクス（NICs=New Industrialized Counties）」とか「ニース（NIEs=New Industrialized Economies）」といわれた、権威主義的政治のもとでの急速な経済発展を、ファシズムや一般的な独裁政治、軍事独裁と区別したのです。

開発独裁とは、途上国から先進国に向かうにあたって、国家が工業化への投資・資源配分でも、経済成長戦略策定の上でも、必要な役割を果たさざるをえない。その間は、強力なリーダーシップによる民主主義や政治参加の制限、抑圧的な権威主義的支配もやむをえない。それは単なる独裁とは違って、発展を抑圧し生活を悪化させるわけではないから、経済発展・国民生活向上のための、いわば必要悪として独裁を伴う、という見方でした。

興味深いことに、「開発独裁」には、当初、工業化により賃金労働者が増えても共産主義化させないための、「反共独裁」という意味が込められていたのですが、冷戦崩壊、旧ソ連・東欧諸国の（再）資本主義化と世界市場への参入、他方での中国の改革開放への転換の頃から、いや、旧ソ連・東欧も政府主導の経済発展の実験で、ある種の開発独裁だったのではないか、という見方が現れました。現存した社会主義の中央集権的計画経済を、フレキシビリティを欠いた「もう一つの近代化」の失敗例とみなし、日本や韓国の近代化を、国家主導だが市場経済をうまく運用した成功例とみなす考え方です。

東欧革命、ソ連解体の頃は、ちょうど日本経済の絶頂期、バブル景気の時代でしたから、国家主導の計画経済なら日本の方が「成功した社会主義」だ、いや自民党支配の「五五年体制」がいまだに続いているから「開発独裁」だ、といった議論が交わされていたのです。

こうした、いわば修正「開発独裁」論からすれば、中国の「社会主義市場経済」も、「アジア的開発独裁」への仲間入りと、見なすことができました。

これをさらに理論化した人たちもいて、たとえば一橋大学の経済学者中村政則さんは、「一人当たりのGNPが『二〇〇〇ドルの壁』を超えないと民主主義は定着しないが、この壁を突破した国では市民社会的状況が形成され、権威主義体制は弱体化し、それなりに民主主義が定着しはじめる」「一人当たりGNPが一万ドルを超えると、人びとはハングリー精神を失い、労働のアブセンティズムが発生し、経済成長にブレーキがかかり、政治的にも保守化が進む」という「二〇〇〇ドルの壁、一万ドルの罠」という議論を展開しました。国民所得が一人あたり二〇〇〇ドルになるまでは民主化は起こりにくい。二〇〇〇ドルを超えると中間層が生まれてきて、どこかで民主化運動が起こってくる。しかし一万ドル以上になると、国民は贅沢・浪費のワナにかかり、それ以上の民主化運動は起こりにくくなる、と真面目に論じていました（中村政則『経済発展と民主主義』、岩波書店、一九九三年）。

当時私は、「最後の講座派」を自認する中村さんと一緒の仕事を、いくつかしていましたが、この「二〇〇〇ドルの壁、一万ドルの罠」は、結局W・W・ロストウの近代化論と同じではないか、アジアの権威主義的支配や開発独裁を正当化する議論ではないかと危惧し、同じシリーズの『社会と国家』（岩波書店、一九九二年）では、社会の発展と国家の発展は異なる、国家のあり方も究極的には社会のあり方によって規定される、と論じました。

ただ、一九九〇年代は、韓国やタイやインドネシアやフィリピンで、ある程度の経済成長の結果として都市中間層の分厚い層が生まれ、政治の民主化も、それなりに進みました。だから中国も、そのように進むのではないか、今は「社会主義市場経済」という名の開発独裁だが、やがて「六・四」で中断された民主化が不可避になる、と一九九七年アジア通貨危機のあたりまでは、ある種の期待をも込めて、そのように分析していたわけです。

ちょうど冷戦崩壊後の世界についても、一方でフランシス・フクヤマの『歴史の終わり』があり、他方でサミュエル・ハンチントンの『文明の衝突』がベストセラーになり、新自由主義がグローバライゼーションの波に乗って世界に広がった一時代がありました。いわば「六・四」で挫折した中国の民主化が、経済成長によって平和的に独裁を終わらせるのではないかという、ある種の楽観論がありました。

ところが、二一世紀になったら、世界は「9・11」の同時多発テロとアフガニスタン・イラク戦争、二〇〇八年にはリーマン・ショックから世界金融・経済危機です。中国の経済発展は相変わらず続き、都市の富裕層・中間層も大きくなり、グローバル経済下の相対的地位もあがって行くのですが、期待された政治的民主化は、他の国のようには進まなかった。いわば開発独裁が共産党独裁に純化され、人民民主主義統治の内実が「党治」であることが露わになる。こうした中国の近代化・現代化のあり方を、理論的にどう把握したらいいのかは、世界的にまだ議論の最中です。

確かに日本や韓国でも、高度成長の過程でデモクラシーが定着してくるという面があるわけですから、そういう道を中国が歩まないで、共産党の独裁が続いていることを説明するには、別のロジックが必要になったわけです。

矢吹さんが言われた「二つの階級」ということで言うと、「人民元しか使えない階級」と「ドルを使える階級」の原型は、旧ソ連にもありました。ノーメンクラツーラは三〇〇万人ぐらいといわれていますけれども、その人たちしか入れないドルショップという閉ざされた空間があって、そこでは貴重な外貨を使って西側商品を買うことができた。ところが中国の場合、第一に、規模が旧ソ連・東欧とは違うわけです。その巨大な人口のなかで、数千万人から数億人に近いところまでが、いま、広義の「ドルを使える階級」になりつつある。しかし、ここから民主化の反乱は起こってこない。

その理由は、さしあたり、二つ考えられます。

一つは、独裁政党である共産党のなかに、資本家を取り込む。これは、世界の共産党史の中では大変なことですが、そういう党改革が行われる。旧ソ連がまだ存在していて、マルクス主義をめぐる国際論争があれば、おそらく大変なことになったでしょうが、中国共産党は、資本家を党に取り込んだ。

「中国共産党は広範な人民の根本利益を代表する」と規定した、いわゆる「三つの代表論」は、二〇〇一年に江沢民によって提唱され、〇二年に中国共産党規約に、〇四年には中華人民共和国憲法に明記されました。要するにそこで、「階級闘争」を捨てたわけです。

でも、建前としての「四つの原則」は残っているから矛盾はありますが、経営者は経済発展に貢献する層だから「前衛」である、優れた経営者は党員になることができる、マルクス主義でいえば搾取は許され奨励されるというロジックが生まれました。理論的に言えば、アメリカ的近代化論への屈服・武装解除です。

対外的膨張主義とナショナリズム

加藤　それからもう一つ、ここは矢吹さんとちょっと違うんですが、矢吹さんは中国のドル買いを「アメリカに騙された」と言われましたが、私はむしろ、「それは保険じゃないか」という考え方です。つまり、中国なりの計算があったのではないか。

それはどういう意味かというと、いま世界に中国資本が出て行っているのは、日本やアメリカばかりではない。もっと大きな規模です。アメリカやヨーロッパはもちろん、東南アジア、インド、アフリカ、中南米でも、日本企業や韓国企業と並んで、中国の資本が入っている。特に、膨大な資源の眠っているアフリカは、典型的な発展途上地帯で中国資本の開拓地になっている。中南米にも、ものすごい勢いで中国資本が入っている。

つまり一方で、「ドルを持っている階級」に対する、「人民元しか使えない階級」の不満が、後者の人たちもドルを使えるようにすることで、反抗へとつながらない回路が用意される。レーニンの古典的帝国主義論で言えば、資本輸出の剰余による「労働貴族・労働官僚」の育成、ウォーラーステイン風世界システム論で言えば、「万物の商品化」に便乗した「抑圧の移譲」が可能になる。

もう一つは、ナショナリズムです。私はバブル経済期日本の政治的「保守回帰」の根拠を、「生活保守主義」と「経済大国ナショナリズム」で説明してきましたが、中国人労働者が世界中に出ていって、自分たちより貧しい世界を知る。自国の相対的「豊かさ」を実感する。たとえば中東のオイルダラーで造っている建築現場に多くの出稼ぎ中国人がいる。アフリカで、まだ携帯電話さえ通じなかったところに、中国企業の人海戦術でインフラ整備が進み、中国製電話がどんどん入っていく。

こういうかたちで、中国人の「人民元しか使えなかった」階層をどんどん海外に送り出し、対外的な膨張主義が、国内のナショナリズムを産み出している。国内で言えば、かつて内陸奥地や東北部から沿岸部の経済特区に出稼ぎに出た人々の感慨もそうだったでしょう。賃金や労働条件の不満はあっても、生活水準の向上があれば、なかなか政治体制の批判には繋がらない。中国が発展している限りでは、政府のすることは良いことだという正当化が可能なロジックが成り立つ。

これは、かつての韓国やタイとは比べものにならない大きな成長規模です。アメリカの国債買い入れでいえば、かつて日本が一番の買い手だったのが、あっという間に中国が取って代わる。日本ならば日米同盟の論理で押しつけも可能だったが、中国の場合は、いつ売却にまわるか予測できない買いです。アメリカにとっては、国家財政が中国に左右されるリスクであり、日本にとっては、かつてアメリカへの発言権への根拠であったものが、いまは米中関係に従属する不安定要因です。

それがEUでも起こり、ゴールドマン・サックスの命名したBRICsのなかでも、Cすなわち中国は突出した存在になる。

私は二〇年前に「ジャパメリカ」（『ジャパメリカの時代に』花伝社、一九八八年）と言いましたけれども、いまは矢吹さんの言われる「チャイメリカ」の様相です。「ジャパン・アズ・ナンバー・ワン」が、「ジャパン・アズ・ナンバー・スリー」になったわけです。この中国のグローバルで持続的な経済発展が、劉暁波らの期待する民主化には、むしろさしあたりの障害になっている。

ただし、これは、大きな矛盾をはらんでいます。

中国の現在の成長戦略は、大量生産・大量消費のフォード主義的拡大です。膨大な低賃金労働力と輸出拡大を前提にしているため、アメリカに追いつき追い越す「チャイナ・アズ・ナンバー・ワン」まで年率五～一〇％以上の成長を続けないと、勢いが維持できない。しかしすでに賃金上昇が始まり、「世界の工場」ならインドが続いているという問題があります。

もちろん、アメリカの国債買いとか、日本を抜きＧＤＰ世界第二位とかで、世界市場・国際社会のなかでの役割と責任分担を求められる。為替レートでも環境問題でも、もはや途上国だからという弁明は許されない。

そして、国内的に見れば、矢吹さんはドル階級と人民元階級と言われましたけれども、何よりも広いですから、都市と農村という絶対的な地域差があります。都市のなかでも持てる者と持たざる者の格差が大きい。

いま中国では、かつては「ブルジョア学問」と言われた社会学が盛んになっています。「労働者階級が主人公」なはずの国で、社会学者たちが階級・階層分析をやっていて、さまざまな統計を使った面白い分析が出ている。そういう分析ができるぐらいの学問の自由はある。でも所得であれ地域であれ、どんな分析でも結果は「明らかな貧富の差」が生まれていることです。

だから、共産党へすべての矛盾を吸収し、異論を党内に閉じこめる、対外膨張を続けて外部に抑圧を移譲するという、先に述べた二つのロジックが、どこまで続けられるかという問題が、中国共産党の支配の行方と関わってくる。

中国の「社会主義」はどこへ行ったか

私は二年前に中国に行った時に、中国では自分の日本語ホームページ「ネチズンカレッジ」が検閲されているのが分かって、その報告のために書いた論文があります。『「社会主義中国」という隣人」(『葦牙』三四号、二〇〇八年七月)という論文です。その冒頭のところだけを読みますと、こうなります。

「今日の中国を『社会主義』と呼ぶとき、そこでの『社会主義』には、共産党一党独裁以上の意味は、含まれていない。含めようがない。かつての『社会主義』で意味された、生産手段の私的所有の廃絶も、資本主義・市場経済への対抗も、医療や教育が誰にでも供給される平等主義と福祉も、もちろん労働者階級が職場の主人公として現場を自主管理することも、とっくになくなっている」

こういう風に、かつて「社会主義」とされていたものは、共産党一党支配という一点を除けば、何もなくなってしまったと特徴づけました。要するに社会主義論から離れて客観的に評価し分析せよという提言です。ただし「社会主義ではない」という消極的規定で、何であるかという積極的規定は、敢えてしませんでした。

この現代中国の社会体制を、何と名づけるべきか。「赤い資本主義」というのは、一般的な特徴付けですが、それを理論化する時に、「独占資本主義」や「帝国主義」といったマルクス主義用語が使えるか。例えば「社会帝国主義」や「国家資本主義」で特徴付けられるものなのか。旧来の規定では捉えきれない、独特なものか。あるいは、そういう中国についての規定は、いまのベトナムやキューバにも当てはめることができるのか。どういう社会科学的な概念で、いまの中国をトータルに掴むことが可能なのか、私はまだ確信を持てません。

政治学的にも、「開発独裁から民主化へ」という、かつて他のアジア諸国についてはある程度説明できた論理が、中国についてはストレートに使えない。そこで、どういうふうに将来を見通したらいいのかを、なお思案しているところです。

政治改革を封印した結果はどうなったか

矢吹　「開発独裁をへて民主主義へ」という枠組みは、かなり広範囲に、みんなそう考えてきたし、いまでもそれをベースとして、「これからの変化に待つ」という見方は最も有力な解釈と思います。

加藤　中国の知識人自身が、相当程度にそう考えていました。

矢吹　ある意味では、日本近代史がそうですよ。戦前の日本は治安維持法で民主化を抑えながら、経済の基礎を造った。戦後その花が開いて、ジャパン・アズ・ナンバーワンを目指すところまで行った。それとともに民主化していったわけです。ただ、その帰結がいまのような政権になった。

日本が明治以来一〇〇年かけてやったことを、韓国や台湾はもっと圧縮してやった。しかし最初は強権的な政治のもとで、経済が発展して、そして民主化へというプロセスは、中国では現実に起こらなかった。ただ、その可能性は最初からなかったわけではないと、私は観察してきた。今世紀の初めまでは、その可能性がありました。それがなぜ、なくなったのか。鄧小平は民主化運動を一時的に弾圧はしたけれども、経済が安定した中での政治改革を考えていた。その当時、そう意識されていた。ただ、諸悪の根源は、私見では江沢民です。江沢民は政治改革をやらないで、自分が腐敗してしまい、一三年間も権力にへばりついた。

彼は元々は「つなぎ」の指導者のはずだったんです。天安門事件後の九二年に上海からいきなり抜擢された。そのとき胡錦濤も抜擢されていたので、せいぜい彼は一期ぐらいやって辞めるというのが、鄧小平の腹だったのです。だから、朱鎔基を突然に抜擢して首相にするでしょう。これは江沢民と李鵬に対する不満を示しているのです。

ところが実際には、鄧小平は亡くなるし、それをいいことに江沢民が開き直って、どんどん腐敗していく。辞めると、石をもって追われ、水に落ちた犬はたたかれる。

それを暴かれるのが困るので、権力にしがみつくということをやった結果、たとえば彼を支えていた上海の陳良宇書記（汚職で失脚）がそうですし、それから黄菊常務委員（江沢民側近、元上海市書記）、全国政協主席の賈慶林（第一機械工業部以来、江沢民の盟友、元福建省書記）なんかもそうです。賈慶林は厦門の時にものすごい汚職をやった遠華公司事件の責任者林幼芳夫人の夫です。中国建国以来最大の汚職額といわれた。だから、江沢民の支配は徹底的に汚職まみれです。トップがそういうありさまだから、部下は推して知るべし。どんどん汚職をまねしちゃうわけです。

そういう腐敗権力だから、うかつに手放せなくなります。辞めたら摘発される。だから、最後まで権力にしがみつき、甥を上海市武警部隊の政治委員に任命し、摘発されないよう監視させる。汚職はまさにトップから率先垂範、ここから始まるわけですよ。

結局、市場経済への改革のなかで、政治改革を封印した結果、部分的な改革はできたけれども、そこで利益を得た人が、既得権益を行使するようになる。それが政治改革を邪魔するという理屈で、政治改革ができなくなるんです。それは明確に区別しなければならない。

4　変化のなかの中国

政治改革はなぜ進まないか

矢吹　最初、天安門事件の後、秩序が安定していない。しかもソ連東欧は潰れた。そういう状況の下で、薄氷を踏むようなかたちで政治の安定に力を入れるようになる。政治改革に慎重になるというのは、理解できることです。

ところが、経済が発展して社会が落ち着いてきたら、それに対応して政治を変えなければいけない。その時に一切改革が動かないのはなぜか。もう汚職まみれだから、権力を手放せなくなった。一つは利権が欲しいから。既得権益が肥大化してしまったからです。

高度成長でパイは全部自分の方に取るというシステムにいったん慣れてしまうと、政治改革は自分の所得を減らして庶民に分け与えることだから、惜しくてできない。

いま一番恐れているのは、先ほど加藤さんが社会学の階層調査が出てきたと言われたけれども、調査報告自体はゴマンとあるのです。ただし、それは何の役にも立たない。必要な統計資料は、「幹部がどれぐらい所得を手にしているか」、幹部の「所得・資産調査」です。日本では、国会議員になったら所得公開をやりますね。それをやればいいのです。

中国では、貧富の差が激しいということが問題だというのは、正しい指摘ではないと思う。「格差が激しい」という「量的差異」が問題なのではなくて、「格差の背景」の問題、すなわち「階級の問題」なのです。はっきりと「支配する階級」と、「膨大な被支配階級」に分裂してしまったことが問題の核心です。

もちろん大学を出た優秀な若者が、支配階級に加わることは可能です。いい大学を出て、党幹部のエリートコースを昇り、上に行く可能性は開かれている。だから、支配体制はけっこう強い組織です。「階層・階級」を支えているのは党機構そのものですから、党の内部ではある程度、昇進の道が開かれている。あるいは党でなくても、スポーツ選手や音楽で、それなりに上に行ける道が開かれていないわけではない。

ただ、にもかかわらず、結論的に言うと、「開発独裁から民主主義へ」という展望が見失われたのは、一つは江沢民一派が腐敗し、その集団が権力を壟断して、体制の延命を図ったからです。その背景を見ると、同時に国際関係が非常に大きいということです。

日米安保を口実とした軍備増強

平田　矢吹さんは、『情況』（二〇一〇年一〇月号）の発言の中で、日米安保こそが中国の民主化を阻んできた要因の一つであるという指摘をなされています。つまり日本のあり方と、中国の民主化が深く関連した問題であることを指摘しておられます。

この辺りの問題をもう少し詳しく話してください。

矢吹　旧ソ連の解体後、すなわちポスト冷戦期に日本は、仮想敵が消滅したのだから、当然日米安保は無用の長物であり、安保を廃棄すべきでした。東アジアの平和を考えて、東アジアでは核を使わないとか、非武装、中立の東アジア世界へと、イニシアティヴを取るべきだった。遺憾なことに、これらの努力は一切やらなかった。当時の自民党はソ連が崩壊して敵が無くなったからには、「台湾独立支持」とか、「北朝鮮が心配だ」とか、そういう人為的な脅威を作りあげて、防衛予算の削減反対を図る、糊塗策に終始した。日米のいわゆる「安保屋」たちが、失業を恐れて人為的に敵をつくりだし、世論も政府もこれに便乗したのです。こうして米軍の沖縄居座りを認めてしまった。

逆に中国は日米安保を口実として利用し、また「台湾独立は許さない」という大義名分を掲げて軍備増強に走り、いまや「軍備が軍備を呼ぶ、軍国主義化の道」をひた走りしています。本当は、台湾独立の危機など何もなかったのです。経済で繋がっているから、独立などありえないことは百も承知だった。しかしいわゆる台湾海峡の危機なるものを極力利用した。

九〇年代半ばに私は、「台湾問題なんか夫婦げんかみたいなものなんだから、絶対に口出ししてはいかん」と言った。そしたらPHPのホームページで意地悪い悪口を書かれました。つまり私は彼らの一番痛いところを突いていたらしいのです。

中国はそれを利用して、いまでも中短距離ミサイルを配備しているし、それだけでは足りないからと、空母を造って軍備を増強している。

他方、北朝鮮の方は、二代目金正日の継承についてさえ、鄧小平は反対だった。彼は相当クレームを付けて、改革開放をして市場経済の方へ行くのなら支援すると言った。金正日は八三年六月深圳の経済特区を訪れた後、中国はついにアメリカに屈服したという報告をした。鄧小平は非常に怒って、もう北朝鮮は相手にするなと言って、一九九二年八月韓国と国交を正常化した。その間、中朝の外交関係は一〇年近く断絶していたんですよ。

いずれにしても、ポスト冷戦で日米安保は要らなくなったんだから、その時点で日本にまともな政治があれば、東アジアにおける冷戦体制の解決に努力すべきだった。けれども一切やらなかった。左翼は、旧ソ連は一度潰れたけどまた復活するかも知れないと幻想に身をゆだね、思考停止だったわけです。そういう意味で、ドイツの政治家が非常に優れているのは、この機会に東西統一を成し遂げてしまったということですね。

こうして今日のような、アジアにとってはまずい事態になった。

一つは、核を持った北朝鮮が現実にでき、金日成・金正日・金正恩三代の継承体制ができてしまった。中国は当初は相当反対し、抵抗していたけれども、遂に陥落し、認めざるを得なくなった。それから二つ目には、台湾海峡の問題は、台湾が事実上、経済的に吸収されたようなものですから、政治的には独立騒ぎをしたけれども、ほとんど問題にならない。そして、台湾海峡で争っていた問題が、尖閣辺りに飛び火してしまったわけですね。しかも、それを煽る前原（誠司）みたいなアメリカべったりの政治家がいる。

利害共同体としての米中関係

一番問題なのは、米中関係です。二〇〇六年にゼーリック国務副長官が、中国との関係はステークホルダー（利害共同体）だと言った。ゼーリックはいま世界銀行の総裁ですから、国際金融には詳しいわけです。それから、彼もポールソン前財務長官などと同じで、中国にドルを買わせる役割を果たした。つまり、〇六年は、中国の外貨準備高が日本を上回った年です。その年までに、中国は四〇〇〇億ドルの国債を買い、いまは一兆ドルに近い。ゼーリックは中国の外貨準備高の伸びに注目し、米国債の買手を探していたわけです。

つまり、〇六年の時点で、ゼーリックには中国の黒字率が見えたのです。もう日本にはあまり買ってもらえない。これからは中国がカモだ。中国に買わせよう。だから、もう米中は敵対関係ではなく、「利益共同体」だと宣言したわけです。

そして二〇〇九年、オバマ政権ができたら、ゼーリックの後継者スタインバーグ国務副長官が、ストラテジック・リアシュアランス（戦略的確約保証）なんですよ。「アシュア」は保証するということです。「リ」というのは再保険にかける、再び確認する。そして「ストラテジック」は戦略的という意味で、軍事用語ですね（これは核抑止力における「相互確証破壊」戦略の系であろう)。これはどちらも国務省の高官が(背後に核戦略を意識しつつ)言っている発言ですね。

中国がもしも「米国の敵」なら、非常にやばいことになる。日本からはいくら借金しても平気だけど、中国は日本以上の対米債権を持ち、そして仲間じゃないから、いつ売り飛ばすかまるで分からない。中国の債権は最大で、米国の対外債務全体の二割も持っている。だからアメリカは、中国を味方にするほかないと決意したのです。

その証拠は今年のペンタゴン報告、すなわち八月一六日に議会に送った報告書のなかに見えます。中国の軍隊はいまやインターナショナル・パブリック・グッズを運ぶ能力を備え、国際平和に貢献しているという礼賛です。私は数年先を深読みしているわけですが、これは中国の軍隊そのものが「国際公共財」に変身するであろうと期待したに等しいのです。このあたりの米中関係の進展に日本はきわまえて鈍感です。アメリカはもう日本を頼りにしていない。

日本は主体的に国際関係を変えるチャンスを失った

加藤　中国が国際社会のなかに登場してきた、天安門事件後の二〇年のうちの前半、「改革開放の一〇年」というのは、ちょうど日本の「失われた一〇年」と重なるわけです。そこには相当内的な連関もあるはずです。その時期が、矢吹さんのおっしゃるチャンスであり、日本が主導権を持って国際秩序を動かすことができた時期だったはずですが、日本は内向きにならざるを得なかった。中国がどんどん外へ出て行く時期と重なった。そのツケが、後半の一〇年に回ってきているという関係だと思います。

もはやタイミングを失したと私は感じるんですが、アメリカのアジアでの関心は中国に向かい、中国も、もう日本を中心的な相手にしていない、副次的にしか扱わないという形になって、いまの尖閣列島、レアアース、朝鮮半島危機、国際的な金融危機の問題が噴出している。

今回のG20ソウル・サミットや、日本でのAPECも、中心的な問題は中国の人民元をどうするかという問題になっていて、それに従属してさまざまな問題が扱われている。日本企業にとっては深刻な円高など、どこも助けてくれない。ロシアは勝ち馬に乗る形で、中国の尖閣領土問題に便乗して首相が北方領土まで出てくる。そして何よりも、他の途上国への影響力は大きい。日本は国連の安全保障理事会常任理事国になるために、一生懸命援助と引換えに途上国の票集めをやっていた時期がありましたが、そんな話は、もう無くなっていますね。

矢吹　それでもマスコミは、日中が対立したときには「アメリカが助けてくれる」といった幻想をふりまいています。とんでもない世迷い言ですね。アメリカの国益からしたら、日中どちらかの二者択一を迫られたら、文句なしに中国を選ぶはずです。中国とほんとうに対立したら、核戦争を免れない。それを避ける装置が対中戦略対話です。

加藤　日本が主体的に新たな国際秩序形成に加わる機会、国際秩序のあり方を変えるチャンスを失ってしまったのが、前半の一〇年間のボタンの掛け違いだった。

その時、米中関係も、冷戦崩壊後の国際秩序の再編成のなかにあった。さっき私はアフリカと中南米の話をしたんですが、経済的に見れば、もう一つ大きいEU圏があって、それが冷戦崩壊後に中国との関係をものすごく意識した。それこそ新幹線から原子力開発、環境政策まで売り込もうとした。ドイツやフランスがそれぞれの国で動くばかりでなく、航空機の売り込みなどはEUのまとまりで動いたわけです。

それに対して日本は、一国で太刀打ちできる力を、失ってしまった。だから依然としてアメリカ頼りになる。ところがアメリカとの関係は片想いで、アメリカの方は中国と直接交渉する。日米が同盟して中国とやり合ったとしても、もう一つの攪乱要因として、EUや中南米がある。中南米は現在、距離的にはアメリカ合衆国に近く、経済的つながりも大きいが、政治・外交的にはアメリカに対して距離を置く左翼政権も多い。世界で今でもマルクス主義が影響力を残しているのは、ラテン・アメリカですね。つまりアジアばかりでなく、もっと大きな世界秩序ということで見れば、必ずしも米中二極化が定まったわけではない。アメリカのパワーだけなら、むしろ弱まっている。

矢吹　米中で対峙しているのは、核抑止力の問題です。旧ソ連解体までは米ソ対峙だった。もちろんイギリスやフランスは核を持っているけれども、それは当然アメリカの同盟国だから、絶対に反ソ的でした。米ソ冷戦時代は核抑止力で対峙するだけではなくて、地勢学的にも勢力圏を支配して対立していた。二つの世界経済圏でした。

ところが、ポスト冷戦期という中間期が終わって、来年はちょうどソ連崩壊二〇周年です。新しい二一世紀になって、新しい世界秩序ができるなかで、かつての米ソ冷戦時代のように核を持って対峙しているのは米中だけです。ただし、かつての米ソ構造と全然違うのは、経済的には「相互依存、もたれ合い」で、お互いにでれでれして助け合い、弱者連合みたいな形なのです。

債務国アメリカはもちろん追われる立場であり、中国のもつ対米ドル資産は確実に目減りするだけです。価値増殖はありえない。

5　これからの中国をどうみるか

ハードパワーの時代からソフトパワーの時代へ

加藤　中国の将来について、先ほどは政治経済的、外交的、国際関係的見通しについてだったんですけど、私が花伝社で出した『情報戦の時代』（二〇〇七年）で論じた情報戦やソフトパワーの面もみておきましょう。ノルウェーやかつてのスイス、スウェーデンなどの諸国が持っている国際的なパワーは、武力はそこそこで核兵器はなくても、世界的に大きい。それは言説の力、あるいは国際的な和平の交渉に当たる力ですね。あるいは世界の戦場に出かけていって、選挙を監視したり、民衆を助けたりする力で、それなりの国際的な地位を確立してきた。これがソフトパワーです。

それは、アメリカも、かつてのソ連も、いまであれば中国も認めざるを得ないようなところまで蓄積されている。日本の憲法九条は、残念ながらそういうふうには進まないで、アメリカの同盟国でしょうというふうにしか扱われていないから、先ほど矢吹さんが言った、武器はないけれども力になるというところまでなりきっていないわけです。

ただ、最初の話と関わりますが、劉暁波を中国政府は容認しないけれども、インターネット世界では広く知られてしまっているわけですね。夫人の劉霞の談話も、今日見舞いに行って、いま帰ってきましたという、携帯から発信したニュースがそのまま、日本を含む世界中に流れる。

今回の尖閣問題での漁船と海上保安庁の巡視船との衝突事件でも、画像を新聞社やテレビ局にではなくYouTubeに直接流したわけです。私は情報戦時代といっていますけれども、ハードパワーからソフトパワーへの時代へのこうした流れが、先ほどから話してきた中国のヘゲモニーにもあてはまる。つまり、単なる軍事的政治的ヘゲモニーだけではなくて、文化的ないしは知的説得力のあるヘゲモニーが必要になった時代です。この観点で、中国の将来に矛盾ないし未来を見通すとどうなるのかを、最後に矢吹さんにうかがいます。

矢吹　中国文化の包摂力があると思うんですね。

加藤　孔子学院。

矢吹　そうそう、孔子学院をあちこちに建設して、中国語を教えながら、中国文化をソフトパワー扱いしていますね。

加藤　昔のブリティッシュ・カウンシルなんかと比べものにならないぐらいですね。

平田　矢吹さんは最近著された『客家と中国革命』の中で、漢民族とはなにか、中華民族とはなにかということについて大変興味のある指摘をされておられます。

また、中国に膨張主義的な動きが強まる中で、「中華民族」なるイデオロギーの虚構性、中国の為政者がなぜナショナリズムを煽動する誘惑に駆られるのはなぜか、また国際主義というブレーキを欠いたままで中国ナショナリズムのアクセルを踏むことの危険性についても指摘されております。

矢吹　最近チベットで、中国の漢語強制政策に対してデモがあったでしょう。これは、私が最近出版した『客家と中国革命』（藤野彰との共著、東方書店）に、中国文化の包摂力と文化侵略について多少書いていますが、ロシアと比較すると分かりやすいのですが、ロシアがなぜ崩壊したかというと、一つはロシア人とロシア正教、アラブ系とイスラム人口は、ほとんどフィフティ・フィフティだったんですね。しかもアラブ系は、それぞれタジキスタンでもカザフスタンでもメジャーな民族がいたということです。この二〇年で、ロシア連邦という国は、もともと革命を通じて人工的に造った国であるんだけれども、ホモ・ソヴェティクス（ソヴェト人）なる人種を作ろうとしたけれども、実際にはできなかった。スターリンは強制的にやろうとしたけれども、バラバラになって、まず東ヨーロッパの方が自立し、その刺激を受けて、ソ連邦内の中央アジアの人たちはみんな独立する。

いずれにしても、旧ソ連邦は人工的に無理に造ったから、崩壊しやすい要素を持っていた。ところが中国の場合、漢民族があんなふうにたくさんいるということは、みんな周辺を同化してきた結果でしょう。朝鮮や日本、ベトナムは、かろうじて同化を免れた。たとえば国務委員・載乗国は、湖南省西部の土家族ですね。

「中華帝国」とはなにか

国務委員・載乗国が少数民族だと誰も思わないでしょう。ユーロコミュニズムの第一人者蘇紹智は、満州人だった。そのことはあまり知られていない。結局、漢民族そもそもが同化民族であり、そういう同化した人が非常に多いわけです。

ですから、長い一〇〇年、何百年という単位で同化した人たちは、あまり違和感を持っていない。中華文化というのは、優れているものが自分の方から包摂されていく時は、喜んで迎えるわけです。いま英語だって、植民地にされて無理矢理英語を教えられたという人もいるかもしれないけど、英語ができれば外国を旅行してもどこでも便利だということで、自分の方から学ぶ人が多い。中国文化は、豊かな時には、そういうふうに自分から漢文化を受け入れた。

包容力が強いですね。だから、それに抵抗するのはなかなか難しい。ただいまの問題は、そういう力を利用して、チベットやウイグルのマイノリティたちに押しつけ同化を強制していることです。具体的には、中国の普通話ができなければ学校の先生にしないとか。これは絶対によくないですね。そういうことをやっているから、反発を買っているわけです。そして同化を押しつけている。現にいま、チベット語ができないチベット人がたくさん現れた。

加藤　インド人にいわせると、九億人のインドは世界最大の民主主義といっている。建国の時から民主主義だと。

矢吹　これは国家概念を考え直さないといけない。中国は元来一種の帝国なんです。単一の言語で考えるのがネイション・ステートなのであって、それだとあまりにも小さく造りすぎてだめだから、もう一度拡大統合しようとしてEUができたわけです。中国は明らかに、近代的な国民国家の類型に入らない。では現代はどういう時代かというと、一方ではヨーロッパみたいに、最初にネイション・ステートを造ってやってきたが、その限界に直面した。EUもできるまでにいろいろなプロセスがあったと思いますが、一つはソ連に対抗するということがあった。それからアジアの経済に対抗するためにまとまろうとか、時々によって理由はそれぞれ変わってくる。だから、単にEUが、宗教が同じで国民国家のサイズが同じだったからまとまりやすかったというのは、一つの条件ではあるけれども、それだけではない。第一次、第二次世界大戦で、これ以上「軍拡の危機」は避けたいから、平和主義への動きも一つあった。そうしたいろいろなことがあった。

ですが、こんどはネイション・ステートの上にEUステートができると、逆にネイション・ステートの下で抑えられていたマイノリティが文句を言い出すわけですね。だからイタリアやスペインなどで、マイノリティの自己主張が非常に目立って、ネイション・ステートレベルの政治権力と、EUのような超国家組織と、地方自治レベルのマイノリティ問題という三つ要素によって主権国家が分断されている。

いま中国がまさにそうで、集権国家的なところで強引に引き締める。いままで植民地の時代に、弱いときには簒奪されるから、統一を志向するのは分かるけれども、いまやみんな中国を恐れているわけですよ。中国を恐れないのはアメリカだけです。強い軍事力があり、自信を持っているのはアメリカだけですよ。日本だってASEAN諸国だって、中国が怖くて仕方がない。しかし、あまりに怖すぎるから警戒の表明もできないというのが、ASEANの人たちです。

そういう意味では、みんなが中国を恐れているのに、中国自身はまだ、かつて一〇〇年前に植民地としてやられたというトラウマに囚われていて、原爆や核兵器をあれだけ造っても安心できない。空母を造っても安心できない。こうなってくると軍国主義そのもので、武器を造る金があるから武器を作り、武器を造ったら使ってみたいというロジックで動き出している。

加藤　僕もだいたい似たような考えです。政治学のデュベルジェという人が帝国論を書いているんですが、ローマ帝国と中華帝国の違いを考えなければいけない、と言っています。ところが、今世紀に話題になったアントニオ・ネグリとマイケル・ハートの『帝国』は、ローマ帝国の論理で、アメリカ帝国主義から現代までを論じています。

中華帝国というのは、同じ帝国でありながら、ローマ帝国ほどには論じられていない。朝貢体制など部分システムについては明らかになっていますし、「天下」の概念など思想的なところも明らかになっていますけれども、それが今日の中国にどう繋がっているのかは、ほとんど論じられてもいないし、解けていない。

コンプレックスと優越感

矢吹　たしかに、そういうシステムの移動ということでの腑分けは大事だとは思いますが、一番大きいのは劣等感、インフェリオリティ・コンプレックスだと私は思っているんです。ローマ帝国の場合には、ギリシア・ローマの文化を踏まえて、ずっとやって来たでしょう。彼らが一時的に、ちょっとやばいと思ったのは、イスラムが強くて十字軍で負けている時は、イスラムに対して猛烈な警戒心を持ったけれども、その後、勝ってしまうわけでしょう。だから、基本的に人類史で、ローマ文化は現代に至るまで、負け戦はあまりやっていない。

ところが中国は、かつては広大な地域に至るような中華文化を持っていて、ものすごく優越感を持っていて、世界中の人が見ていた。それでずっと来て、元は満州人に支配されているんだけれども、逆に言うとそれは中国文化が取り込んでいたみたいなんですね。たとえば、一番有名な色目人は、みんな取り込まれてしまうし、満州人だって同化されてほとんどいなくなってしまったでしょう。一時は騎馬軍団で支配していたんですよ。ところが、乾隆皇帝などはものすごく賢明であり、中国文化を身につけて、立派な書を書き、立派な詩を作った。

だから、満州人は中国を支配したけれども、文化的には、逆に支配者が被支配者の文化によって洗脳された。

そういうかたちで、清朝までは中国文化に誇りを持ちながらやってきた。やはり問題は阿片戦争以後、近代ヨーロッパにやられたというコンプレックスです。それが依然としてある。

平田　それと日清戦争。

矢吹　そうそう。ヨーロッパ人にやられるのは、彼らはしようがないと思っているんですよ。ところが日本人にやられた、許せないというので、コンプレックスがやたら複雑骨折のようになる。そういうところが一番の問題で、むしろ帝国の構造そのものの問題でいくらやってもしようがないじゃないか。もちろん比較政治学や比較歴史学の研究対象ではあると思うけれども、一番大事なのは意識の面、コンプレックスとその裏返しの優越感についての精神分析学ではないかというのが、私の意見です。

柔構造としての中国的支配構造

加藤　我々の議論だと、そういう垣根を越えるのがインターネットであり、情報戦であるという話になるんだけど、おそらく劉暁波あたりは、そういう可能性にかけて、インターネットを中心にして発言している。ですが、実際にそれが中国の国内に影響力を持つようになるには、相当かかりそうだと思います。

矢吹　もう一つ私が申し上げたかったのは、インターネット検閲についてです。

加藤　ネット検閲に専念するポリスが三万人以上といわれていますね。

矢吹　そうなんですよ。

平田　政治警察に代わるネット警察です。

矢吹　そうです。ただホームページでも、キーワード検索で一部のキーワードが引っかかるというのは、まだ軽いですよ。本当に悪いとなると、プロバイダーそのものが検閲対象に入るんです。私のホームページも時々やられているのはキーワードのためで軽いほうです。

今回の海上保安官の漫画喫茶の話は、自分の方から言ったから分かったんだけど、中国は自供しなくたって即座に分かる。不特定のネット環境でも、自分のＩＤを見せないと「上網」できない。どんなところでやったって、だめなんです。それにチップ式ＩＤの偽造は相当難しい。

加藤さんは、いろんなかたちでノーベル平和賞受賞のことが伝わったと言われましたけど、それはある意味で事実ではあるんだけど、ただそれもまた全部コントロールしている。

加藤　誰が見ているかは見られている。

矢吹　そう。

編集部　しかし、それを全部弾圧できないという意味では。

加藤　かつてシンガポールでもネット検閲があったんですが、数年でもう諦めたわけです。大変すぎて。それなのに膨大な人口を抱える中国が、まだ続けている。

矢吹　止める気は全然ないですよ。

加藤　人海戦術でやりますからね。ただ、アメリカの地球的規模での監視システムであるエシュロンでさえ、オサマ・ビンラーディンの事件ではっきりしたのは、キーワード検索で捕まえるのは限界があるということです。キーワードだけだとメッセージの内容の重要度が分かりませんから。

矢吹　だから、そういう形で権力はやるところを見せる。私は、ジョージ・オーウェル的世界だと思います。そういうことを言うと、一方で市場経済をやっている国に対して、オーウェル的アニマル・ファームはちょっと違和感があるという人がいるんだけれども、情報統制などは完全にオーウェルの世界ですよ。

加藤　逆に言えば、市場経済が入ったから、直ちに民主化ということにはならない、ということです。

矢吹　そこが新しい中国的な支配構造だということを見なければだめだということですね。いままでの議論のように、市場経済あるいはグローバル経済の影響力を受けて、民主化へという議論は成り立たないことが近年はっきりしてきた。

加藤　中国には建前の世界があって、大もとはがっちり抑えられているけれども、その枠内で外界を見る自由みたいなものはある程度感じられる世界になっているわけですね。

矢吹　一種の柔構造ですね。ノーベル平和賞の受賞式に対して、絶対に出席するなと各国大使館に猛烈なプレッシャーをかけている。そこだけを見ると、どんでもなく高圧的にやっているように見えるでしょう。ところが、実際には劉暁波だけを処分して、それ以外は処分しない。でも周辺の活動家たちを全部監視しているのですよ。動けばすぐ捕える。国際会議で誰かが来る時には、バッと所払いしてしまう。そういうことを柔軟にやっている。これが柔構造の支配なんです。

しかもそれは、中国は伝統的な支配術としてそれに長けていて、得意なんですね。皇太子を立てると、必ず殺されるか、それを守るかといったこととか、三国志にしても何にしても謀略の話がいっぱい出てくるでしょう。しかも、日本語では「謀略」は悪い言葉だけれども、中国で「謀略」は悪くないんです。たとえば『鄧小平的謀略』という本が正式に売られています。知恵のある人は当然やることなんです。騙される者が馬鹿だということです。そういう国ですから、柔構造というのはまさにそのとおりで、不満吸収装置がそれなりにあるんですね。

3章　「ジャパメリカ」から「チャイメリカ」の時代へ？

平田　それではこの対談の最後に、アメリカの没落の中での新しい米中関係、矢吹さんが最近主張されている「チャイメリカ」の話に移りたいと思います。

加藤　もともと本書の企画は、花伝社の平田勝社長が、矢吹さんの米中世界支配を指す「チャイメリカ Chimerica」の主張を聞いて、私が二一年前に花伝社から出した初めての書物でタイトルとした「ジャパメリカ Japamerica」と繋いだらどうなるか、ということで対論を仕掛けたものです（加藤『ジャパメリカの時代に　現代日本の社会と国家』一九八八年）。

矢吹さんとは、この間、朝河貫一やユン・チアン、ジョン・ハリデイ『マオ』（講談社、二〇〇五年）の評価等をめぐって、幾度か議論してきましたが、1章・2章のようなかたちで現代中国について本格的なお話を聞くのは初めてで、大変参考になりました。

矢吹　加藤さんと対談できるのはたいへん幸運です。まず個人的なことを言いますが、加藤さんが指摘されたつながりのほかに、故金澤幸雄さんのことがあります。私が一九五七年に東京で予備校通い、浪人生活を送っていた時期に、練馬の私の下宿先に同郷のつてを頼って時々夕飯を食いに来る怪しげな人物がおりました。下宿先のおばさんもおじさんも、嫁に行って学校教師をしている長女夫妻も、小学校教師の次女も、そして某私大に通っていた長男も左傾しており、そのような家庭で一年暮らしたのです。

一九五七年の東京で、私は金澤さんが現れる度に議論をしているうちに、気づいたら相当な左翼通になっており、翌年大学に合格するや、中国語を第二語学に選択し、中国革命のことをあれやこれや学び始め、早速街頭に繰り出す始末でした。

入学当初は三鷹寮にいれてもらったのですが、三鷹は不便だということで、いつのまにか駒場寮にもぐりこみ、五九年前期には自治寮・駒場寮の総代会議長として大学側の警告を無視してたびたびストライキ決議を行い、退学処分寸前のありさまでした。当時、学生自治会委員長の小林清人は退学処分を受けてのちに復学し、法政大学経営学部の教授になりましたが、二〇一〇年の春亡くなりました。副委員長の杉浦克己も退学処分、復学は小林より早く、結局杉浦は一年留年して私と同じ学年になり、卒業試験の時間を間違えて一年遅れ、その後駒場の教授になりましたが、定年直後に病死しました。小林・杉浦、二人ともデモ仲間でかつ経済学部で同じ時期に学び、親しくつきあいましたが、二人とも亡くなったので、一言触れておきたい。樺美智子とのつきあいは『日本の発見』(花伝社)で触れたので、ここでは繰り返しません。

加藤　故金澤幸雄さんは、私にとっても、忘れがたい恩人です。私も編纂に加わった『戦後初期沖縄解放運動資料集』(全3巻、不二出版)の骨格部分は、福島県須賀川の金澤さん宅の書庫から発掘したものです。戦後日本共産党の綱領論争にも加わり、東ドイツ体験では私の先輩でもありましたから、晩年何度もお話をうかがいました。文化大革命の時期、毛沢東と一緒に演壇に並んだことを、いつも懐かんでいました。骨のある信念の人でした。

矢吹　私が東大入学後、ただちに学生運動に飛び込み、和歌山大学まで勤務評定反対闘争のために、いわゆる「オルグ」にでかけたりした基礎には、浪人時代に金澤さんから受けた教育が大きな役割を果たしていた。晩年の金澤さんを加藤さんと連れ立って訪ねたことが、私の印象に残っています。金澤幸雄は、『赤旗』ベルリン特派員を解任されたあと北京に直行し、毛沢東と会見したり、中国派として活動しますが、私自身は研究者になってからは運動とは距離を保ったのですが、金澤幸雄は私が中国語を学び始めた最初と、中国社会主義を批判しようとした最後の時期に、再会してまもなく亡くなった。要するに私の中国認識の初めと終りにいた人物ということになります。

「ジャパメリカ」を論じた二つの含意

加藤　今日はその金澤さんで結ばれた縁での対談ですが、1章・2章の矢吹さんのお話を受けて、今度は私の方から、「ジャパメリカ」から「チャイメリカ」へ？と、クエッションマーク付きの問題提起を試み、ご意見をうかがいたいと思います。

私が「ジャパメリカ」を唱えた二二年前は、冷戦崩壊の直前でした。ちょうどバブル経済の真っ最中で、二年間のアメリカ留学から帰国したばかりの私は、日本資本がニューヨークやハワイの不動産を買いあさり、一九八七年一〇月のアメリカ金融危機「ブラック・マンデー」がジャパン・マネーによって救われた局面を、「ジャパメリカの時代」と名付けたのでした。

私の「ジャパメリカ」には、二つの含意がありました。

一つには、その時代の日本資本主義の世界史的台頭を、正面から捉えようというよびかけでした。それは、当時もなお根強かった日本＝「後進資本主義」論、講座派マルクス主義風の「遅れた資本主義」「日本特殊性」論への批判が、含意されていました。日本はすでに、「封建遺制」や「前近代の残存」で理解できる国ではなく、資本主義世界システムの「中心・中核」に位置するのだ、という主張でした。

ただし、同時に、アメリカで流行の「ジャパン・アズ・ナンバーワン」（エズラ・ヴォーゲル）の日本礼賛論や、「日米逆転」（C・V・プレストウィッツ）といった日本脅威論にも組みせず、その「中心・中核」への参入は、日本が西側超大国アメリカの目下のパートナーとして、政治的・外交的・軍事的に従属しながら、経済的に一体化し、相互依存することによって得られた地位であることを強調しました。

当時、ホワイトハウスのズビグネフ・ブレジンスキーは、日本はなお「ひよわな花」だから「アメリッポン Amerippon」だと述べていました。経済学者フレッド・バークステンは、「ヘゲモニー」ならぬ「バイゲモニー＝共同覇権」と特徴づけていました。日本の政治学者の佐藤誠三郎は、英語で「An US-Japan Economy」と単数形で表現して、日米経済は一体で日米同盟は運命共同体である、と示唆していました。後に、日本経済新聞やアルビン・トフラーは、「ジャメリカ Jamerica」と名付け、ある程度の流通性を持ったのです（トフラー『ジャメリカの危機』フジテレビ出版、一九九四年）。

「チャイメリカの時代」の特徴と基本的性格

それから二〇年以上たった今日、米国と中国による「チャイメリカの時代」と特徴づける場合、そこに、世界第一・第二の経済大国による世界支配という一般的意味以上に、どのような意味が込められるでしょうか。それには、「ジャパメリカの時代」から今日にいたる、世界とアジアの大きな変化を考慮に入れなければなりません。

第一に、「ジャパメリカ」は、東西冷戦の産物でした。アメリカは、東のソ連を中心とした社会主義体制があったからこそ、日本をアジアにおける反共産主義の拠点として援助・育成し、韓国・台湾・シンガポール・タイ・フィリピン・マレーシア・インドネシアなど、西側世界市場内でアジア諸国の近代化の模範国に仕立て上げようとしました。実際いくつかの国は、「ルック・ジャパン」戦略によって、輸出志向型工業化の軌道に乗りました。しかし、その条件は、誰も予期し得なかったベルリンの壁の崩壊、東欧革命・ソ連解体による冷戦崩壊で根本的に変化しました。

第二に、「ジャパメリカ」にとっては、ソ連崩壊を他山の石とした中国の鄧小平の改革開放路線採用は、両義的なものでした。自由主義イデオロギーの勝利、現存社会主義の崩壊という意味では、日米双方にとって「ジャパメリカ」のパワーが頂点に達することを意味しましたが、グ

グラフ　地域別GDPシェア 1969―2009

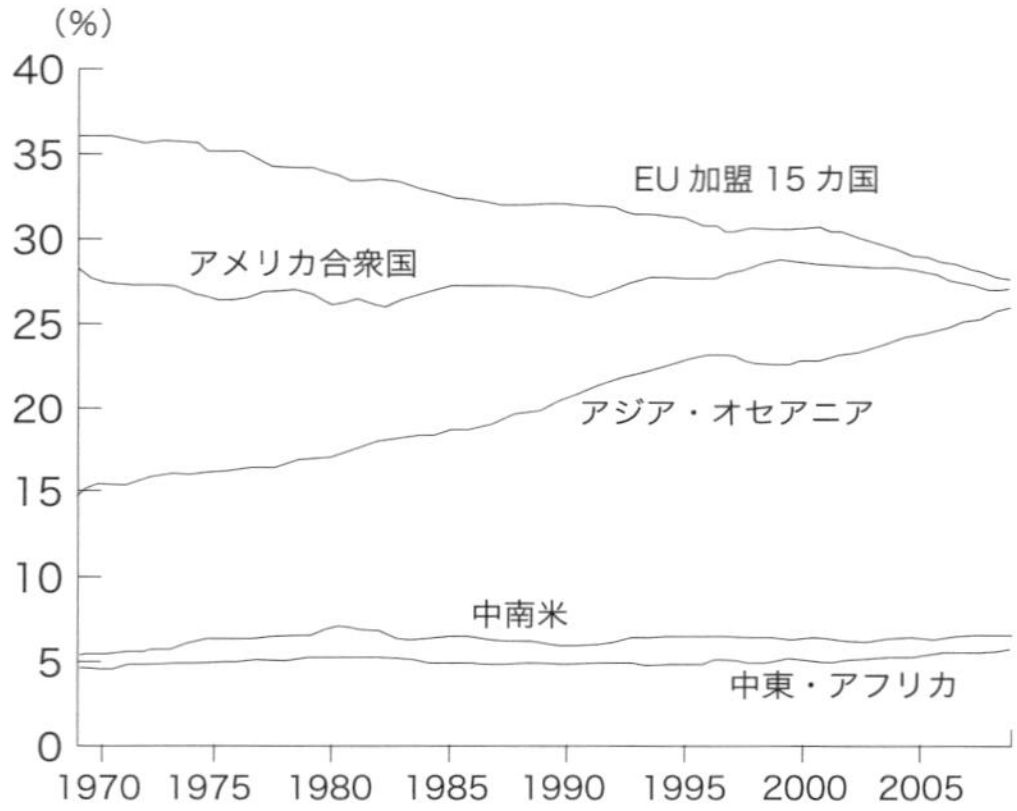

ローバル化した資本主義世界市場への巨大人口・資源国中国やロシアの参入によって、「ジャパメリカ」の存立基盤が再編され、揺るがされる可能性を持っていました。事実、冷戦崩壊後のグローバライゼーションの過程で、アメリカも日本も、世界市場におけるシェアを失っているのに、中国は、一九九〇年以降、どんどん大きくなりました。

よく使われる、地域別GDPシェアの上図では、ヨーロッパの後退、アジアのシェア拡大が、長期的趨勢のように見えます。アメリカは、一九七五年の二六％の水準を今日でも持続していると読めます。

しかしこれを、国別データに置き換えると、「ジャパメリカからチャイメリカへ」が、見えてきます。次頁の図は、総務省統計局「世界の統計二〇〇九」からとったものです。問題を単純化して、長期的に見るには、わかりやすいものです。

すなわち、「ジャパメリカ」とは、第二次世界大戦後に、一時は世界のGDPの半分を占めたアメリ

グラフ　世界名目ＧＤＰに占めるシェアの推移

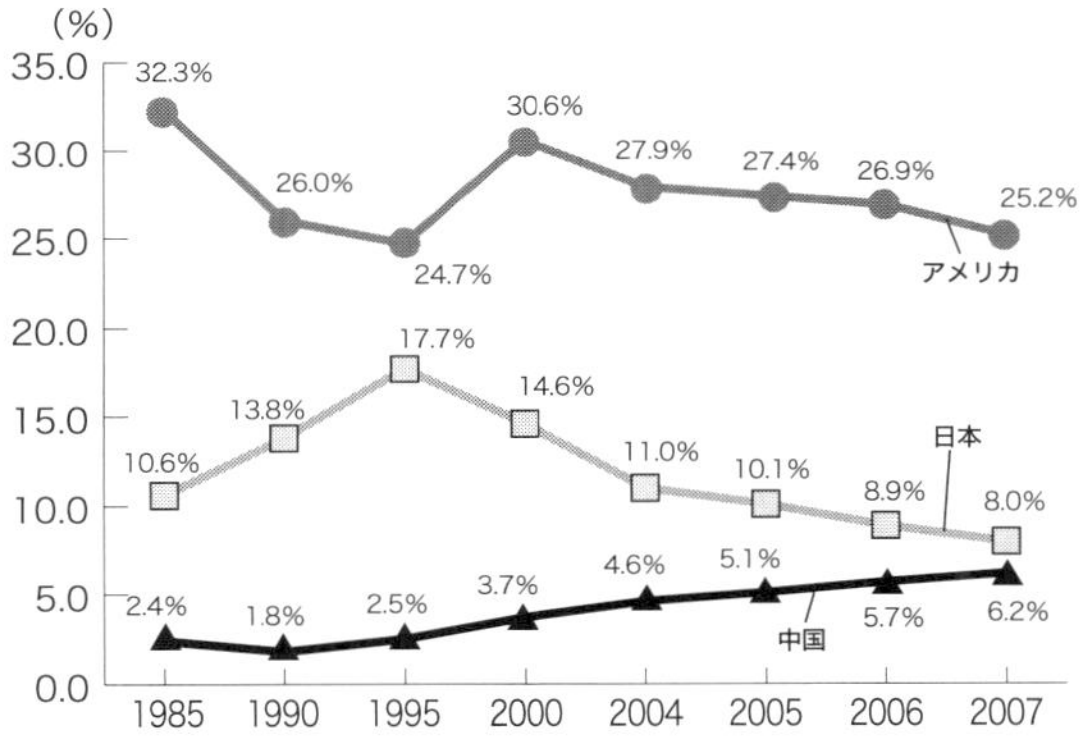

出典　世界の統計 2009（総務省統計局）

カが衰退し、日本がシェアを大きくする過程でした。

しかも、面白いことに、一九六〇年代以降、ほぼアメリカがシェアを失った分を、日本の経済成長が埋め合わせ、日米二国を加えたシェアは、ほぼ四割を占めていました。つまり「ジャパメリカ」として見れば、超大国アメリカが衰退した分を新興同盟国日本の経済成長で埋め合わせ、世界生産の四割以上を占める構造でした。この流れは、日本が「失われた一〇年」に入った一九九〇年代も、日本の後退分をアメリカが再興して取り戻し、二〇世紀後半の世界経済支配を特徴づけるものとなりました。

ところが二一世紀に入ると、明らかに変調をきたします。アメリカも日本もシェアを後退させ、両者を合わせても三三％程度まで落ち込みます。アメリカの衰退を日本が取り戻し補ってきた同盟関係が、明らかに機能しなくなったのです。

この「ジャパメリカ」の衰退過程で、二一世紀に急速に台頭し、世界第二の経済大国の地位を日本に代わって占めるようになったのが、中国です。二一世紀になると、まるでアメリカのシェア喪失を中国が埋め合わせるような関係が生まれ、両者を合わせると、ほぼ三〇％強と日米同盟に拮抗し、あたかも「チャイメリカ」が生まれた如くです。

しかし、歴史の類推は、ここまでです。つまり、第三に、「ジャパメリカ＝An US-Japan Economy」は、総体として衰退し、アメリカも日本も、世界史的に獲得された相対的優位を、持続できなくなったのです。ただし、その落ち込みは、「失われた一〇年」の後も急速にシェアを落とした日本の「失われた二〇年」の方が大きい。つまり、日本は、アメリカの衰退を自らの成長で補ってきた目下の同盟者としての役割を、急速に失いつつあるのです。この趨勢は、二〇〇八年のリーマンショックでさらに促進され、二〇一〇年統計では、中国が日本を上回り世界第二の経済大国になることが確実です。

また、「ジャパメリカ」と「チャイメリカ」は、基本性格が違います。つまり、アメリカと日本の同盟は、非対称的な相互依存の面が冷戦崩壊期まで残っていて、敵対性はほとんど見られない、従属的同盟でした。一時的に日米貿易摩擦とか日米戦争と言った言説がみられましたが、数年でした。うまく機能した期間も、ほぼ四半世紀で、これはイマニュエル・ウォーラーステインの世界システム論、ヘゲモニー循環論に従えば、せいぜい「パックス・アメリカーナ」の衰退期に現れた、システム変動の副作用でした。それに対して、二一世紀のアメリカと中国の関係は、現在はなおパワーの差は大きいにしても、一九世紀後半のイギリスとアメリカとの関係、「短い二〇世紀」におけるアメリカとソ連との関係にも比すべき、一〇〇年単位の大国の興亡、ヘゲモニーの交替もありうる構造的重みを秘めています。もしも「チャイメリカ」が成立するとすれば、「ジャパメリカ」型の同盟関係になる可能性は低く、軍事・外交・政治・経済・文化を含む「新冷戦」型対立もありうる。「バイゲモニー」型共同覇権というよりも、二極分割支配になる可能性が高いでしょう。

ただしそれは、二〇世紀の米ソ両極支配のような、資本主義対社会主義というイデオロギー的対立の再来ではないでしょう。2章でも述べたように、現在の中国を「社会主義・共産主義」と見ることはできません。強いて言えば、「共産党官僚独裁」であり、一九世紀に生まれた社会主義思想の痕跡なら、北欧福祉国家の方が、はるかに社会主義的です。むしろ、冷戦崩壊後の理論世界でしばしば論じられた、「資本主義対資本主義」（M・アルベール）、「七つの資本主義」（C・ハムデン-ターナー／A・トロンペナールス）の延長上で、現代中国を「資本主義の新しい型」として位置づけることが必要になるでしょう。

それを社会科学的に見る際に、マクロには、「文明」と「アジア型帝国」「アジア的国民国家」の視点が重要と思われます。これについて、若干述べてみたいと思います。

かつて従属理論でならしたアンドレ・ガンダー・フランクは、『リオリエント――アジア時代のグローバル・エコノミー』（山下範久訳、藤原書店、二〇〇〇年）では、世界経済システムを一五世紀以前に遡らせ、一八〇〇年頃の「西洋の勃興」以前の世界経済では、オリエント＝非西欧こそが世界経済の中心であった、と論じました。ヘロドトスからアダム・スミスにいたる「辺境」西欧の東洋へのあこがれの歴史を概観し、それが実在的根拠をもつことを、古今東西の文献・統計・事例をあげて論じました。したがって、彼の「リオリエント」とは、副題にあるように、二一世紀以降に、再び「西洋の没落」と「アジアの時代」を見通すものでした。いうまでもなく、その「アジア」の中心として想定されているのは、中国です。もっとも彼のかつての従属理論からすれば、これは矛盾した見通しですから、理論的に破綻していますし、朝貢・冊封体制の再来とまでは言っていませんが。

アンガス・マディソンの『経済統計で見る世界経済二〇〇〇年史』（柏書房、二〇〇四年）によれば、実質GDPで見ると、中国は、一九世紀前半まで長く世界シェア二〇％を超えていて、二〇世紀のアメリカ並みの経済大国でした。一九世紀後半から没落が始まり、世界シェア五％を切るまでになりました。それが改革開放政策によって上昇し、ついに日本を追い抜くまでになったのですが、もともとグローバライゼーションが世界の富を均等化するものであれば、世界人口の二〇％の人口を抱える中国が、二〇％のシェアを占めるのは当然です。大きな文明史的視角から見ると、ナチュラルなことと言えます。逆にいえば、資本主義がアジアに入ってきた一九世紀後半から、世界人口二％の日本が「アジアの大国」のように振る舞ったり、人口ではせいぜい五％のアメリカが「世界の警察官」になったりする事態が、異常だったのです。

対峙しつつ依存する関係

矢吹　チャイメリカということばを、私は二〇〇八年に出たNiall Ferguson, *The Ascent of Money* の最終章 From Empire to Chimerica（三三二～三四〇ページ）で初めて知りました。わずか九ページの分析ですが、ここで指摘されたことは私が最近感じていたことと同じだったので、以来チャイメリカを使って現在の状況を説明している次第です。

加藤さんは「ジャパメリカ」の含意としてまず、「その時代の日本資本主義の世界史的台頭を、正面から捉えようというよびかけでした。それは、当時もなお根強かった日本＝「後進資本主義」論、講座派マルクス主義風の「遅れた資本主義」「日本特殊性」論への批判が、含意されていました」と指摘しましたが、ここで「日本」と「中国」を置き換えると、「中国資本主義の世界史的台頭」になります。この意味でまったく同じです。

「社会主義市場経済」であるから、資本主義とは異なると見るような議論は後を絶ちませんが、アメリカ資本主義を追い上げ、そこから稼いだドルで、アメリカ資本主義の破綻を救済している姿から見ると、かつて日本の円がドルを救済した姿と、今日中国の元がドルを救済している姿は酷似しています。日本資本主義論争における「遅れた資本主義」に対応するのは、途上国としての中国資本主義でしょうか。途上国だから、むろん遅れています。しかしその反面は追いつきへの激しいハングリー精神であり、キャッチアップ経済の強みがふんだんに発揮されます。要するに先進モデルの模倣は創造よりは容易なので、どんどん模倣して先進資本主義を追い上げていく構図です。このような骨格を見ると、時代の差はありますが、実によく似ています。

エズラ・ヴォーゲルとは、彼が鄧小平の伝記を書くというので、東京で懇談し、二〇〇五年には清水美和記者（東京新聞論説主幹）とポーツマスを訪れた際に、ハーバード大学まで足を伸ばし、当時ハーバードにいた高原明生（東京大学教授）さんとともに、会いました。かつて「ジャパン・アズ・ナンバーワン」でベスト・セラーを書いた彼は「チャイナ・アズ・ナンバーワン」を論じていました。

加藤さんは、「日米逆転」といった「日本脅威論」にも与せず、その「中心・中核」への参入は、「日本が西側超大国アメリカの目下のパートナーとして、政治的・外交的・軍事的に従属しながら、経済的に一体化し、相互依存することによって得られた地位であることを強調した」由ですが、ここが問題ですね。

まず「中国脅威論」「中国異質論」は、ますます声高に叫ばれるようになっています。中国資本主義はナチスの国家社会主義と同じではないか、中国資本主義の膨張過程もナチスと酷似していると見る見方が大きくなっています（余談ですが、最近の尖閣トラブルの過程で、前原外相［当時］は「中国の対応がヒステリックだ」とコメントして、中国の猛反発を買いました。中国政治の文脈では「ヒステリック」とは、ナチスの同義語です。つまり中国は自分がナチスと同列に見られていることに反発したのです）。

「日本が西側超大国アメリカの目下のパートナーとして、政治的・外交的・軍事的に従属しながら、経済的に一体化し、相互依存することによって得られた地位」という箇所を中国に置き換えて見ましょう。「中国が西側超大国アメリカの目下のパートナーとして、政治的・外交的・軍事的に従属しながら」、ここが問題です。中国は「従属」ではなく「対峙しながら」になります。そして「経済的に一体化し、相互依存することによって得られた地位」という箇所は、日本と同じです。

というわけで、（A）「政治的・外交的・軍事的に対峙しながら」（B）「経済的に一体化し、相互依存」する構造がチャイメリカと見ていい。（A）はかつての米ソ冷戦構造と酷似しています。核抑止力による恐怖の均衡です。（B）は日米関係と似ています。弱ったドルを助ける中国元の構図です。

加藤さんの第三の指摘は、「日米経済は一体で日米同盟は運命共同体である」という特徴です。「米中経済は一体で米中同盟は運命共同体である」といえるかどうか。前者すなわち「米中経済は一体である」についていえば、まさにその通りです。たとえばファーガソンの示した次ページ上のグラフを見ると、中国の貯蓄率の向上とアメリカの貯蓄率の逓減が見事に対応しています。イソップ物語で例えれば、働き蟻・中国と、浪費家キリギリス・アメリカという対照です。

もう一つのグラフ（次ページ下図）を見ましょう。借金王国アメリカにとって最大の債権者は中国です。二〇一〇年末時点で約一兆五〇〇〇億ドルを借りています。

「ジャパメリカ」は、東西冷戦の産物の由ですが、だからこそ冷戦の終焉とともに、ジャパメリカも短命に終わったようですね。これに対してチャイメリカは、ポスト冷戦期の終焉とともに生まれたものです。米ソ冷戦期があり、旧ソ連の解体と共に冷戦が終り、約二〇年間の「ポスト冷戦期」があった。そして「ポスト冷戦期」に続く、新たな冷戦構造の誕生がチャイメリカではないでしょうか。これは核抑止力による対峙という点では米ソ冷戦と基本的に同じです。ただし、グローバル経済下の冷戦ですから、経済の相互依存、相互補完関係はきわめて深い。つまり、軍事的に対峙しつつ、経済的には互いにもたれあう関係がチャイメリカと見ています。

グラフ　中国とアメリカの貯蓄率

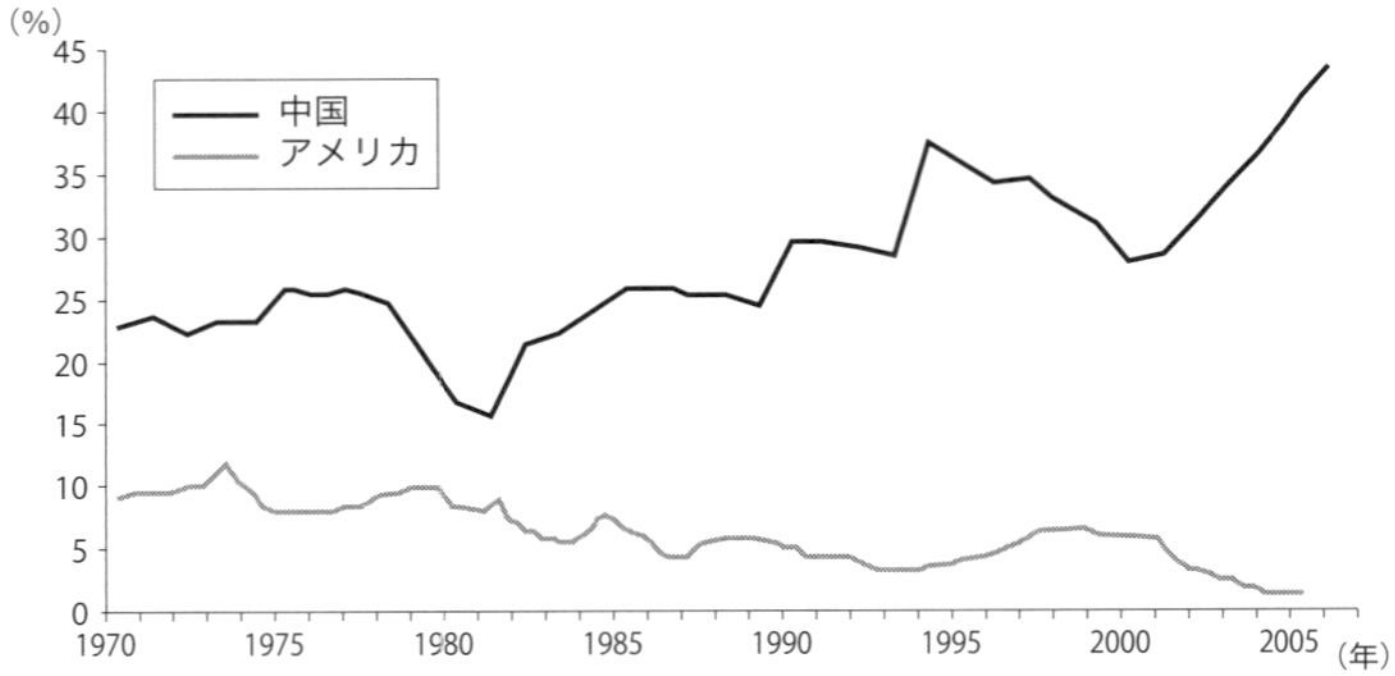

（資料）ファーガソン335ページ（英文）。

グラフ　主な対米債権保有国の債権額（2000年までは長期債権のみ）

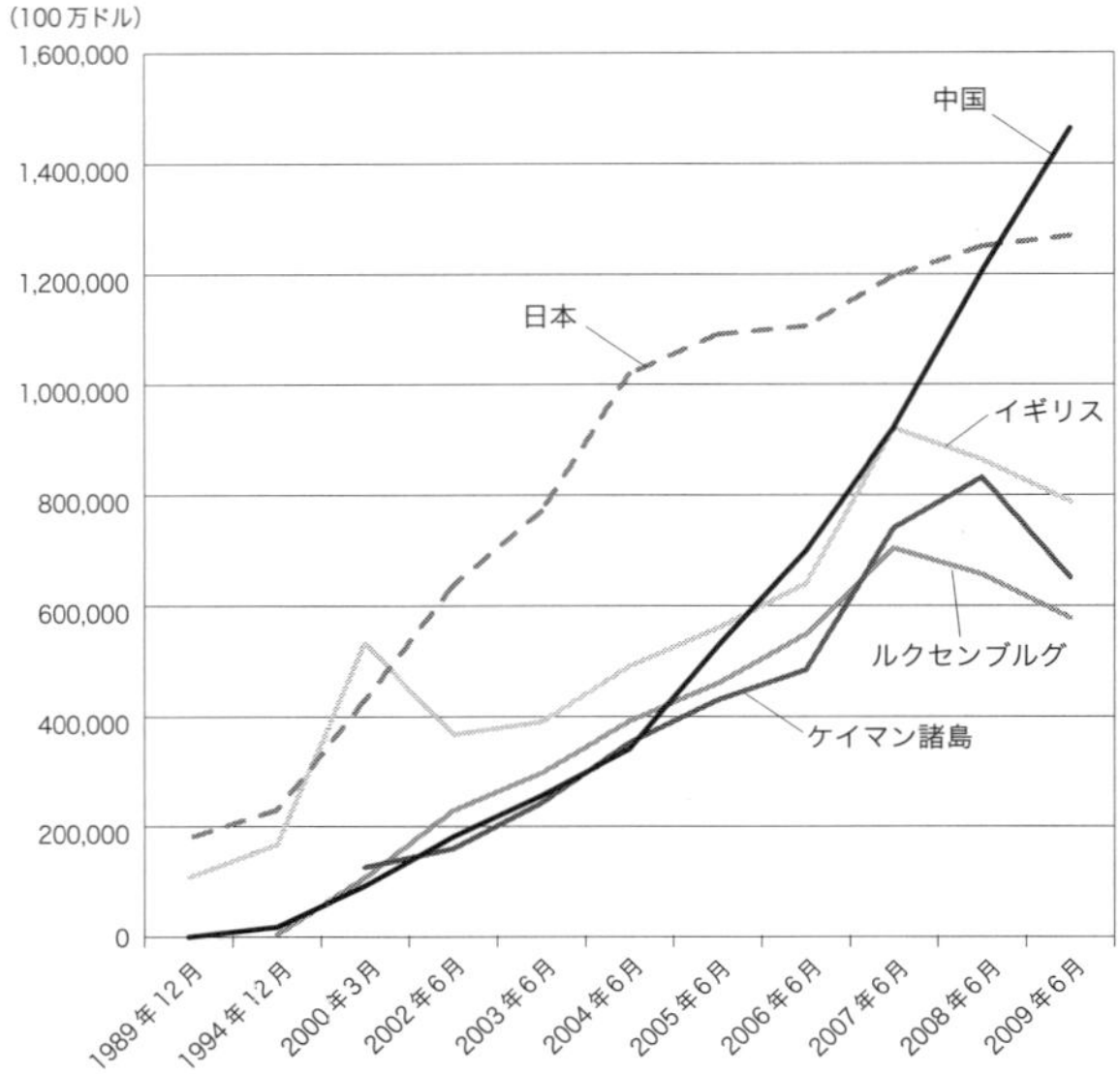

（資料）米国財務省ホームページ

加藤さんの「ソ連崩壊を他山の石とした中国鄧小平の改革開放路線採用は、両義的なもの」という言い方は面白い。鄧小平には先見の明がありました。鄧小平が資本主義＝市場経済の密輸入を決断したのは、旧ソ連の解体のおよそ一〇年前です。彼は毛沢東の社会主義＝計画経済が失敗したことを誰よりもよく知っており、毛沢東の死去と共に毛沢東路線を一八〇度転換する大事業に取り組みます。

実は彼は一九六〇年代前半、すなわち大躍進・人民公社が失敗したときに「黒猫白猫論」を提起して、市場経済の効用に着目していました。これを毛沢東の死後に全面的に展開します。今度のスローガンは「姓資姓社論」批判です。資本主義か、社会主義か、生産関係を問うことを止めよ。生産力の上がるのがよい体制だというものです。

これは資本主義と社会主義について、鄧小平が中立に見えますが、本質的にいえば、単なる並列ではなくて、資本主義に軍配を上げている。社会主義は資本主義を克服する意識的な行動としてしかありえない。「生産力がより上がる方法」といえば、人間の私欲に訴える資本主義が優れていることは明らかです。そのようにして発達した経済社会の矛盾を克服する方法として社会主義が構想されたのです。人々の理想に訴える社会主義よりは人間の劣情に媚びる資本主義が人間を動かす方法として優れているのは自明のことです。プラクティカルな思考を得意とする鄧小平は、ゴルバチョフのペレストロイカか、旧ソ連解体に先立って、市場経済の密輸入に邁進していたのです。そして、旧ソ連が解体するや「韜晦」作戦を提起しました。資本主義からひたすら学び、中国の人々の生活を向上させよ。中国共産党の支配を続けるためには、それが唯一の道だと主張し、実践した。

その結果、（1）中国経済は成長し、人々の生活は向上した、（2）旧ソ連解体という隣国の現実は、政治改革が失敗するとマフィア経済に陥り、人々の生活は悪化する。この二つの教訓として、中南海の指導者に自信を与え、中国の人々に「政治改革よりも経済発展を優先させる」という戦略を納得させることに成功した。これが中国が旧ソ連解体から学んだ教訓だと見ています。「冷戦崩壊後のグローバライゼーションの過程で、アメリカも日本も、世界市場におけるシェアを失い、中国は、一九九〇年以降、どんどん大きくなった」のは、「結果として」そうなったのであり、必ずしも意図したことではない。改革開放構想の初心は、一人当たりGDPを二五〇ドルから一〇〇〇ドルへ四倍増したい。一〇〇〇ドルから四〇〇〇ドルへ、さらなる四倍増をしたいという素朴なものでした。それによって戦後高度成長を遂げた周辺諸国の生活に追いつき、「小康水準」に到達したい、という控え目なものでした。この構想が実現して見ると、いつの間にか中国は経済大国になっており、世界経済に占める中国シェアを一回り、二回りと大きくしていった。国内しか見ていなかった田舎者がいきなり国際舞台に押し上げられ、脚光を浴びて当惑しているのがいまの中国です。かつての劣等感トラウマが消えないうちに、いきなり優越感を抱くように迫られ、たいへんアンビバレントな心境だと思います。

「米国＋日本」のＧＤＰシェアと「米国＋中国」のＧＤＰシェアで、ジャパメリカ、チャイメリカを語る説明の仕方に同感です。イギリス出身の経済史家アンガス・マディソンの描いた近代経済二〇〇〇年史のグラフも同じことを物語っています。

「チャイメリカが成立するとすれば、ジャパメリカ型の同盟関係になる可能性は低く、軍事・外交・政治・経済・文化を含む「新冷戦」型対立、「バイゲモニー」型共同覇権というよりも、二極分割支配になる可能性が高い」という加藤さんのご指摘が、問題の核心と思われます。「ジャパメリカ型の同盟関係」ではないことは明らかです。新冷戦型対立とは、「バイゲモニー型共同覇権」か、「二極分割支配」か。加藤さんは後者だと見ていますが、私は前者のイメージです。

中国異質論の高まり

加藤　ここからは、今日ＢＲＩＣｓ（ブリックス）とくくられる、中国以外のブラジル（地球人口の三％）、ロシア（二％）、インド（一七％）、特にインドの動向が、二一世紀の行方を占うもう一つのカギで、インドネシアやナイジェリアも重要になります。つまり、文明史的に見れば、「ジャパメリカ」は、きわめて短期間の、例外的なエピソードでした。それに対して、「チャイメリカ」の方は、アメリカ及びヨーロッパ諸国の衰退次第で、「チャイナ帝国」ないし「チャインド Chindia」に取って代わる可能性を秘めた、グローバルな過渡期のあり方に見えるのです。

とはいえ、中国は、ようやくグローバルな資本主義的市場競争に、参入したばかりです。レギュラシオン理論のいう蓄積体制では、ようやく大量生産・大量消費のフォード主義が定着し、低賃金・長時間労働に依拠した外延的蓄積から、労働生産性を高めて賃上げによる国内消費需要を拡大する内包的蓄積への、端緒についたばかりです。ミクロな企業管理からマクロな社会保障制度にいたる経済社会の調整様式は、ケインズ主義とは似て非なる、共産党一党独裁の抑圧的・

官僚主義的統制のもとにあります。

欧米先進資本主義諸国が、サーヴィス産業や少量多品種高価格生産に特化し、IT技術やエコロジー生産に移行しようとしている時に、中国は、「世界の工場」になることによって、ようやく五％以上の世界シェアに到達しました。低賃金や輸出産業に依拠した成長には、遅かれ早かれ限界がくると思われます。ましてやグローバル経済は、グローバルな金融システム・貿易システムのもとで作動します。リーマンショックで露わになった国際金融の脆弱性が、いつアメリカ国債の減価や元の切上げと連動して跳ね返ってきても、おかしくはありません。中南米や中近東・アフリカへの投資が、欧米帝国主義の場合と同じリスクをもたない保証は、何もありません。つまり、共産党独裁の支配は、国内ではある程度統制できても、海外では、今回の劉暁波ノーベル賞問題に見られたように、むしろ国際的反発や警戒心を喚起します。中国経済が大きくなればなるほど、世界の中国脅威論・警戒論は高まってくるでしょう。それは、「ジャパメリカ」時代の日本脅威論の比ではありません。まさに文明史的な、「西洋の没落」「アメリカ衰退論」と一対のものとなります。

矢吹　私はいま加藤さんほど大きなパースペクティブで考えていません。これまで中国崩壊論やその裏返しとしての中国脅威論を唱える風潮がありましたが、いまや一転して、中国異質論、価値観異質論が大流行しています。崩壊すると騒ぎ立てて、崩壊しなかったから異質だと、改めて脅威論を煽る風潮には、批判的です。とはいえ、一時的な開発独裁を経て、民主主義社会へという展望が失われたことについては、深刻な見直しが必要だと痛感しています。

中国当局はWTO加盟に至るまでは、必死に国際基準に当てはめて中国を改革すべく努力してきた。ところが加盟前後から、とりわけアジア通貨危機を直接的契機として、中国側にグローバル秩序に対する懐疑が蔓延し、これを軽視するようになった。とりわけリーマンショック以後、アメリカ経済の弱さに対する認識が蔓延し、その分だけチョー自信、夜郎自大になったと見ています。一例を挙げますと、中国はサブプライム・ローンの発端となったファニーメイやフレディマックの住宅債を四五〇〇億ドル保有しています。日本は二〇〇〇億ドルですから、その二倍です。アメリカは一時、これをデフォルトしようとした。一番あわてたのは中国当局ですね。もしそれをやっていたら、胡錦濤・温家宝執行部の対米協調路線は確実に吹き飛んで、中国に政変が起こったはずです。この教訓から中国は借金国アメリカの弱さを身をもって体験した。そこから一方では対米対抗の軍部のスタンスと対米協調の外交当局のスタンスが同時に生まれ分裂した。「対抗しつつ協調する」というスタンス自体は、ニクソン・毛沢東会談以来のものではありますが、リーマンショック以後は、アメリカの財政事情までとらえた上での、より深化した認識になりました。

加藤 そのさい、いかに中国の経済成長と核を含む軍事力・外交力が欧米の脅威であるといっても、それは中国がアジア全体の経済発展を牽引し、日本や韓国を含むアジア経済圏の基軸国家として君臨する限りであり、二一世紀の後発ながら成長著しいインドも控えています。政治的にはむしろ、インドの方が、建国以来「世界最大のデモクラシー」と唱ってきましたから、ある種のソフト・パワーを持っていることになります。日本や韓国は、欧米にとっては「中国の脅威」に対する緩衝地帯と位置づけられ、軍事的・外交的にはアメリカへの従属からの離脱が、ますます難しくなります。

矢吹　そのような対中国認識がまさに中国異質論ですね。中国封じ込め論の再来であり、リーマンショック以後肥大化した中国像とともに大流行しています。尖閣衝突や南シナ海のトラブルを通じて、大いに刺激され、中国は二〇一二年には空母を配備すると予想されるので、ますます流行するでしょう。地域覇権大国・中国の登場です。

中国台頭の歴史的位置づけ

加藤　もう一つ、より大きな不確定要因は、一七〜一九世紀にヨーロッパで確立され、二〇世紀にアジアにも広がった、地球の国民国家的分割と主権国家の絶対性が、二一世紀にどこまで継続されるか、という問題があります。二一世紀初頭にアントニオ・ネグリ、マイケル・ハート『帝国』（以文社、二〇〇三年）や柄谷行人『世界共和国へ』（岩波新書、二〇〇六年）のような思索が現れたのも、「人間が立ち向かうのはいつも自分が解決できる課題だけである」「課題そのものは、その解決の物質的諸条件がすでに現存しているか、または少なくともそれができはじめている場合に限って発生する」というマルクスのひそみにならえば、ウェストファリア条約以降の国際関係の再編が臨界点に達し、国民国家の限界が露わになりつつあるからでしょう。近代国民国家の限界、「帝国」「帝国主義」の臨界という観点からも、中国の台頭を歴史的に位置づけるべきでしょう。

矢吹 中国は国民国家の形成期に乗り遅れて、ヨーロッパ諸国が国民国家の限界を克服するために欧州連合を組織した時点で、国民国家の統合を国家理念として掲げているので、国際社会とのズレが大きい。現在の中華帝国をあたかも国民国家のごとくに統合しようとするのは、しょせん無理な話です。私は前に書いた『巨大国家中国のゆくえ』で連邦中国を論じて、最近、それを再論した『客家と中国革命』を書きました。United States of China こそが必要であり、内なる弾圧体制のもとに対外的膨張を試みる「中華社会帝国主義」の膨張路線を邁進するならば、その破滅はいずれは時間の問題でしょう。

加藤 興味深いことに、この点でも一九世紀資本主義を牽引したイギリス、フランス、ドイツといった国民国家が、比較的同質的な数千万人規模であったのに対して、二〇世紀世界に君臨し国際関係のキーアクターとなったアメリカとソ連が、数億人の人口を持つ多民族・多人種国家であり、二一世紀に台頭しつつある中国とインドは、一〇億人以上の人口を持つ多人種・多言語巨大国家であり、早くから華僑・印僑の国外ネットワークを持ってきたという特徴を持ちます。この点では、日本は、もともと「帝国」にも「覇権国家」にもなる資格がなかった、といえるでしょう。日本は、グローバル世界での別様の発展の仕方を見出すべきだったのですが、未だに米国依存の二〇世紀後半的呪縛から逃れられずにいるのです。

「チャイメリカ」に内在する問題としては、アメリカの中国観・中国像も、再検討されなければならないでしょう。近代の米中関係史と米日関係史は、どちらもアメリカの世界戦略・アジア戦略への応答であり、異なる軌跡を辿りつつも微妙に重なり合い、交錯しています。

矢吹　日本人の偏見の一つとして、日米は価値観を共有しているが、中国は共産主義であれ、あるいは儒教中国であれ、いずれにしても米中は価値観が異なるという見方が根強い。

それを直接否定しようというのではないのですが、米中はまたかなり相性がよいのも事実です。第二次大戦における同盟国関係はさておくとしても、ベトナム戦争末期、キッシンジャーは中国と取引をしてベトナムに対して和平を背後から迫った。中国は中ソ戦争の危機を控えて、米軍のために新疆自治区に対ソのレーダー基地を設置した。このとき、米中は蜜月関係にあり、その二〇年後に旧ソ連解体が起こったのは、米中蜜月の勝利という意味もあります。ここではすでに、共産主義イデオロギーは崩壊しており、国家エゴそのものです。まさに戦略的米中関係です。近代の人工国家・アメリカと古老国家・中国とは、国家の成り立ちがまるで好一対ですが、逆に、あまりにも異なることからする親近感もある。かなり逆説的ですが、アメリカ人の中国好きは少なくないし、中国人の大部分はアメリカ大好きですよ。

「チャイメリカ」の世界史的意義

加藤　その点を、歴史的に見てみましょう。

第一に、日本の鎖国と比すれば、中国は米国独立直後から交易関係を始めており、阿片戦争後に国内での治外法権を認めざるをえなかったにしても、一八八二年には米国排華移民法を引き出すほどに、大量の移民を米国に送っていました。一八五三年の日本へのペリー来航も、アメリカによる中国利権を目的とした中継基地確保策と考えれば、よく言われる中国の半植民地化と日本の開国後の独立を確保した西欧化・近代化の対照も、列強の狙いが主要には中国にあった時代の地政学的僥倖と、みなしうるでしょう。アメリカのアジアへの関心の中心は、一九世紀以来、一貫して中国にあったと言えるでしょう。

第二に、日清・日露戦争を通じた日本の帝国主義化は、欧米列強の圧力下で太平天国の乱から義和団の乱にいたる清朝末期の政治的衰退に乗じたものでした。一九一一年の辛亥革命でアジア初の共和制国家となった中華民国は、なお軍閥割拠の不安定な状況で、日本は、日英同盟と第一次世界大戦参戦を背景に、対華二一か条要求など大陸への侵攻を強めます。米国の側からすれば、米西戦争から門戸開放政策というアジアへの本格的進出にあたっての、新たなライバルの出現でした。一九二二年のワシントン九か国条約は、米国の主導により米国で開かれた初の国際会議の産物であり、日本に対する牽制であると共に、ソ連の影響力が強まる中国への、門戸開放・機会均等・主権尊重の原則による既得権保護が企図されていました。

第三に、一九三一年満州事変以降の日本の中国侵略・日中戦争は、イギリスに代わって世界の覇権国になりつつあった米国にとって、その世界戦略のアジアにおける主要な攪乱者と映りました。国際関係論におけるメーカー（秩序形成者）、シェーカー（秩序攪乱者）、テイカー（秩序受容者）の理論で言えば、メーカーとしての米国は、忠実なテイカーとしての中国を安定させるために、シェーカーとしての日本を孤立させ、改造することが必要でした。日本が、ヨーロッパのシェーカーであるドイツ、イタリアと三国同盟を結び、「大東亜共栄圏」を提唱するにいたって、当時のもうひとつのメーカーであるソ連とさえ手を組んで、蒋介石国民党政府を「大国」扱いし援助することによって、アジア・太平洋戦争での日本敗戦、戦後アジア世界での主導権を得ました。

第四に、日本の敗戦と米国の日本占領は、中国内戦と新中国誕生から朝鮮戦争への時期と重なります。私はここ数年、戦時中から戦後の米国の世界戦略を、米国国立公文書館で機密解除された政府・軍・情報機関の文書を読んで、いわゆる「冷戦史」の起源を探っているのですが、そこで強く感じるのは、米国の戦後日本への占領政策、非軍事化・民主化、象徴天皇制利用から戦後復興・反共要塞化・サンフランシスコ講和条約にいたる激動を大きく規定していたのは、米国の対中政策、端的には蔣介石国民党政権と毛沢東の中国共産党による内戦の帰趨をめぐる、米国内部での見通しと戦略の分岐です。また、結局毛沢東による大陸統一と中華人民共和国成立、朝鮮戦争に帰結しますが、こうしたアジアの戦後を枠づけたのは、ヨーロッパにおける連合国軍の戦後処理、つまり米ソの勢力圏構築であったことです。いいかえれば、日本の「独立」は、中国共産党の勝利と朝鮮戦争によって米国から核軍事基地つきで認められたわけです。この戦後日中関係の起点における対立性が、今日にいたる東アジアの緊張・不安定の基底にあります。日本が中国との間に安定的関係を築くには、中国大陸における侵略の歴史の未清算という問題と共に、日米関係の見直しが不可欠になるゆえんです。

矢吹　その通りです。

加藤　そして、第五に、一九七〇年代の米中・日中国交回復から冷戦崩壊を経て今日にいたる過程も、東アジアにおける米国というファクターを入れないと理解できないというのが私の観点です。つまり、日中国交回復がベトナム戦争期の米国の中ソ分断、ニクソン・ショックの副産物であったと同様に、「ジャパメリカ」は、アメリカが中国の文革から冷戦崩壊・改革開放にいたる、世界資本主義市場への参入誘導における呼び水の役割を果たす隣国での成長パフォーマンス、「チャイメリカ」への過渡期における捨て石の意味を持ったのではないかと、今日から見ると思えてきます。いわば隣国に、ソ連型とは異なるかたちでの国家主導の資本主義成長モデルを築き、中国を社会主義・共産主義から離脱させ、市場を開放させることに成功したのです。ただしそれは欧州連合形成や他のアジア諸国、中南米の工業化とも併行し、アメリカのヘゲモニーの衰退を伴っていましたから、文革後中国は戦後日本のようにはならず、むしろアメリカのライバルとして再生してきました。ですから「チャイメリカ」は、「ジャパメリカ」とは比べものにならない世界史的意味を持つのです。

矢吹　最後の一句、「チャイメリカ」は、「ジャパメリカ」とは比べものにならない世界史的意味を持つ、これが最も重要なポイントだと考えます。加藤さんのご指摘のように、ジャパメリカは一種の間奏曲どまりです。チャイメリカは二一世紀半ばから後半にかけてのグローバル秩序全体に関わるファクターです。むろんチャイメリカがすべてというわけではなく、インドもあり、アフリカもあり、そしてEUもありますが、そのような多極化構造の中で、全体を規制し、牽引する役割としてチャイメリカを分析しなければならない。

加藤　冷戦崩壊後の中国に内在する問題も、考慮されなければなりませんが、その国内矛盾については、1章・2章で矢吹さんが詳しくふれましたので、ここでは繰り返しません。

私自身が、多少実証的に調べ、印象批評的に付け加えたいのは、二つの点です。第一は、二一世紀に入っての大学の増大と高等教育の急速な普及、もう一つは、産業廃棄物・電子ゴミの行方と環境問題です。

第一は、二一世紀に変貌する日本の大学の現場にいて、留学生を教育し、国際交流にたずさわって、実感する点です。中国の大学進学率はいまや二三％に達し（二〇〇八年）、大学の数（一七九四）ではまだアメリカの半分ですが、大学卒業生の数は年八〇〇万人です。上海など大都市では大学進学率も六割に達します。この急速な高等教育普及に見合う職場、特にサーヴィス産業・事務職が少ないため、日本以上の大変な就職難、高学歴ワーキングプア層ができています。この知的に高められ世界情報の入手に慣れた層をうまく吸収できないと、政治体制にとっても大きな不安定要因になってくるだろうと思われます。

矢吹　グローバル経済で生き抜くためには、外国の政治経済や技術の知識が欠かせない。それらが市民社会を要求することは確かです。中国共産党は一方では三〇万人に及ぶネット警察の人海作戦で、他方では軍や武装警察という暴力装置によって、中国共産党の支配を堅持しようとしています。社会的矛盾は随所に見られますが、支配体制を動かす勢力になる以前に分断され、解体される。治安維持体制として共産党組織は有効に機能しており、まさにジョージ・オーウェルの描いた『１９８４年』的秩序が貫徹しています（苦笑）。

中国経済の高度成長と地球環境汚染

加藤 もう一つ、先進国の技術革新の到達点から出発し、それを容易に組み込んだ中国産業化の「後発利益」と共に、それが地球環境問題の国際的監視のなかで始まった「後発不利益」にも触れておきたいと思います。中国自身が、自国の「大国」規定と「途上国」規定を使い分けるのが、この領域だからです。二〇〇九年から、最新電子技術、ＩＴ機器のリサイクルと最終廃棄物処理を追いかけて、中国の汕頭《スワトウ》市、その一部である貴嶼《グイユ》村の電子廃棄物問題を調査し追いかけてきました。そこには世界のパソコンや携帯電話の中古品リサイクルやレアメタル抽出を経た最終廃棄物が集まり、「電子ゴミ」が集積されていました。電子製品は、とりわけ技術革新が速く、次々にモデル・チェンジ、ヴァージョン・アップが進みますから、プラスチック・カバーからプリンター・トナーにいたる膨大な電子ゴミが世界中で生まれ、旧型モデルの中古品も途上国をまわって廃棄にまわされます。それが現在、中国やインドの一部地域に集められ、「二一世紀の最先端の製品を、一九世紀のやり方で処理」している「電子ゴミの墓場」が生まれています。

私たちの調査している汕頭《スワトウ》市、貴嶼《グイユ》村はその最もよく知られている事例で、例えばプリンターのトナー・カートリッジの中に黒いカーボンが少し残っていますが、これをナイフで切って、中に残っているカーボンをブラシと手で取り分け、それを大きなドラム灌みたいな容器に貯めて、いわゆるリサイクル・トナーを作る。こんな原始的な手仕事を内陸部から出稼ぎにきた若い女性が、防護服もマスクもなしでやっている。あるいは電線ケーブルから銅を取り出すために、塩化ビニール外皮を燃やす仕事を、街頭で子供たちがものすごい煙のなかでやっている。その残滓は、そのまま近所の川に捨てられる。つまり、フォード主義的生産の「世界の工場」になった中国に、ポスト・フォード主義最先端商品の最終廃棄物が地球的規模で流入し、プレ・フォード主義的なやり方で廃棄され、地下水にも浸透していく。

エイズや家畜の病気等もそうですが、こうした面での対策は、それこそ世界で協調して進めなければならないのに、中国は、そこでは「途上国」の顔をして、地域の指導層や共産党政府が問題を隠蔽し、国際社会の介入を忌諱《きい》する。「チャイメリカ」でいえば、電子ゴミの最大排出国がアメリカですから、それを中国がプリミティヴな技術で最終処理する、「電子ゴミの墓場」を提供する、こんな関係がいつまで続くのか。こうした観点からも、中国の今後、「チャイメリカ」の行方を考えなければならない、そのさい、こうした具体的イシューでは、中国国内にも多様な意見と政策案が存在し、一党独裁の水面下でせめぎあっている、そんな印象を持ちました。

矢吹　中国経済の高度成長とは、地球環境の汚染の高度成長と同義です。中国はいまや世界一の二酸化炭素排出国ですが、世界二位のアメリカとともに、口実は異なるのですが、途上国の立場を主張して、削減要求を拒否しています。中国がこのような環境エゴを止めて、軍拡を止めて、限られた地球環境を活かしながら、人類はいかに生き延びるかという人類共通の目標に向かって共に努力する方向も萌芽的には見られますが、近年特に軍拡へアジアの世論が傾斜しているのは憂慮すべきです。朱徳の孫の朱成虎や、羅青長の子の羅援などが中国軍国主義を煽っているのを見ると、「中国の軍産複合体が太子党にハイジャックされた」という印象を否めない。

加藤　私の方は、「ジャパメリカからチャイメリカへ」の道はすでに敷かれつつあるが、矛盾はきわめて大きく、「新中華帝国」への一直線はありえない、というあたりが見通しになります。

対談を終えるにあたって

平田　劉暁波、「08憲章」から始まり、中国の現在や中国民主化の行方をどう見るか、さらには新しく展開している米中関係をどう見るか、などについて興味深い対談を進めてくることが出来ました。

では、この対談の締めくくりとして、対談を通したご感想をお二人から伺いたいと思います。

矢吹　平田さんには、売れそうもない本を二冊出していただきました。『朝河貫一とその時代』（二〇〇七年）、『日本の発見――朝河貫一と歴史学』（二〇〇八年）です。義理があるので、お返しの機会を考えていました。そこへ平田さんから、劉暁波のノーベル賞受賞を一つの素材として、現代中国を論ずる本を作りたいという提案が出されたわけです。新たに書き下ろすのは、ちょっと荷が重いと逡巡するうち、加藤さんとの対談の形式が浮上した次第です。

私は天安門事件当時、その政治過程、軍事鎮圧過程を仲間と共に詳しく分析したので、劉暁波という若者の存在が、天安門広場からの無血撤退に決定的な役割を果たしたことをよく認識していました。それから二〇年、中国は大きく変貌し、ＧＤＰ世界第二の地位を確保し、いずれは超大国アメリカのそれを上回るという展望さえ、夢物語ではなくなりつつあります。その過程で、投獄や釈放体験を繰り返した劉暁波もまた大きく成長し、ついにノーベル平和賞受賞に至りました。ただし、劉暁波の「非暴力による政治改革」という思想は、六月四日の鎮圧前夜に発表された「ハンスト宣言」以来、見事に一貫しています。ノーベル平和賞の審査委員会が評価したのは、まさにこの非暴力精神の一語に尽きると私は分析しています。しかしながら、この非暴力の思想が、当面、中国政治の改革にとって直接的に役立つとは考えにくいのです。エジプトでムバラク長期政権が倒れたから、中国にも可能性ありと見るのは、余りにも空想的です。旧ソ連と東欧諸国のドミノ倒しの教訓を徹底的に反面教師として学んで、治安体制づくりを試みているのが中国の姿であり、その危機意識を中国共産党の指導部が堅持するかぎり、政治改革の展望は限りなく不透明だというのが私の結論的観察です。

加藤　この対談の仕上げは、ちょうどエジプトのインターネット民衆革命と重なったんですが、確かに劉暁波のノーベル賞受賞の場合と同じように、情報は遮断され、管理されているようですね。もともと私は中国は専門ではなく、スペシャリストの矢吹さんからできるだけ現状と将来の希望をひきだそうとしたのですが、やはりというか、残念ながらというか、政治改革の見通しについては、悲観的にならざるをえないですね。

それでも「情報戦の時代」「情報政治学」を提唱し、一橋大学から早稲田大学に移って「ネットワーク社会とデモクラシー」の講義を担当することになった私としては、中国政府の構築したＧＦＷ（グレート・ファイアーウォール・オブ・チャイナ、「万里の長城」をもじった中国語で「防火長城」とか）に対する、マイクロブログ（中国語で「微博」）の可能性に、期待したいところです。

矢吹さんのお話では「08憲章」は「世界人権宣言」六〇周年を意識したとのことですが、二〇一一年は辛亥革命一〇〇年、日本の満州侵略八〇年です。そんなところに引っかけてでも、帝国主義・大国主義でも閉鎖的ナショナリズムでもない、オープンな中国からの発信を望み、耳を傾けたいと思います。

平田　長時間、有意義な対談をありがとうございました。

第II部　劉暁波の弁明と判決

劉暁波は、いかなる理由で国家反逆罪（国家政権転覆煽動罪）に問われることになったのか、その全容を理解するために、法廷で行った劉暁波の弁明、一審二審の判決文、弁護人の陳述の全文をここに収録した。

1　私の弁明（1）

（二〇〇九年一二月二三日）

矢吹晋　訳

「起訴状」（京一分検刑訴［二〇〇九］二四七号）（2）は、六編の文章と（3）「08憲章」（本書資料編三二六ページ以下）を列挙し、都合三三〇余字を引用して、これを根拠として私が『刑法』第一〇五条第二項の規定に抵触し、「国家政権転覆を煽動した罪」を犯したので、刑事責任を追及すると述べている。「起訴状」の列挙した事実は、私が「三〇〇余人の署名を集めた後に」という事実の陳述が不正確なことを除けば、その他の事実については、異議はない。あの六編の文章は私が書いたものであり、私は「08憲章」に参画した。しかし私が集めた署名は七〇人前後であり、三〇〇余人ではない。その他の人々の署名は私が集めたものではない。これを根拠として私が犯罪を犯したとする告発を私は受け入れることができない。私が自由を失った一年余の間に、予審警官、検察官、裁判官の訊問を受けたが、私は一貫して自らの無罪を主張してきた。私はいま、中国憲法の関連規定、国連国際人権公約（4）、私の政治改革に対する主張、歴史潮流など多方面から自分の無罪のため弁護を行う。

一、改革開放がもたらした重要な成果の一つは、中国人の人権意識が日ましに覚醒し、民間の人権擁護運動が、中国政府に影響して人権観念上の進歩をもたらしたことである。二〇〇四年全国人民代表大会は憲法を改正し、「国家は人権を尊重し保障する」と憲法に書き込み、人権の保障が法治国としての憲法の原則となった。国家が尊重し保障すべき人権とは、憲法第三五条[5]に規定された諸項からなる公民の権利であり、言論の自由は基本的人権の一つである。私が言論で表明した体制側と異なる政治的見解は、一人の中国公民による憲法が賦与した言論の自由権の行使であり、政府の制限を受けたり、任意に剥奪することはできないものである。それどころか、国家が尊重し、法律が保護すべきものである。ゆえに起訴状が私を告発して、中国公民としての私の基本人権を奪うことは、中国の根本大法に違反したものであり、発言のゆえに処罰する（因言治罪[6]）ものであり、古来の「文字獄[7]」の現代中国における延長であり、まさに道義的譴責《けんせき》を受け、違憲を追及されて当然である。「刑法」第一〇五条第二項[8]も違憲の疑いがあるので、全人代に提起して、その合憲性を審査すべきである。

二、「起訴状」は引用したいくつかの事柄に基づいて私が「謡言《ようげん》、誹謗《ひぼう》などの方式によって国家政権転覆を煽動し、社会主義制度を打倒」しようとしたというが、これは「何でも罪状とする[9]」類だ。というのは、「謡言」とは、情報を捏造し、デッチ上げて、他人を中傷するものである。「誹謗」とは、根も葉もないことで他人の名誉と人格をおとしめるものだ。両者はいずれも、真実か否かに関わり、他人の名誉と利益に関わる。しかしながら私の言論はすべて批評性の評論であり、思想・観点の表明であり、価値判断なのであって、事実判断ではない。何人に対しても傷害を与えるものではない。ゆえに私の言論は謡言、誹謗とはまるで無関係である。換言すれば、批評は謡言ではなく、いわんや誹謗ではありえない。

三、「起訴状」は、「08憲章」のいくつかの言論を告発して、私が執政党を誹謗し、「現政権転覆を煽動しようと試みた」という。この告発は憲章の一部だけを抜き取って論ずる「文章の断片を取り上げて論ずる」[10]の嫌いがあり、「08憲章」全体の主張をまるで無視し、私があらゆる文章で表明している一貫した観点を無視したものである。まず「08憲章」が指摘した「人権の災難」は、いずれも現代中国において発生した事実である。「反右派闘争」[11]では五十数万の右派分子を指定し、「大躍進」[12]では一〇〇〇万人にも上る「非自然的死亡」[13]を生み出し、「文革」では国家的大災害[14]をもたらした。「六・四」の流血事件[15]では、多くの者が死去し、多くの者が投獄された。これらの事実は世間で認められている「人権の災難」であり、中国の発展に危機をもたらし、「中華民族自身の発展を束縛し、人類文明の進歩を制約した」。一党が執政を独占する特権をやめるとは、執政党が政権を民に返還する改革をやり、最終的には「民有、民治、民享」[16]の自由国家を樹立せよと主張したものである。次に、「08憲章」で述べた価値と、そこで提起した政治改革の主張は、その長期目標は、自由・民主の連邦共和国の建設であり、その改革措置は一九条からなり、その改革方式は漸進的・平和的方式による。これは現行の一本足改革の弊害に鑑みて、執政党が経済一本足から、政治と経済という二本足併進の均衡改革を行うよう求めたものである。すなわち、民間の角度から官側に迫り、政権を民に返還させる改革であり、「下から上へ」の民間の圧力に依拠し、政府が「上から下へ」の政治変革を行うよう促すものである。こうしてこそ、官民共動の良き合作が可能であり、中国人の一〇〇年憲政の夢は速やかに実現できるであろう。

さらに、一九八九年から二〇〇九年までの二〇年間に、私が表明してきた中国政治改革の観点は、一貫して漸進的・平和的なもの、秩序があり、コントロールが可能なもの、であった。私が一貫して反対してきたのは、一度で目標を達成しようとする急進的改革であり、いわんや暴力革命に反対してきた。この漸進的改革の主張を私は、「社会を変えて、政権を変える」[17]という一文で明確に述べている。[18]民間の権利意識の覚醒に努力し、民間の権利を拡張し、民間の自主性を上昇させ、民間社会を発展させ、「下から上への圧力」を形成し、それを通じて「上から下への官側改革」を突き動かす。事実上、中国三〇年の改革実践が証明しているように、制度創新の性質をもつ改革措置の登場と実施は、どの一つを見てもその最も根本的な動力は、民間の自発的改革から出発し、民間改革の自発的アイデンティティと影響が逐次拡大し、官側が民間の創新の試みを受入れて、上から下への改革決定が行われたものである。

総じて、漸進的・平和的なもの、秩序があり、コントロールが可能なもの、「下から上へ」と、「上から下へ」の共動、これが中国政治改革に対する私のキーワードである。この方式はコストが最小であり効果は最大である。私の知る政治変革の基本的常識とは、秩序があり、コントロールの可能な社会変革こそが、秩序なき、コントロールの不可能な変革より優れている。悪しき政府の治める秩序は無政府の天下大乱よりも優れているというものだ。ゆえに私は、独裁的あるいは独占的執政方式に反対するのであり、「現政権の転覆を煽動」するものではない。換言すれば、「反対すること」は、「転覆すること」と同義ではないのだ。

四、中国には「満《おご》れば損を招き、謙《へりくだ》れば益を受ける」の古訓があり、西洋には「身の程知らずは、必ず天罰に遭う」という箴言がある。私は自らの限界を知っており、私の公開した言論が完全無欠でありえないこと、すべてが正確ではありえないことを私は知っている。とりわけ私の時評類の文章は、厳粛な論証を欠き、感情をそのまま吐露し、間違った記述を行い、偏見ですべてを覆うような結論を導いているケースがないわけではない。しかしながら、これらの限界のある言論は、犯罪とはいささかも関係はなく、罪に処する根拠とはなりえない。というのは、言論の自由という権利は、正確な観点を発表する権利だけではなく、誤った言論を発表する権利も含むからだ。正確な言論と多数の意見は保護する必要がある。不正確な言論と少数の意見も同様に権利を保護する必要がある。言うところの、私はあなたの観点に賛成ではなく、むしろ反対である。しかしながら、あなたが異なる観点を公開で表明する権利だけは、断固として守る。たといあなたの表明する観点が間違いであったとしてもそうするのだ。これこそが言論の自由のエッセンスである。[19] 中国古代の伝統にも、古典の概括がある。私はこの概括を「二十四字の箴言」と名付ける。「知りて言わざるなく、言いて尽きざるなく、言う者に罪なく、聞く者は戒めとする。［過ちが］有ればこれを改め、無ければますます勉める（原文＝知無不言、言而不尽、言者無罪、聞者足戒、有則改之、無則加勉）。まさにこの「二十四字の箴言」は、言論の自由の奥義を語っており、各時代の中国人がよく耳にして詳しく知るようになり、今日まで伝えられたのだ。私が思うに、「言う者に罪なく、聞く者は戒めとする（原文＝言者無罪、聞者足戒）」の原文八文字は、現代の中国人が批判的な意見を扱う際の座右銘とすべきであり、権力の座にある者が異なる政見をもつ者を扱う際の警告とすべきである。

五、私が無罪だと主張するのは、私に対する告発が国際社会の公認する人権準則に違反しているからだ。早くも一九四八年に、中国は国連常任理事国の一員として「世界人権宣言」の起草に参画した。五〇年後の一九九八年に、中国政府は国際社会に向かって、国連の制定した二大国際人権公約を厳粛に受け入れる調印を行った。うち「公民の権利と政治的権利についての国際公約」は、言論の自由を最も基本的な普遍的人権として、各国政府が尊重し保障するよう求めている。中国は国連常任理事国の一員として、国連人権理事会のメンバーであり、国連の制定した人権公約を遵守する義務があり、自ら承諾したことを履行する責任がある。自ら承諾したことを履行する責任とは、国連の発布した人権保障の条項を模範的に執行することである。そうしてこそ、中国政府は自国国民の人権を確実に保障し、国際人権の事業を推進するため、自らの貢献をなしとげ、それによって大国の文明の風格を示すのだ。遺憾ながら、中国政府は自らの義務と自らの承諾を実行していない。調印という紙上の保障が現実の行動に移されていない。憲法あれども憲政はなく、承諾あれども実行のないことが、依然として中国政府の常態であり、国際社会の批判を受けている。いま私を告発している事実こそが、最新の例証にほかならないのだ。明らかに、この「発言のゆえに処罰する（因言治罪）」ことは、中国が国連常任理事国と人権理事会メンバーである身分と相容れないものであり、中国の政治イメージと国家利益を傷つけ、政治上で文明世界から信頼されることはできない。

六、中国であれ世界であれ、古代であれ現代であれ、「発言のゆえに処罰する」文字獄は、すべて反人道的・反人権的行為であり、大勢の赴くところ、人心の向かう時代潮流に悖《もと》るものだ。中国史を回顧すると、家天下の帝制時代に、秦から清まで文字獄が盛んに行なわれたことは、歴代政権の執政の汚点であり、中華民族の恥辱でもあった。秦始皇には中国統一の功績があるが、その「焚書坑儒」[20]は暴政であり、悪名を末代まで残した。漢武帝[21]は傑出した才能と戦略の持ち主であったが、太史公司馬遷[22]を宮刑に処したことは、これに倍する非難を受けている。清朝には「康熙乾隆[23]の盛世」があったが、頻繁な文字獄のために悪名を残した。対照的に、漢文帝[24]は二〇〇〇余年前に、「発言のゆえに処罰する」という「誣謗罪」を止めたために、開朝明君の美名とともに歴代推崇される「文景の治」をもたらした。現代中国に至り、中国共産党が弱から強へ進み、最終的に国民党に戦勝したがその根本は「独裁反対、自由を競う」道義力だった。一九四九年以前、中国共産党の『新華日報』と『解放日報』はしばしば蔣家政権の言論自由を抑圧するやり方を非難し、発言で罪を得た有識の士を大声で支持した。毛沢東等の中国共産党領袖はいくども言論自由と基本的人権を論じた。しかしながら一九四九年以後、反右派闘争から文革へ、林昭[25]は銃殺され、張志新[26]は喉を断られ、言論自由は毛時代に消失し、国家は「万馬斉喑[27]」の死寂に陥った。

改革以来、執政党による「混乱を収拾し、秩序を回復する[28]」政策が行われ、異なる政見をもつ者に対する寛容度は大幅に向上し、社会の言論空間は不断に拡大し、文字獄は大幅に減少した。しかしながら「発言を処罰する」伝統は完全に途絶してはいない。四・五から六・四まで[29]、民主の壁[30]から「08憲章」まで「発言を処罰する」事件は時折発生している。私が今回罪を得たのは、最近の文字獄であるにすぎない。二一世紀の今日、言論の自由はすでに多くの国の人々にとって共通認識になっており、文字獄は「千夫の指さすところ[31]」となっている。客観的効果から見れば、民の口をふさぐことの害毒は、川の洪水よりも甚しいのだ。監獄の高い壁によって、自由な言論を妨げることはできない。一つの政権と異なる政見をもつ者への抑圧を合法化することはできないし、文字獄に依拠して長期的安定を保つこともできない。というのは、筆杆子[32]の問題は、筆杆子に訴えて解決するほかないからである。ひとたび槍杆子[33]を用いて筆杆子の問題を解決しようとすると、人権の災難がもたらされるのみである。制度上から文字獄を根絶するには、憲法の規定した言論自由の権利を国民一人一人に実現するほかない。国民の言論自由という権利を制度化することが現実的保障であり、文字獄はこうしてこそ中国の大地から根絶できる。発言のゆえに処罰する「因言治罪」は、中国憲法の確立した人権原則に符合しないし、国連の発布した国際人権公約に悖り、普遍的道義と歴史の潮流に悖るものだ。私が自分の無罪のために行う弁護が、法廷の採択するところとなり、この裁判が中国法治史上で道を切り開く意義をもち、中国憲法の人権条項と国際人権公約の審査に堪え、道義の追求に堪えて、歴史の検証に堪えるものとなることを期待する。皆さん、ありがとう！（二〇〇九年一二月二三日）

（1）原文は「我的自弁」、原載は『観察 http://www.observechina.net/info/index.asp』、二〇一〇年一月一一日。
（2）北京第一検察分院刑事訴訟案件二〇〇九年二四七号の意。
（3）本書二六五ページ以下を参照。

（4）「世界人権宣言」および「市民的及び政治的権利に関する国際規約」（B規約）を指す。

（5）第三五条には「中華人民共和国公民は、言論、出版、集会、結社、行進及び示威の自由を有する」と書かれている。

（6）これは劉暁波裁判のキーワードの一つ。

（7）筆禍事件のこと。

（8）第一〇五条二項の規定は次の通り。「謡言、誹謗あるいはその他の方式で国家政権の転覆を煽動し、社会主義制度を覆す者は、五年以下の懲役、勾留、管制とし、政治的権利を剥奪する。主な分子あるいは罪の重大な者は、五年以上の懲役に処す」。

（9）欲加之罪、何患無辞。人に罪を着せようとすれば、何でも罪名になる。

（10）文章の全体の内容を無視して、一部を取り出して歪曲すること。

（11）毛沢東は一九五七年二月、「人民内部の矛盾を正しく処理する問題について」と題する演説を行い、「団結―批判―団結」の方法で問題を解決すべきことを説いた。さらに、翌月、「百花斉放・百家争鳴」は長期的方針であるから、大いに意見を出すよう呼びかけた。これに対して、知識人らは積極的に反応、党の独裁体質を「党天下」と厳しく批判する意見まで飛び出した。思わぬ展開に驚いた党は六月、批判者への反撃に転じ、多数の学者、教員、作家、官僚らを「右派」と決めつけ、降格、労働改造などの処分をした。「右派」のレッテルをはられた者は最終的には五五万人。反右派闘争後、党内民主は有名無実化していったが、こうした風潮は文革発動への政治環境を準備することになり、「右派」は文革中も徹底的に迫害された。党は反右派闘争について「必要な措置だったが、拡大化したのは誤りだった」と認め、一九七八年以降、大半の「右派」の名誉回復を行った。

(12)　大躍進政策 Great Leap Forward は、毛沢東が一九五八年から一九六〇年まで施行した農工業の大増産政策。農村の現状を無視した人民公社化が失敗し、三年の自然災害も重なった結果、およそ二〇〇〇万人前後の餓死者を出す大失敗に終わった。のち毛沢東は自己批判を行って国家主席を辞任したが、数年後に文化大革命を発動し、権力を奪還した。最近の「党史」は、死者を一〇〇〇万と書いている。
(13)　人為的と呼ばず、このような言い方を用いて、責任を糊塗している。
(14)　原文は、「浩劫」。
(15)　一九八九年六月四日の天安門事件。
(16)　「民有、民治、民享」とは、所有制では国有を民有に変え、統治においては民間による自治を重んじ、人民が自由を享受する政治システムを作ること。
(17)　本書二八二ページ参照。
(18)　「民間」は劉暁波のキーワードの一つ。
(19)　これはフランスの啓蒙思想家ボルテールの言といわれる。
(20)　儒学の書を焼き、儒者を穴埋めにしたこと。
(21)　紀元前一五六年生まれ、紀元前八七年死去、在位は紀元前一四一年~紀元前八七年。
(22)　前漢の歴史家、『史記』の著者。
(23)　康熙は一六五四年~一七二二年、在位は一六六一~一七二二年。乾隆は一七一一年~一七九九年。在位は一七三五年~一七九五年。
(24)　前二〇二年~前一五七年、在位は前一八〇年~前一五七年。
(25)　一九三二年~一九六八年四月二九日、蘇州人、クリスチャン。一九五七年の反右派闘争期に大字報を書いて右派とされ、その後「反革命罪」とされ、一九六〇年以後、上海提籃橋監獄に投獄された。獄中で二〇万字の血書と日記を書いた。一九六八年四月二九日に銃殺されたが、その罪名は明らかにされていない。

(26) 一九三〇年一二月五日～一九七五年四月四日。彼女は中国共産党員で遼寧省党委宣伝部幹事を務めた中級幹部。文化大革命期の一九六九年、毛沢東を批判したため六年間にわたって監禁され、その後処刑された。最後まで抗議をやめなかったために、まず喉を斬られたことで著明。

(27) 多くの馬がみな声をたてない、誰もが黙り込んで意見を述べない状況を表現する成語。

(28) 原文は「撥乱反正」。脱文化大革命のキーワード。

(29) 前者は一九七六年四月五日の第一次天安門事件、後者は第二次天安門事件。

(30) 一九七八年暮れから七九年初夏にかけて、北京市西単付近に様々な壁新聞が貼られ、「すべて派」を批判し、「第一次天安門事件」の名誉回復を求めた。事件の再評価を求める人々の声は日増しに高まり、一九七八年一一月一六日付『人民日報』と『光明日報』は、北京市党委員会が「第一次天安門事件」について、周恩来総理を追悼し「四人組」打倒を叫んだ人々の行動は「革命的行動」であり、そのために迫害された人々の名誉を回復すると報じた。

(31) 原文は「千夫所指」。非難の的となること。

(32) 筆やペンの軸だが、転じて文章に優れたイデオローグを意味することば。

(33) 銃身から転じて、軍人部隊を指す。

2　劉暁波事件一審判決全文

（二〇〇九年一二月二五日）

矢吹晋　訳

北京市第一中級人民法院刑事判決文(1)

起訴機関は北京市人民検察院第一分院である。被告人は劉暁波、男性、五三歳（一九五五年一二月二八日生まれ）、漢族、出生地は吉林省長春市、博士課程卒の学力をもつ。職業は無職、戸籍の所在地は、遼寧省大連市西崗区青春街五号2―1―2号であり、現住所は北京市海淀区七賢村中国銀行宿舎一〇号楼一単元五〇二号である。一九九一年一月、反革命宣伝煽動罪を犯したが刑事処分を免れた。一九九六年九月、社会秩序を乱したことにより、労動教養(2)三年に処せられる。国家政権転覆を煽動した罪で、二〇〇八年一二月八日拘引され、一二月九日居住監視を受け、二〇〇九年六月二三日逮捕された。現在北京市第一看守所(3)に勾留中である。

弁護人丁錫奎は、北京莫少平律師事務所の弁護士である。

弁護人尚宝軍は、北京莫少平律師事務所の弁護士である。

北京市人民検察院第一分院は、起訴状「京一分検刑訴（二〇〇九）二四七号」をもって、被告人劉暁波が国家政権転覆を煽動する罪を犯したために、二〇〇九年一二月一〇日、当裁判所に対して提訴した。当裁判所は法にしたがい、合議制法廷を組織し、公開法廷で審理を行った。北京市人民検察院第一分院は、検察官・張栄革、代理検察官・潘雪楮に告訴を担当させ、被告人劉暁波とその弁護人丁錫奎、尚宝軍は出廷して訴訟に参加した。すでに審理は終結した。

告発

北京市人民検察院第一分院の起訴状の告発によれば、被告人劉暁波は、わが国人民民主独裁の国家政権と社会主義制度への不満から、二〇〇五年以来、インターネットを通じて相次いで「観察」(4)、「ＢＢＣ中文網」(5)等の国外ウェブサイトにおいて「中国共産党の独裁的愛国主義」、「中国人は『党主導の民主』だけを受け入れるしかないというのか」、「社会を変えて、政権を変える」、「多面的な中国共産党の独裁」、「独裁の勃興が世界の民主化に及ぼすマイナス効果」、「ヤミ煉瓦工場の児童奴隷事件の追及を継続せよ」等の煽動的な文章を発表した。

文章の中で「中国共産党が権力を掌握して以来、中国共産党の歴代独裁者が最も気にかけてきたのは手中の権力の維持であり、最も意に介さなかったのが人々の生命であった」。「中国共産党の独裁政権が提唱する当局流の愛国主義とは、『党を以って国に代える』(6)謬論であり、愛国の本質とは人民に独裁政権を愛し、独裁党を愛し、独裁者を愛するよう求め、愛国主義の名を盗用して、国家に害を与え、人々に災難をもたらす(7)という実を行うものであった」。「中国共産党のもちいる一切の手段は、独裁者が最後の統治を維持するための便宜の計(8)であり、すでに無数の亀裂が露呈された独裁という大ビルディングを長期に支えることはできなくなっている」と謡言し、誹謗した。さらに「社会を変えて、政権を変えよ」。「自由中国の出現のためには、統治者の『新政治』に希望を寄せるよりは、民間の『新勢力』の不断の拡張に寄せるのがはるかによい」と煽動した。

二〇〇八年九月から一二月にかけて、被告人劉暁波は、仲間とともに、「08憲章」を起草し、デッチあげて、「一党が壟断する執政特権を廃止せよ」、「民主憲政の枠組みのもとで中華連邦共和国を樹立せよ」等の主張を行い、現政権の転覆煽動を企図した。劉暁波は三〇〇余人の署名を集めた後、「08憲章」と署名用の電子メールを国外の、「民主中国[9]」、「独立中文筆会[10]」等のウェブサイトで公表した。

被告人劉暁波の立件後の証拠押収と裁判

北京市人民検察院第一分院は、当裁判所に対して、被告人・劉暁波の犯罪を告発するとともに、犯罪についての証人の証言、現場検証、検査記録、電子データについての司法鑑定意見書等の証拠を移送した。被告人・劉暁波の行為は「中華人民共和国刑法」第一〇五条第二項の規定[11]に抵触し、国家政権転覆煽動罪を構成し、犯行は重大であるとして、当裁判所に対して法による処罰を申請した。

答弁

被告人・劉暁波は法廷審理で、「自分は無罪である。自分は単に憲法の賦与した公民の言論の自由の権利を行使したものにすぎない。自分の発表した批判的言論は、他人に実質的損害をもたらすものではなく、国家政権の転覆を煽動したものでもない」と弁明した。被告人・劉暁波の弁護人は法廷審理の中で、弁護意見を次のように提起した。「告訴機関が告発した劉暁波の執筆した六編の文章および『08憲章』は謡言、誹謗、侮辱する内容ではない。劉暁波の発表した文章は公民の言論自由に基づき表明した個人的観点の範疇に属するもので、国家政権転覆煽動罪には当たらない」。

審理を経て明らかになったように、被告人・劉暁波はわが国の人民民主専政の国家政権と社会主義制度に対する不満から、二〇〇五年一〇月から二〇〇七年八月までに、その現住所である北京市海淀区七賢村中国銀行宿舎一〇号楼一単元五〇二号において、インターネットの「観察」、「BBC中文網」等のウェブサイトに文章を発表する方式で、わが国の国家政権と社会主義制度を転覆させる煽動をいくども行った。劉暁波は発表した「中国共産党の独裁的愛国主義」、「中国人は『党主導の民主』だけを受け入れるしかないというのか」、「社会を変えて、政権を変える」、「多面的な中国共産党の独裁」、「独裁の勃興が世界の民主化に及ぼすマイナス効果」、「ヤミ煉瓦工場の児童奴隷事件の追及を継続せよ」等の煽動的な文章でこう誹謗した。「中国共産党が権力を掌握して以来、中国共産党の歴代独裁者が最も気にかけてきたのは手中の権力の維持であり、最も意に介さなかったのは人々の生命であった」。「中国共産党の独裁政権が提唱する当局流の愛国主義とは、『党を以って国に代える』謬論であり、愛国の実質とは人民に独裁政権を愛し、独裁党を愛し、独裁者を愛するよう要求し、愛国主義の名を盗用して、国家に災難をもたらすという実を行うものであった」。「中国共産党のもちいる一切の手段は、独裁者が最後の統治を維持するための便宜の計であり、すでに無数の亀裂が露呈された独裁という大ビルディングを長期に支えることはできなくなっている」とデマを飛ばして、誹謗した。さらに「社会を変えて、政権を変えよ」。「自由中国の出現のためには、統治者の『新政治』に希望を寄せるよりは、民間の『新勢力』の不断の拡張に寄せるのがはるかによい」と煽動した。

二〇〇八年九月から一二月にかけて、被告人劉暁波は、仲間とともに、「08憲章」を起草し、「一党が壟断する執政特権を廃止せよ」、「民主憲政の枠組みのもとで中華連邦共和国を樹立せよ」等の煽動的な主張をした。劉暁波と仲間は三〇〇余人の署名を集めた後、「08憲章」と署名用の電子メールを国外の「民主中国」、「独立中文筆会」等のウェブサイトで公表した。劉がウェブサイトで公表した上述の文章は、多くのウェブサイトにリンク、転載され、多くの人々に閲覧された。

被告人・劉暁波が立件された後、証拠は押収され裁判に付された。

証言

上述の事実は、以下に列挙する法廷の挙証、証拠調べによって真実であることを当裁判所が確認した。

1、証人劉霞の証言は以下の事柄を証明した。彼女は劉暁波の妻であり、劉暁波と共に北京市海淀区七賢村中国銀行宿舎一〇号楼一単元五〇二号に居住している。家には都合三台のパソコンがあり、うち一台はデスクトップ型、二台はノートパソコンである。彼女はパソコンができない。劉暁波のパソコン使用は、主として文章を書いてアップロードするものだ。家には彼女と劉暁波がそれぞれ単独に住むだけで、他の者はいない。ふだん家にはあまり来客はなく、劉暁波が人と会うのは、基本的には外出先である。家のパソコンでどのようにアップロードするかを彼女はよく知らない。これは二〇〇一年末に劉暁波が設置したものである。彼女と劉暁波の日常生活の資金は、劉暁波の書いた原稿料であり、劉暁波は銀行に彼女の名義で口座を開き、原稿料は不定期に口座に振り込まれ、彼女は毎月不定期に銀行へ行き預金を引き出していた。

2、中国銀行北京市支店と木樨地支店の発行した「口座開設証明」と「銀行送金伝票」が証明するように、劉暁波の妻・劉霞の銀行口座の預け入れと支払いには外貨預金が含まれる。

3、中国連合ネットワーク通信有限公司[12]北京市分公司の提出した「関連データに対する調査協力についての返信」が証明するように、劉暁波の使用したＡＤＳＬ[13]アカウントには、インターネットにアクセスした記録が見られる。

4、証人・張祖樺[14]の証言が証明するように、彼と劉暁波は二〇〇八年年末に共同で「08憲章」を製作し、彼も署名を集めた。その後、劉暁波が「08憲章」を国外のウェブサイトに発表した。

5、証人・何永勤[15]の証言が証明するように、二〇〇八年一二月初め、彼は劉暁波の発信した「08憲章」の電子メールを受信した。劉暁波は彼に署名を求め、彼は電子メールで返信し、署名に同意した。

6、証人・趙世英の証言が証明するように、二〇〇八年一〇月に、劉暁波はインターネットを通じて彼に憲章を送信し、修正意見を求めた。彼は署名集めを求められたので、ある集会に憲章を持って行き、集まった十数人に見せたところ、うち四人が署名した。劉暁波はさらに、インターネットで彼に広州での署名を求めたので、彼は広州に行き、五人の署名を集めた。

7、証人・姚博の証言が証明するように、二〇〇八年一〇月に、劉暁波と彼が会った時に、憲章の話をしたところ、憲章を読んだ後で署名することに同意した。

8、証人・周舵[16]の証言が証明するように、二〇〇八年一一月のある日、劉暁波が彼の家にやってきて「08憲章」を見せて、修正を手伝ってくれるよう頼んだ。劉暁波が立ち去った後、彼は原稿を読んだが、修正はしなかった。当時は署名の話はなかったが、その後インターネットで憲章を読んだ時に自分の署名に気づいた。

9、証人・範春三の証言が証明するように、二〇〇八年一一月末、彼と劉暁波たちが食事をした時、劉暁波が「08憲章」を見せた。劉暁波が署名を求めたので、彼は同意した。彼は劉暁波が国外の「博訊」、「独立中文筆会」等のウェブサイトに文章を発表しており、ネットで読んだことがあるが、劉暁波の書いた文章はいずれも時評の類であった。

10、証人・徐君亮、智效民、滕彪の証言が証明するように、二〇〇八年一一月から一二月にかけて、彼らのメールボックスに相次いで「08憲章」のメールが届いたが、誰が発信したものかは分からない。彼らはそれぞれ署名した「08憲章」を発信元へ返信した。

11、証人・王仲夏の証言が証明するように、二〇〇八年一二月に、彼はインターネットで「08

憲章」を読み、文章に同意して署名した。その後彼は「08憲章」のロゴをTシャツに印刷し、自分で着たり、友人に送り、「08憲章」を宣伝しようと考えた。

12、公安機関の提出した「捜査記録」と物証の写真が証明するように、二〇〇八年一二月八日、公安機関は証人の立ち会いのもと、劉暁波の居住地・北京市海淀区七賢村中国銀行宿舎一〇号楼一単元五〇二号で家宅捜査を行い、劉暁波が執筆し発信した文章やインターネットに接続する工具と二台のノートパソコン、一台のデスクトップ型パソコン、プリントアウトした「08憲章」（意見募集用）を発見し、押収した。

13、北京市ネットワーク業務協会電子データ司法鑑定センター[17]の提出した「司法鑑定意見書」が証明するように、二〇〇八年一二月一三日、捜査押収した劉暁波の三台のパソコンに残っていたデータに対して、デジタル司法鑑定を行った。鑑定で発見し、引き出したデジタルテキストは「中国共産党の独裁的愛国主義」、「中国人は『党主導の民主』だけを受け入れるしかないというのか」、「社会を変えて、政権を変える」、「多面的な中国共産党の独裁」、「独裁の勃興が世界の民主化に及ぼすマイナス効果」、「ヤミ煉瓦工場の児童奴隷事件の追及を継続せよ」と「08憲章」である。パソコンのスカイプ[18]でおしゃべりした記録の中に、二〇〇八年一一月から一二月八日までにいくども「08憲章」とその「意見募集稿テキスト」を発信した記録が残されていた。

14、公安機関の提出した現場検証、検査記録と工作説明が証明するのは、次の諸点である。

(1)　二〇〇八年一二月一九日から二〇〇八年一二月二三日に、北京市公安局公共情報ネットワーク安全監察処一大隊は、インターネット上に「劉暁波」の署名文章「劉暁波：中国共産党の独裁的愛国主義」を確認し、ダウンロードした。この文章は大紀元（epochtimes.com）というドメインにあり、そのサーバーは国外にある。文章をアップロードした日付は二〇〇五年一〇月四日である。この文章は二〇〇八年一二月二三日現在、インターネット上に五箇所の掲載・転載リンクページがある。

(2)　二〇〇八年一二月一九日から二〇〇九年八月三日までに、北京市公安局公共情報ネットワーク安全監察処一大隊は、インターネット上に「劉暁波」の署名文章「劉暁波：中国人は『党主導の民主』だけを受け入れるしかないというのか」を確認した。この文章はドメイン名大紀元（epochtimes.com）とドメイン名観察（www.observechina.net）のウェブサイトにあり、このサーバーはともに国外にある。文章をアップロードした日付は二〇〇六年一月五日と二〇〇六年一月六日である。この文章は二〇〇八年一二月二三日現在、インターネットに掲載、転載したリンクページが五箇所あり、総クリック数は四〇二回であった。

(3)　二〇〇八年一二月二〇日から二〇〇九年八月三日までに、北京市公安局公共情報ネットワーク安全監察処一大隊は、インターネット上に「劉暁波」の署名文章「劉暁波：社会を変えて、政権を変える」を確認した。この文章はドメイン名大紀元（epochtimes.com）とドメイン名観察（www.observechina.net）のウェブサイトにあり、このサーバーはともに国外にある。文章をアップロードした日付は二〇〇六年二月二六日と二〇〇六年二月二七日であった。この文章は二〇〇八年一二月二三日現在、リンクページは五箇所あり、総クリック数は七四八回であった。

(4)　二〇〇八年一二月二〇日から二〇〇九年八月三日にかけて、北京市公安局公共情報ネットワーク安全監察処一大隊は、インターネット上に「劉暁波」の署名文章「劉暁波：多面的な中国共産党の独裁」を確認した。この文章はドメイン名看中国（www.secretchina.com）とドメイン名観察（www.observechina.net）のウェブサイトにあり、このサーバーはともに国外にある。文章をアップロードした日付は二〇〇六年三月一三日であった。この文章二〇〇八年一二月二三日現在、インターネットで掲載、転載されたリンクページが六個あり、総クリック数は五一二回である。

(5)　二〇〇八年一二月二〇日から二〇〇九年八月三日にかけて、北京市公安局公共情報ネットワーク安全監察処一大隊は、インターネット上に「劉暁波」の署名文章「劉暁波：独裁の勃興が世界の民主化に及ぼすマイナス効果」を確認した。この文章はドメイン名看中国（www.secretchina.com）のウェブサイトにあり、このサーバーは国外にある。文章をアップロードした日付は二〇〇六年五月七日であった。この文章は二〇〇八年一二月二三日現在、インターネットで掲載、転載したリンクページが七個あり、総クリック数は五七回である。

(6)　二〇〇八年一二月二〇日から二〇〇九年八月三日にかけて、北京市公安局公共情報ネットワーク安全監察処一大隊は、インターネット上に「劉暁波」の署名文章「劉暁波：ヤミ煉瓦工場の児童奴隷事件への追及を継続せよ」を確認した。この文章はドメイン名民主中国（www.minzhuzhongguo.org）とドメイン名人と人権（www.renyurenquan.org）のウェブサイトにあり、このサーバーはともに国外にある。文章をアップロードした日付は二〇〇七年八月一日であった。この文章は二〇〇八年一二月二三日現在、インターネットで掲載、転載したリンクページが八個あり、総クリック数は四八八回である。

(7)　二〇〇八年一二月一一日北京市公安局公共情報ネットワーク安全監察処一大隊は、インターネット上に「08憲章」を発見し、ダウンロードした。この文章はドメイン名独立中文筆会(www.chinesepen.org)のウェブサイトにあり、アップロードした時間は二〇〇八年一二月九日であった。作者の署名は「公民グループ」であった。同日ドメイン名博訊(boxun.com)とドメイン名民主中国(www.minzhuzhongguo.org)のウェブサイトに「中国各界人士が連合して『08憲章』を発表した」と題した文章を発見し、ダウンロードした。サーバーはいずれも国外にある。文章をアップロードした日付は二〇〇八年一二月八日と二〇〇八年一二月九日であった。上述の文章は二〇〇八年一二月一二日現在、インターネットで掲載、転載リンクページが三三個あり、うち国外ウェブサイトが一九編、総クリック数は五一五四回、返信は一五八編であった。二〇〇九年一二月九日現在、ドメイン名08憲章(www.2008xianzhang.info)のウェブサイトのフロントページによると、二〇〇九年一二月九日現在、『08憲章』への署名者は計一万〇三九〇人に達した。

(8)　二〇〇九年八月一四日北京市公安局公共情報ネットワーク安全監察処は、劉暁波の使用したe-mailを調査した。そこで明らかになったのは、劉暁波の使用するメールボックスは国外にあり、パスワードを通じて確認できたのは、メールボックスの中で最も早い発信時間は二〇〇八年一一月二五日、発信メールの中で三〇通は「08憲章」の発送に関わるものであった。

15、劉暁波が署名したことを確認した文章が証明するように、公安機関ネットワーク監管部門でダウンロードし、保存した劉暁波の文章「中国共産党の独裁的愛国主義」、「中国人は『党主導の民主』だけを受け入れるしかないというのか」、「社会を変えて、政権を変える」、「多面的な中国共産党の独裁」、「独裁の勃興が世界の民主化に及ぼすマイナス効果」、「ヤミ煉瓦工場の児童奴隷事件の追及を継続せよ」を確認したところ、劉暁波の文章であることが確かめられた。これらの執筆と発表はインターネットで行なわれたものである。劉暁波が署名し、本人のものと確認された文章には、上述の事実からして、煽動的な言論が含まれる。

16、被告人・劉暁波の自供が証明するように、劉暁波はパソコンを用いて上述の文章を執筆し、インターネットで発表したものであり、劉暁波の供述と上述の証拠は互いに裏付けとなる。

17、公安機関の提出した事件経過が証明するように、北京市公安局は二〇〇八年一二月八日夜、劉暁波の住居北京市海淀区七賢村中国銀行宿舎一〇号楼一単元五〇二号において劉暁波を逮捕した。

18、原北京市中級人民法院（一九九〇）中刑字第二三七三号「刑事判決文」、北京市人民政府労動教養管理委員会（九六）京労省字第三四〇〇号「労動教養決定書」が証明するように、劉暁波は一九九一年一月二六日、反革命宣伝煽動罪を犯したが、刑事処分を免れた。一九九六年九月二六日には社会秩序を乱し、労動教養三年の処罰を受けた。

19、公安機関の提出した身分証明の資料は、被告人・劉暁波の姓名、住所等身分情況を証明している。

判決

当裁判所は、被告人・劉暁波が、わが国人民民主独裁の国家政権と社会主義制度を覆すことを目的として、インターネットという情報伝達が速く、伝播の範囲が広く、社会的影響の大きく、公衆の注目度の高い特徴を利用して、インターネットで文章を発表する方式で、わが国の国家政権と社会主義制度を覆すよう誹謗し煽動したものであり、その行為は国家政権転覆煽動罪に該当する。しかも犯罪時間が長く、思想的害毒は大きい。発表した文章は広くリンク・転載・閲覧され、悪影響はきわめて大きく、犯行は重大な犯罪に該当するので、法により厳罰に処すべきであると判断する。

北京市人民検察院第一分院が告発した被告人・劉暁波が国家政権転覆煽動罪を犯した事実は、はっきりしており、証拠は確実かつ充分であり、告発罪状が成立する。被告人・劉暁波が法廷審理の中で提出した弁明およびその弁護人の発表した弁護意見は、調査の結果、本裁判の審理を通じて明らかになった事実と証拠に照らして、劉暁波がインターネットというメディアの特徴を利用して、誹謗する文章を発表する方式で、わが国の国家政権と社会主義制度の転覆を煽動する行為を行ったことは、十分証明されており、劉暁波の行為はすでに言論の自由の範疇を超えて、犯罪に該当する。

劉暁波の上述の弁明およびその弁護人が発表した弁護意見はともに成立しがたいので、当裁判所は採用しない。被告人・劉暁波の犯罪の事実、性質、情状と社会に対する危害程度に鑑みて、当裁判所は「中華人民共和国刑法」第一〇五条第二項、第五五条第一項[19]、第五六条第一項[20]、第六四条[21]の規定に基づき、以下のように判決する。

一、被告人・劉暁波は国家政権の転覆を煽動する罪を犯したので、懲役一一年、政治的権利の剥奪二年の刑に処する（刑期は判決執行の日から計算し、判決執行以前に勾留した日数は刑期一日として数え、二〇〇九年六月二三日から二〇二〇年六月二一日までを懲役期間とする）。

二、劉暁波が犯罪に利用し、起訴の際に移送された物品は没収する。

もし本判決が不服ならば、本判決文を受け取った翌日から一〇日以内に、当裁判所を通じて、あるいは直接に北京市高級人民法院に控訴できる。書面による控訴は正本一部、副本二部を提出する。

裁判長・賈連春、代理裁判官・鄭文偉、翟長玺

二〇〇九年一二月二五日　書記員・顧昕

押収物品の処理リストは以下の通り。

先ず没収に処す物品を挙げる。一、ノートパソコン（ＩＢＭ牌Ｔ４３型）一台。二、ノートパソコン（聯想牌朝陽700Cfe）一台。三、デスクトップ型パソコン（聯想牌家悦型）一台。『08憲章』意見募集稿（事件ファイルの中に保存）七頁

（1）「二〇〇九年、一中刑初字第三九〇一号」の文書番号が付されている。
（2）労働教養とは、中国各地方政府の労働教養管理委員会が、『社会秩序を乱した』といったあいまいな理由をもって裁判抜きで人民を拘留（強制労働）できる制度である。拘留期間は三年以下と決められているが、更に一年間の延長が認められるために実際は四年間まで可能である。また、釈放後に再度収容が繰り返されることもある。労働教養管理委員会は事実上は国務院公安部が運営をしている。弁護士との面会が認められなかったり、また国務院公安部と裁判所を管轄する共産党の担当部門（政法委員会）は同じ部署である。全国に約三五〇ヶ所あり、収容者は約一六万人と伝えられる。
（3）北京市看守所（北京市第一看守所）は、電話：62902266、住所：北京市朝陽区豆各荘五〇一号 郵便番号：100023 バス路線：四一一路、四五七路に乗り、富力（または一城）で下車し、北行路口を左に曲がる。地下鉄八通線の双橋站で下車し、四一一路に乗り終点下車。
（4）アメリカに本部をおく人権擁護組織のウェブサイト、www.observechina.net（観察）
（5）英国 British Broadcasting Corporation のウェブサイト。
（6）「以党代国」は、党天下を批判することば。
（7）原文は「禍国殃民」国家に害を与え、人々を災難に遭わせるという成語。
（8）一時的な便法を意味する成語。
（9）民主中国のアドレスは、www.minzhuzhongguo.org
（10）独立中文筆会のアドレスは、www.chinesepen.org

(11)　第一〇五条二項の規定は次の通り。謡言、誹謗あるいはその他の方式で国家政権の転覆を煽動し、社会主義制度を覆す者は、五年以下の懲役、勾留、管制とし、政治的権利を剥奪する。主な分子あるいは罪の重大な者は、五年以上の懲役に処す。

(12)　サーバー。

(13)　ＡＤＳＬ＝Asymmetrical Digital Subscriber Line、電話回線を用いたインターネット接続方式。

(14)　張祖樺、一九五五年生まれ、一九八二年南充師範學院政治系卒業。著書に『轉型期的中國：社會變遷』(主編)『政治改革與制度創新――中國大陸的憲政民主道路』『中國政治改革的總體目標是建立憲政民主體制』『怎樣在中國建立憲政民主體制』『論〝民主興國〟』『中國國家結構改革：從單一制到聯邦制』『中國公民社會的興起』など。

(15)　何永勤は、自分のブログで次のように主張している。「私は二〇〇八年一二月に、いくども地元の警察から『08憲章』について訊問され、数回にわたって記録をとられた。しかし私はこれらの記録が劉暁波の「判決書」で述べられているような犯罪を犯した証明になるとは、まったく考えていない。刑事訴訟法第四七条には「証人の証言は法廷において、告訴人、被害者、被告人、弁護人それぞれの訊問、証人質問を聴取し、調査した後初めて事件の根拠としなければならない」と定めている。一審開庭の前に、私はファックスで北京中級法院に対して、私の証人出庭を認めるよう意思表示したが、実際には地元の警察に『制限』されて、北京へ行き証言することができなかった。劉暁波の二審裁判に際して出廷して証言することを改めて要求する。二〇〇九年一二月二八日」

(16)　天安門事件当時のハンスト四人組の一人。

(17)　プロバイダー協会。

(18)　スカイプとは、ルクセンブルグにあるSkype Communications S.A.という小さな会社が開発したIP電話のソフトで世界中どこへでも無料コールができる。
(19)　第五五条一項の規定は以下の通り。「政治的権利を剥奪する期間は、本法第五七条に定める以外のものは、一年以上五年以下とする」。
(20)　第五六条一項の規定は次の通り。「国家の安全に危害を及ぼす犯罪分子は、政治権利の剥奪を付加すべきである。故意に殺人、強姦、放火、爆発行為、毒薬使用、強奪等の厳重に社会秩序を破壊した犯罪分子には、政治的権利の剥奪を付加できる」。
(21)　第六四条の規定は次の通り。「犯罪分子が違法に得た一切の財物は、追徴し、あるいは弁済すべきである。被害者の合法的財産はすみやかに返還すべきである。禁制品と犯罪に用いられた本人の財物は没収すべきである。没収された財物と罰金は、一律に国庫に上納しなければならず、勝手に流用し、処理してはならない」。

3　劉暁波事件終審判決全文

（二〇一〇年二月九日）

矢吹晋　訳

北京市高級人民法院刑事裁定書(1)

控訴人（原審被告人）・劉暁波は、男性、五四歳（一九五五年一二月二八日生まれ）、漢族、出生地は吉林省長春市、博士課程卒の学力をもつ。職業は無職、戸籍の所在地は、遼寧省大連市西崗区青春街五号2—1—2号であり、現住所は北京市海淀区七賢村中国銀行宿舎一〇号楼一単元五〇二号である。一九九一年一月、反革命宣伝煽動罪を犯したが刑事処分を免れた。一九九六年九月、社会秩序を擾乱して、労動教養三年に処せられる。国家政権転覆を煽動した罪で、二〇〇八年一二月八日勾留され、一二月九日居住監視を受け、二〇〇九年六月二三日逮捕された。現在北京市第一看守所(2)に拘禁中である。

弁護人丁錫奎は、北京莫少平律師事務所の弁護士である。

弁護人尚宝軍は、北京莫少平律師事務所の弁護士である。

北京市第一中級人民法院は、北京市人民検察院第一分院告発の原審被告人・劉暁波が国家政権

転覆を煽動する罪を犯した事案で、二〇〇九年一二月二五日、（二〇〇九）一中刑初字第３９０１号という刑事判決を下した。原審被告人・劉暁波はこれを不服として、控訴した。当裁判所は、法にしたがい合議法廷を組織し書類を調べ、控訴人劉暁波を訊問し、劉暁波の弁護人・丁錫奎、尚宝軍の意見を聴取した。事実は明白であると認定し、開廷による審理を行わないことを決定し、すでに審理を終結した。

北京市第一中級人民法院の刑事判決は、次のように認定した。

被告人・劉暁波は二〇〇五年一〇月から二〇〇八年一二月の間、文章を執筆し、国外のウェブサイトに発表し、広く署名を集めるなどの方式で、わが国の国家政権と社会主義制度を転覆するよう幾度も人々を煽動した。劉暁波がウェブサイトに発表した煽動的文章は、多くのウェブサイトにリンクされ、転載されて多くの者が閲覧した。

原審の人民法院は、以上の事実には証拠があると認定した。すなわち証人の証言、現場検証、検査筆録、鑑定の結論、物証、書証および劉暁波の供述等である。

原審の人民法院は、劉暁波がわが国の人民民主独裁の国家政権と社会主義制度を転覆する目的をもって、インターネットの情報伝達が速く、伝播の範囲が広く、社会的影響が大きく、公衆の注目度が高い特徴を利用し、文章を執筆し、インターネットに発表する方式で、わが国の国家政権と社会主義制度を誹謗し転覆することを煽動したものであり、その行為は国家政権転覆煽動罪を構成する。かつ犯罪の事件は長く、主観の害悪は大きく、発表した文章は広くリンク、転載され、閲覧され、その影響はきわめて大きい。犯行は重大な犯罪に該当するので、法にしたがって厳罰に処するべきである。北京市人民検察院第一分院が告発した劉暁波の国家政権転覆を煽動した罪は、事実がはっきりしており、証拠は確実かつ充分であり、告発罪名が成立する。ゆえに劉暁波を国家政権転覆を煽動した罪で、懲役一一年、政治権利の剥奪二年の刑に処した。起訴状とともに移送された劉暁波の犯罪に用いられた物品は没収された。

劉暁波の控訴理由および弁護人・丁錫奎、尚宝軍の弁護意見は、劉暁波がインターネットに文章を発表した行為が言論の自由という公民権の正常な行使であり、犯罪を構成しないと主張し、原審判決で劉暁波に対する監視居住の時間を刑期と相殺しないのは不当だと主張した。

審理を経て明らかになったのは、以下の事実である。控訴人・劉暁波はわが国人民民主独裁の国家政権と社会主義制度への不満から、二〇〇五年以来、インターネットを通じて相次いで『観察』[3]、「BBC中文網」[4]等の国外ウェブサイトに「中国共産党の独裁的愛国主義」、「中国人は「党主導の民主」だけを受け入れるしかないというのか」、「社会を変えて、政権を変える」、「多面的な中国共産党の独裁」、「独裁の勃興が世界の民主化に及ぼすマイナス効果」、「ヤミ煉瓦工場の児童奴隷事件の追及を継続せよ」等の煽動的な文章を発表した。

文章の中で「中国共産党が権力を掌握して以来、中国共産党歴代の独裁者が最も気にかけてきたのは手中の権力の維持であり、最も意に介さなかったのは人々の生命であった」。「中国共産党の独裁政権が提唱する当局流の愛国主義とは、「党を以って国に代える」謬論であり、愛国の実質とは人民に独裁政権を愛し、独裁党を愛し、独裁者を愛するよう求め、愛国主義の名を盗用して、国に禍を与え、民を傷つけるものであった」。「中国共産党のもちいる一切の手段は、独裁者が最後の統治を維持するための便宜の計であり、すでに無数の亀裂が露呈された独裁という大ビルディングを長期に支えることはできなくなっている」とデマを飛ばして誹謗した。さらに「社会の変革を通じて政権を変革せよ」。「自由中国の出現のためには、希望を統治者の『新政治』に寄せるよりは、民間の「新勢力」の不断の拡張に寄せるのがよい」と煽動した。[5]

二〇〇八年九月から一二月にかけて、劉暁波は、仲間とともに、「08憲章」を起草し、「一党が壟断する執政特権を廃止せよ」、「民主憲政の枠組みのもとで中華連邦共和国を樹立せよ」等の主張を行い、現政権の転覆・煽動を企図した。劉暁波は三〇〇余人の署名を集めた後、「08憲章」と署名用の電子メールを国外の、「民主中国」、「独立中文筆会」等のウェブサイトで公表した。劉暁波がインターネットのウェブサイトで公表した上述の文章は、多くのウェブサイトにリンクされ、転載され、多くの人々が閲覧した。劉暁波は起訴された後、逮捕され判決を受けた。

上述の事実は、以下に列挙する法廷の挙証、証拠調べによって真実であることを当裁判所が確認した。（以下、本書二一二〜二一九ページの一審判決と同文のため「証言」部分を省略）

以上の証拠は、北京市第一中級人民法院法廷で審理したところ事実であることを、当裁判所は審理を経て確認した。

劉暁波の控訴理由および弁護人の弁護意見は、調査を経て、事案の証拠は充分に証明され、劉暁波がインターネットの伝播の特徴を利用して、インターネットに誹謗性の文章を発表し、広汎に署名等を集める方式で、わが国の国家政権と社会主義制度の転覆を煽動したが、劉暁波の行為は明らかに言論の自由の範疇を超えて、犯罪を構成している。公安機関が劉暁波に対して用いた居住監視の強制的措置は、法律の規定に符合しており、原判決は適当である。

当裁判所は、控訴人・劉暁波がわが国人民民主独裁の国家政権と社会主義制度を覆すことを目的として、インターネットという情報伝達が速く、伝播の範囲が広く、社会的影響が大きく、公衆の注目度の高い特徴を利用して、インターネットで文章を発表する方式で、わが国の国家政権と社会主義制度を覆すよう誹謗し煽動したものであり、その行為は国家政権転覆煽動罪を構成する、しかも犯罪時間が長く、主観の害悪は大きい。発表された文章は広くリンク・転載され、閲覧され、影響は非常によくない。犯行が重大なので、法により厳罰に処すべきであると判断する。

ゆえに劉暁波の控訴理由は成立しがたいので、却下すべきである。

原審の人民法院が劉暁波の犯罪事実、性質、情節と社会に対する危害の程度に即して行った判決、定罪および法律の適用は正確であり、量刑および事案とともに移送された物品の処理は適当であり、裁判過程は合法的であるから、現判決を維持すべきである。よって当裁判所は、『中華人民共和国刑事訴訟法』第一八九条第（一）項的規定に基づき、次の判決を下す。劉暁波の控訴を棄却し、原判決を維持する。

当判決は最終判決とする。裁判長・趙俊懐、代理裁判官・林兵兵、代理裁判官・劉東輝、二〇一〇年二月九日、書記員・翟碩

（1）（二〇一〇）高刑終字第六四号、原公訴機関北京市人民検察院第一分院。
（2）北京市看守所（北京市第一看守所）は、電話：62902266、住所：北京市朝陽区豆各荘五〇一号 郵便番号：100023 バス路線：四一一路、四五七路に乗り、富力（または一城）で下車し、北行路口を左に曲がる。地下鉄八通線の双橋站で下車し、四一一路に乗り終点下車。
（3）アメリカに本部をおく人権擁護組織。
（4）英国 British Broadcasting Corporation の中国語ホームページ。
（5）一時的な便法を意味する成語。
（6）サーバー。

4　劉暁波事件一審弁護人陳述（1）

（二〇〇九年一二月二三日）

及川淳子　訳

北京莫少平弁護士事務所

北京市第一中級人民法院刑事裁判第一法廷

尊敬する裁判長、裁判官

我々は、本件の被告人である劉暁波からの依頼と北京莫少平弁護士事務所の任命により、国家政権転覆煽動罪容疑の被告人劉暁波の弁護人を担当する。我々は、「中華人民共和国刑事訴訟法」（以下「刑訴法」と略称）第三五条に規定されている弁護人としての職責を忠実に履行し、法に基づいて劉暁波の合法権益を擁護する。依頼を受けてから、我々は劉暁波と幾度も面会し、検察院が裁判所に移送した証拠資料を詳細に調べ、さきほども法廷での調査と尋問に参加したので、我々は本件の事実関係に対する理解をさらに深めることができた。事実と証拠を尊重した上で、関連する法律の規定に従って以下の弁護人陳述を行い、合議制法廷の評議の参考に供するものである。

弁護人は、北京市人民検察院第一分院（以下「検察機関」と略称）京一分検察刑訴［二〇〇

九」二四七号「起訴状」（以下「起訴状」と略称）が告発した被告人劉暁波の国家政権転覆煽動罪は、成立し得ないと考える。

弁護人は、本件の基本的事実（すなわち、「起訴状」が列挙した「観察」、「ＢＢＣ中文網」などのウェブサイトに発表した「中国共産党の独裁的愛国主義」など六編の文章は、劉暁波が執筆したものであり、劉暁波が「08憲章」の起草者の一人として「08憲章」を「民主中国」、「独立中文筆会」などの域外のウェブサイトに発表したこと）に対し、検察側と弁護側ともに異議はない（事実に対する唯一の異議は、劉暁波は七〇余名の署名を集めただけで、「起訴状」が告発している三〇〇人ではない）。本件の検察側と弁護側の双方における主要な相違点は、法律の適用問題である。すなわち、劉暁波が発表した文章および起草した「08憲章」は、公民の言論の自由、表現の自由の範囲であるか、もしくは国家政権転覆煽動罪を構成するかということである。その他、弁護人は、本件の捜査、審査、起訴、及び裁判の過程において、その手続きに重大な欠陥が存在していると考える。具体的には、以下のとおりである。

一、現有の証拠は、劉暁波が故意に国家と政権の転覆を煽動する考えだったとは証明できない。

（一）「中華人民共和国刑法」（以下「刑法」と略称）第一〇五条第二款の規定によれば、国家政権転覆煽動罪となる要件は、必ず故意でなければならない。すなわち、「行為者は、自己の煽動的行為によって、他者が国家と政権の転覆を謀って社会主義制度を転覆する結果を惹起し得ることを知り、かつ当該結果を希望し、または放任した」ということである。刑法の理論から言えば、「故意」とは自己の行為が社会に危害を加える結果を惹起し得ることを知り、かつ当該結果を希望し、または放任することであり、その犯罪を構成する要件は以下の二つである。第一に、犯罪の事実に対する認識である。具体的には、（1）自己の行為が社会に危害を及ぼすと認識していなければならない（仮に、行為者が職場の机の上に置かれた時計を自分のものだと誤解して持ち去ったならば、行為者に窃盗の故意があるとは認められない）。（2）行為と結果の関係を認識しなければならない。（3）行為の客体あるいは対象を認識しなければならない。すなわち、人権を侵害する行為は、行為者が客体あるいは対象をすでに認識していなければならない（例えば、人を動物と誤解して殺した場合、予見し得ない状況下では、過失殺人の罪を構成することしかできない）。第二に、具体的な行為の決意には、二種類の状況がある。（1）自己の行為が危害を加える結果を惹起し得ることを認識し、かつ当該結果を希望して行為の実施を決意する、（2）自己の行為が危害を加える結果を惹起し得ることを認識するも、成り行きに任せて行為の実施を決意しない。本件では、具体的に以下のとおりである。

1．劉暁波が、自分がインターネット上に発表した文章が社会に危害を加える結果になると認識していたことを証明する証拠はない。逆に、劉暁波は自己の行為は理性的に時の政治を論評したもので、社会的なニュースとなった事件に対して独自の見解を発表することは、公民意識の覚醒に役立ち、国家が真の民主と法治の国家へと転換するのに役立ち、ひと言で言えば、社会の進歩に役立つと終始考えていた。例えば、「起訴状」で告発された六編の文章のうち、「中国人は

『党主導の民主』を受け入れるしかないというのか」、「ヤミ煉瓦工場の児童奴隷事件の追及を継続せよ」の二編は、それぞれ二〇〇五年一〇月一九日に中国共産党の国務院新聞弁公室が発表した「中国民主政治建設」白書と、二〇〇七年に発生した山西省のヤミ煉瓦工場の児童奴隷事件に対する評論で、これらの文章は社会にとって有益であり、中国の民主と法治を推進するのに有益である。ゆえに、劉暁波には「犯罪の事実」に対する認識は存在しない。

2．劉暁波が危害の結果を希望し、あるいは放任するなどということはなおさらなかった。劉暁波に対するすべての尋問記録および本法廷における供述の中で、劉暁波は自己の行為が社会に対して危害を加える結果になると理解し、その結果を希望し、あるいは放任したなどと答えたことはない。ゆえに劉暁波の考えは、「行為の決意」という要件を備えてはいない。

「起訴状」には、劉暁波の有罪あるいは無罪を証明する証拠に対して、全面的な収集、審査、認定を行った証拠はなく、つまり、劉暁波が二〇〇五年以来インターネットで発表した四九九編の文章に対する全面的かつ客観的な分析や判断も見られない。劉暁波がインターネットで発表した六編の文章及び「08憲章」の一言半句を根拠として、それらに国家政権転覆煽動の故意があると認定したのは、わが国の刑訴法に明記された証拠採用の原則とは明らかに符合せず、「合理的な疑いを排除する」という要求を達成することもできない。「起訴状」には「国家と政権の転覆を煽動する」とされた六編の文章が認定されているが、劉暁波の考えを表している善意の言葉が、余すところなく具体的に述べられている。例えば、「社会を変えて、政権を変える」では、「非暴力の権利擁護の運動によって政権奪取の目標を追求するのではなく、尊厳をもって生きられるヒューマニズム社会の建設に努力する」と提起している。

（二）検察官が挙げた証拠に見られるように、告発された六編の文章及び「08憲章」を含む劉暁波のすべての文章は、国外の「観察」、「ＢＢＣ中文網」、「独立中文筆会」などのウェブサイトに発表されたが、これらのウェブサイトは暗号解読ツールを使用してようやく閲覧できるものであり、国内の一般的なネットユーザーはこれらのウェブサイトに掲載された文章を閲覧することさえできない。もし、劉暁波に「国家政権転覆煽動」の主観的故意があると認定するならば、検察機関は告発された六編の文章及び「08憲章」が国内で発表された証拠を提示すべきである。遺憾なことに、検察機関は法廷に対してこの分野の証拠を提出してはいない。換言すれば、国内のネットユーザーが劉暁波の文章を読んでこそ、はじめてその文章によって「煽動」された可能性があり、「国家と政権の転覆を煽動する」という目的を達成する可能性もあるのだ。読むことすらできないものを、どうして煽動されるというのか。国外のネットユーザーが中国の政権を転覆する行為を行うことはあり得ないし、国外のウェブサイトには、劉暁波の文章に比べて何倍も過激で鋭い文章が数え切れないほどあるのだから、国外のネットユーザーが文章に煽動されて中国の政権の転覆を謀るなどということはあり得ないのだ。

二、劉暁波に対する「起訴状」の告発は、完全に「一部をすべてと見なし」、「文章の断片を取り上げて論ずる」[2]というものである。

（一）検察機関は、被告人劉暁波が二〇〇五年からインターネットで「観察」、「BBC中文網」等の域外のウェブサイトに、前後して「中国共産党の独裁的愛国主義」、「中国人は『党主導の民主』を受け入れるしかないというのか」、「社会を変え、政権を変える」、「多面的な中国共産党の独裁」、「独裁の勃興が世界の民主化に及ぼすマイナス効果」、「ヤミ煉瓦工場の児童奴隷事件の追及を継続せよ」等の六編の煽動的な文章を発表し、デマを飛ばして誹謗したので、これら六編の文章及び「08憲章」に書かれた文言の一部を引用して、劉暁波は国家政権転覆煽動罪を構成すると認定し告発した。

弁護人は、いかなる人が書いた文章に対しても、その文章の背景、文脈、問題点、及び作者個人の一貫した観点、言葉遣いの習慣など、様々な面から総合的に分析しなければ、作者の真意を理解することはできないと考える。簡潔に言えば、検察機関は劉暁波が書いた八〇〇編近い文章の五〇〇万余字（その中で、二〇〇五年以降に書かれたのは四九九編、二一〇万字）の中から六編を選び出し、「08憲章」も加えたが、六編の文章と「08憲章」から「起訴状」に引用された三五〇余字をもって、劉暁波が国家政権転覆煽動罪を構成すると認定するのは、明らかに「一部をすべてと見なし」、「文章の断片を取り上げて論ずる」というものだ。

（二）仮に、「起訴状」に記されているような、「文章の断片を取り上げて論ずる」というやり方で犯罪を告発するならば、以下に述べる観点はどうなるのか。「中国の各省は中央政府から離脱するべきで、できれば二七の国に分かれ、『安徽共和国』、『広東共和国』、『台湾共和国』を成立するのがよい」（毛沢東が一九二〇年一〇月一〇日に執筆した『統一反対』、および、一九二〇年九月三日『大公報』に発表した「湖南建設問題の根本問題──湖南共和国」などの文章を参照)、「つまり、金が要るのは共産党、食糧が要るのも共産党、政府のあらゆる法令はすべて共産党の法令、政府のあらゆる過ちはすべて共産党の過ちで、政府に威信がなければ党も民衆から離れてしまう」(鄧小平が一九四一年四月一五日に執筆した『党と抗日民主政権』、『鄧小平文選』第一巻参照)これらの文章の執筆者も、「国家分裂罪」、「国家政権転覆煽動罪」、あるいは「共産党の指導者を誹謗、中傷した」と言うべきなのだろうか？　それは明らかに不可能だ。同様の理由で、「黒い猫でも白い猫でも、鼠を捕るのが良い猫だ」という鄧小平の名言を、猫が伝染病にかかっていようと、主人に噛みついたり家具を引っ掻いたりしようとも、鼠を捕るのが良い猫だとか、黄色い猫でも三毛猫でも鼠を捕るのが良い猫だというように理解してもよいものだろうか？　それも明らかに不可能だ。

(三)　歴史がすでに証明しているように、一九五七年の「反右派闘争」は誤りだったが、仮に我々が今日、一九五七年当時の「大右派」(現在ではすでにみな名誉回復を勝ち取った)の言論をひもといたとしよう。彼らの言論は辛辣で、「反動」を叫んだのは劉暁波ではなかったということになる。例えば、「マルクス主義は中国の国情に相応しくないので、マルクス主義を我々の指導的な思想とするのは取り消すべきだ」(徐璋本精華大学教授の言葉)、「共産党の政治が良くないなら、民衆は共産党を打倒し、共産党の党員を殺し、共産党を転覆すればよい」(葛佩琦人民大学講師の言葉、葛佩琦は毛沢東が自ら名指しした大右派だった)、「今日の問題は(一党専制という)制度の問題であり、私は決して共産党には参加しないと宣言する」(費孝通の言葉)などがある。まさか、我々は歴史から教訓を得るべきではなく、「言論による処罰」、「文字の獄」という歴史の轍を再び踏むべきだとでもいうのか？

（四）劉暁波の観点に類似する文章は、現在インターネット上ではめずらしいものではない。インターネットには、劉暁波の観点よりもさらに過激で、言葉遣いもさらに激しい文章が数多くある。まさか、これらの文章を書いた人たち（聞くところでは数万人）をすべて捕らえて罪を言い渡すことができるとでもいうのだろうか？

三、「起訴状」の告発は、公民の言論の自由と犯罪の境界を混淆した。

（一）劉暁波が執筆した文章は、言論の自由の範疇であるべきだ。

弁護人は、劉暁波が執筆した文章の表現は、比較的辛辣で先鋭的なある種の批評にすぎず、言論の自由の範疇であるべきで、公民が「中華人民共和国憲法」（以下「憲法」と略称）および国連の「世界人権宣言」に基づいて享受する基本的人権だと考える。

「憲法」第三五条には、「中華人民共和国の公民は、言論、出版、集会、結社、デモおよび示威行動の自由を有する」と規定されている。第四一条には、「中華人民共和国の公民は、いかなる国家機関または公務員に対しても、批判および意見を提出する権利を有する」と規定されている。「世界人権宣言」第一九条には、「すべて人は、意見及び表現の自由に対する権利を有する。この権利は、干渉を受けることなく自己の意見をもつ自由並びにあらゆる手段により、また、国境を越えると否とにかかわりなく、情報及び思想を求め、受け、及び伝える自由を含む[3]」と規定されている。

弁護人は、劉暁波が中国の公民として、政権を握っている中国共産党とその関連する制度に対して個人の観点や見解をもつことは、過度に非難すべきことではないと考える。たとえ、劉暁波が発表した中国共産党及び国家機関に対する批判的な言論が誤りだと証明されたとしても、それさえも公民の言論の自由の範疇であり、「憲法」が付与する言論の自由という権利を行使することは国家政権転覆煽動罪に問われるべきではない。

（二）劉暁波が執筆した文章は、国家の安全に対して「現実的かつ切迫した脅威」を構成してはおらず、犯罪とみなすべきではない。

前述したように、文章を執筆し発表することは、言論の自由の範疇である。言論の自由は普通の状況では侵犯や略奪は許されないが、しかし、言論が国家の安全に直接的に危害を与えるならば禁止され得るというのが、「刑法」が定める国家政権転覆煽動罪の法的原理の基礎でもある。しかし、ある言論が国家の安全に危害を及ぼす犯罪を構成するか否かを認定するのは、厳格な規制を受けるべきであり、さもなければ人権を侵害する可能性がある。現在、国際的にも公に認められている「国家の安全と、情報の表現及び獲得の自由に関するヨハネスブルク原則」第六条には、「1．その言論はただちに暴力行為を煽動する意図がある、2．その言論は暴力行為を誘発する可能性がある、3．その言論と暴力行為の可能性あるいは暴力の出現に、直接的かつ緊急の関わりがある、などの事実が存在することを政府が証明できれば、国家の安全に危害を与えるとして、言論が懲罰を受ける可能性がある」と規定している。この原則は、「現実的かつ緊急の脅威」の原則として概括され、つまり、言論が国家の安全に対して「現実的かつ緊急の」脅威となる時のみ、犯罪が構成されるのである。本件では、劉暁波が執筆した文章は、ただちに暴力行為を煽動するようないかなる言葉もなく、客観的に見てもそのような暴力行為を誘発するとは考えられない（劉暁波が執筆した文章はすべて国外のウェブサイトで発表され、国内では特殊な手段を用いなければまったく読むこともできないのだ）。逆に、劉暁波が執筆した文章では、「平和的」、「理性的」、「非暴力」の漸進的な改革が主張され、国家の安全に対して現実的かつ緊迫した脅威を構成することはできず、それゆえに犯罪と認定すべきではない。

（三）「起訴状」で告発している六編の文章および「08憲章」には、「デマを飛ばして誹謗中傷する」などの内容は見られない。

「デマを飛ばす」という語句について、辞書の解釈では「ある目的を達成するために情報をねつ造し、民衆を惑わす」とある。「誹謗」は「事実でないことをでっちあげ、人の悪口を言って名誉を傷つける」、「中傷」は「事実をねつ造して他人の名誉を傷つける」という解釈だ（それぞれ『現代漢語辞典』一九八三年一月第二版、一四四三ページ、三二五ページ、一二一一ページ）。簡単に言えば、「事実でないことをでっちあげ、事実を虚構する」ということで、「デマ」、「誹謗」、「中傷」が関わるのは事実に対する判断と、事実の真偽に関する問題だが、検察側には、劉暁波の文章が詳述している事実は虚構だと証明する証拠もない。

1．告発されている文章には、①「中国共産党の権力掌握以来、中国共産党歴代の独裁者が最も気にかけてきたのは手中の権力であり、最も軽んじてきたのは人命である」[4]、②「独裁政権というものは、いずれも愛国主義の提唱を好むものだが、独裁的愛国主義は国家と人民に災いをもたらす口実にすぎない。中国共産党の独裁政権が提唱している公式の愛国主義は「党を国家とする」体制のでたらめな理屈で、その愛国の本質とは、人民に対して、独裁政権を愛し、独裁党を愛し、独裁者を愛するように要求することで、愛国主義という名を盗用して国家と人民に災いをもたらしているのが事実である。[5]③「中国共産党のあらゆる手段は、独裁者が最後の統治を維持するための間に合わせの策であり、すでに無数の亀裂が入っているこの独裁というビルディングをいつまでも支えることなど、まったくもって不可能である」[6]などの文言は、彼個人の政治的な観点及びニュースとなった事件に対する見解を述べただけのものに過ぎず、これは「価値判断」の問題ではあるが、「事実判断」という基本概念ではないため、告発は成り立たない。

2．「08憲章」で述べられている「現在の世界のあらゆる大国の中で、ただ中国だけが、依然として権威主義の政治の中にあり、またそのために連綿と続いて絶えることのない人権の災禍と社会の危機を招いており、中華民族の自らの発展を制約し、人類文明の進歩を制約している」[7]という表現は、一九四九年以来の中国の歴史が導き出した結論であり、「人権の災難と社会の危機」が指しているのは、「反右派闘争、大躍進、文化大革命、六四事件、民間の宗教活動と合法的権利擁護の運動」（本法廷での陳述を参照）は客観的な事実であって、劉暁波が主観的にでっちあげたデマではなく、誹謗などという問題は存在していない。

ここで指摘すべきは、「08憲章」で述べられている価値の理念は、「世界人権宣言」[8]、「市民的及び政治的権利に関する国際規約[9]」の理念と合致しているということだ。例えば、自由・人権・平等については、「世界人権宣言」第一、二、三条の規定、及び「市民的及び政治的権利に関する国際規約」第六、九、一二、一四、一六、一七、一八、一九、二〇、二五、二六条の規定に見られる（強調すべきは、「世界人権宣言」は国連のもっとも重要な公式文書のひとつであり、中華人民共和国は、国連の安全保障理事会の常任理事国として「世界人権宣言」の理念を認めないということなどあり得ない。中国政府は一〇年前に「市民的及び政治的権利に関する国際規約」に署名している）。「08憲章」の主張は、「憲法」に違反しないばかりか、「憲法」に記された多くの規定と合致しており、例えば、司法の独立（「憲法」一二六条）、人権の保障（「憲法」第三三条第三款）、公職の選挙（「憲法」第三条第二款）、結社・集会・言論の自由（「憲法」第三五条）、宗教の自由（「憲法」第四三条、四四条、四五条）、環境保護（「憲法」第二六条）などに記されている。「起訴状」が告発した「一党が独占する執政的特権を廃止する[10]」、「中華連邦共和国を樹立する[11]」などの観点は、劉暁波が言い始めたものではなく、中国共産党および党の重要な指導者であった毛沢東、劉少奇などが一貫して提起していた政治的主張であった。毛沢東は「新民主主義の憲政[12]」において、「みなで食べる飯があるのだから、一党、一派、一階級が独裁すべきではない」と指摘している。一九四六年三月三〇日の『新華日報』社説では、「一党独裁では、見渡す限り一面の災難だ」と論じている。劉少奇は、かつて「一党独裁は民主に反するので、共産党は決して一党独裁をしない」（劉少奇『劉少奇選集』上海人民出版社、一九八一年、上巻、一七二一一七六ページ）と発言した。「中国共産党第二回全国代表大会宣言[13]」には、「自由な連邦制を採用し、統一された中国本部、モンゴル、チベット、回疆で、中華連邦共和国を建立する」と明記されている。まさか、中国共産党とその主要な指導者たちが一党独裁に反対し、連邦共和国の樹立を主張したことは偉大で、光栄で、正しいが、劉暁波たちが提起した主張は、投獄される定めだとでもいうのだろうか？

（四）「法の明文規定がなければ犯罪も処罰もなし」、「疑わしきは被告人の利益に」という原則に基づいても、劉暁波が国家政権転覆煽動罪を構成すると認定すべきではない。

1．現在に至るまで、わが国の立法機関と最高人民検察院、最高人民法院（以下、両高と略称）は、いずれも「デマと誹謗、あるいはその他の方法で国家と政権の転覆を煽動する」という罪に対しては明確な線引きを行っておらず、つまり、それは解釈の権利があるということだ。故に、この罪と公民の言論の自由との間で、いかに厳格かつ科学的な区分を行うか、例えば、どのような状況下で、どのような言論を発表すると罪に問われるのかなど、これまで納得できる基準も存在しなかった。そのために、この罪に対する司法界の認定は、主観性、随意性、曖昧性が強く、公民が言論を発表する際には、自身の言論が犯罪を構成するか否かという「合理的予測」ができず、事実上、これは法治の精神に背くものである。

したがって、弁護人は全国人民代表大会およびその常務委員会、「両高」が打ち出す立法あるいは司法の解釈の前に、「法の明文規定がなければ犯罪も処罰もなし」という原則に基づき、劉暁波を有罪と認定して刑罰に処すべきではないと考える。

2．常識として、劉暁波が執筆した文章は、彼本人による解釈だけが文章の真意に最も近く、他人の注釈は参考にすることしかできない。本件については、捜査機関が作成した「供述調書」及び本法廷での供述において、劉暁波は自分が執筆した六編の文章及び「08憲章」は、時事問題に対する自らの観点と主張を述べただけにすぎず、国家政権転覆煽動の意図などはないと述べている。それ故に、たとえ検察官が六編の文章及び「08憲章」に対して「国家政権転覆煽動罪」容疑という異なる解釈をしても、常識と「疑わしきは被告人の利益に」という原則に基づけば、法廷も劉暁波の行為が犯罪を構成していると認定すべきではない。

四、本件の捜査、審査、起訴、及び裁判の過程における重大な欠陥。

（一）捜査、審査、起訴に関する手続き

劉暁波は二〇〇八年一二月九日に北京市公安局によって居住監視処分となり、二〇〇九年六月二三日に北京市公安局に逮捕された。二〇〇九年一二月一日、本件は検察機関に移送されて起訴のために審査され、一二月八日午後、検察機関が弁護士に対して弁護手続きを行うよう通知した。翌日、弁護人は公文書の資料を複製し、一二月一〇日付けで本件は裁判所に起訴された。我々は、北京市公安局の劉暁波に対する居住監視及び検察機関の起訴審査の手続きには、重大な欠陥があると考える。理由は、以下のとおりである。

1．「刑訴法」[15]、「公安機関の刑事事件処理の手続に関する規定」[14]が定めるところによれば、捜査機関が居住監視の措置を取る際には、以下の規定が遵守されなければならない。①居住監視は、犯罪容疑者の住居で実施されなければならない（住所不定の場合に限り、捜査機関が指定する住居で居住監視を行うことができるが、劉暁波は北京に合法的な住居があるにも関わらず、居住監視は法の示す通りに実施されなかった）。②被居住監視者は生活を共にする家族と居住する権利を有する（劉暁波は居住監視の期間、妻との面会はわずか二回許可されただけで、妻は劉暁波がどこに監禁されているのかも全く知る由もなかった）。③被居住監視者が弁護士と面会する場合の許可は不要である（劉暁波の妻から依頼された弁護士が、幾度も北京市公安局に対して劉との面会を要求したが、如何なる回答も得られなかった）。このように、本件の捜査機関である北京市公安局は、上述した規定をまったく無視しているのだ。北京市公安局の劉暁波に対する居住監視は、実際には形を変えた拘禁であり、「法による居住監視期間は刑期に算入することができるか否かの問題に関する最高人民法院の回答」（一九八四年一二月一八日公布[16]）の規定によれば、仮に法廷が劉暁波に対して有罪判決を行った場合、その「居住監視」期間は刑期に算入されるべきである。

2.「刑訴法」一三九条の規定に基づき、人民検察院が事件を審査する際には、被疑者を尋問し、被害者と容疑者、及び被害者が依頼した人の意見を聴取しなければならない。「弁護士の刑事訴訟における合法的業務の履行に関する人民検察院の保障規定[17]」第一二条の規定によれば、人民検察院が事件の起訴を審査・移送する際には、被疑者、被害者が依頼した弁護士の意見を聴取し、あわせて供述調書を提出しなければならない。被疑者と被害者が依頼した弁護士を直接聴取するのが困難である場合は、被疑者と被害者が依頼した弁護士に対して書面で申し込み、書面での意見を提出することも可能である。検察機関が法に基づいて弁護士の意見を聴取することもまったくないまま、一二月八日から九日というわずか一日の間に、弁護人は公文書さえ読み終えることもできず、弁護のための意見を提出するすべもなかった。検察機関はこの手続きにおいて、法律及び関連する司法解釈の規定に違反している。

（二）裁判手続きに関して

1．裁判所は法が定める期限に基づいて開廷通知書を弁護人に送付しなかった。

二〇〇九年一二月一二日（日曜日）午後二時半頃、本件の弁護人は本件の担当裁判官からの電話を受け、二〇〇九年一二月二三日（水曜日）午前九時に裁判所第二三法廷において開廷すると知らされた。

「刑訴法」第一五一条第一款第四款の規定によれば、人民法院は裁判の開廷を決定した後は、遅くとも開廷三日前には開廷通知書を弁護人に送付しなければならない。この「三日」というのは、当然のことながら三日間の間隔を取った丸三日という理解であり、開廷と通知の当日はいずれも計算には入らない。日曜日（二〇日）午後二時半から水曜日（二三日）午前九時までという時間は、明らかに三日には足りない。

2．弁護人が法廷で提出した証拠に対する審査を裁判長が退けたことは、いかなる法律及び法理の根拠もないことである。

法廷尋問の際に、弁護人は中国共産党及びその指導者が一貫して一党独裁に反対し、かつては連邦共和国の樹立も主張していたことに関する文献資料を裁判所に提出し、劉暁波に対する「起訴状」の告発は成立し得ないことを証明したが、しかし裁判長は、検察官に審査のための準備時間がないことを理由に審査を退けたのである。

弁護人は、①仮に、弁護人が裁判所に提出した証拠に対して、検察官が審査のために必要な準備を行うならば（弁護人と検察官は、この証拠に対する簡単な説明を開廷前にすでに行っている）、法廷は「最高人民法院による『中華人民共和国刑事訴訟法』執行の若干の問題に関する解釈[18]」第一五五条の規定を参照して休廷を宣言し、具体的な状況に照らして検察官に必要な準備時間を確保しなければならず、審査を拒絶するなどということがあってはならない。これまで述べたような裁判長のやり方には、いかなる法的根拠もない。②法的原理から言えば、刑事訴訟における証拠採用の原則は、「合理的な疑いを一切排除する」というもので、弁護側が提出する証拠が「合理的な疑い」を構成するならば、いつ法廷に提出しようとも、審査されるべきであり、拒絶は不可能である。

3．裁判長が被告人と弁護人の口頭弁論の時間を制限するのは、いかなる法律及び法理的根拠もない。

法廷陳述が始まる前に、裁判長は、被告人と弁護人の発言時間は検察官の発言時間を超えてはならず、法廷では時計を見て時間を計るよう要求した。法律では、まず検察官が冒頭陳述を行うと定めているが、実際には検察官が被告人及び弁護人の発言時間をコントロールしているのだ（仮に、検察官がたったひと言「本法廷が被告人を厳重に処罰することを求める」と言ったならば、おそらくそれは数秒の時間だろう。被告人と弁護人は、どうやって弁論するというのか？）。

弁護人は、以下のように考える。①裁判長が、被告人と弁護人の口頭弁論の時間をあらかじめ設定したことには、いかなる法的根拠もない。②法的原理から言えば、上述したような裁判長のやり方は、被告人及び弁護人が弁護する権利の行使を侵害している。③被告人と比べれば、検察機関は明らかに優勢であり、優勢な側の発言時間と被告人及び弁護人の発言時間を等しくするのは、公平であるかのように見えて、実際は不公平である。

4．裁判長が被告人の最終陳述を再三にわたって中断させたことには、いかなる法的根拠もない。「刑訴法」第一六〇条の規定によれば、裁判長が弁論の終了を告げた後に、被告人には最終陳述の権利がある。本件の法廷尋問が最終陳述の段階に入った時、裁判長は劉暁波の最終陳述を何度も中断させた。例えば劉暁波が、自分の思想的な歩みは、一九八九年六月に転機を迎えたと述べた際に、裁判長は「六四」事件に関しては話さないようにと言葉を遮った。実際には、劉暁波はわずか一時間しか発言しておらず、「六四」事件については言及してもいない。一歩譲って、劉暁波が本当に「六四」事件について言及したとして、突然中断させる道理もないのである。

尊敬する裁判長、裁判官、

我が国は、まさに法治が絶え間なく整えられている過程にあり、この過程においていくつかの問題に対する見解に相違があるのは極めて正常なことで、特に、罪か罪でないかという問題に対してはなおさらである。しかし、弁護人は一貫して、言論の自由を含む基本的人権を尊重し保障するための判決が、公正な判決で、歴史の検証に耐え得る判決であることを堅く信じるものである！

北京市第一中級人民法院が、弁護人の意見を十分に考慮し、事実と法律に基づいて、法律に照らして劉暁波を無罪とすることを懇請する。

劉暁波弁護人：北京莫少平弁護士事務所
尚宝軍　弁護士
丁錫奎　弁護士

二〇〇九年一二月二三日

（1）　弁護人陳述は、二〇一〇年一月初めに劉暁波の支援者によってインターネットに公開された。出版物では、信息自由観察工作室編『劉暁波档案』（香港・溯源書社、二〇一〇年一〇月）に収録されており、本書ではネット版と対照させた上で『劉暁波档案』を底本とした。
（2）　原文は、「以偏概全」、「断章取意」。
（3）　国際連合広報センターホームページ「世界人権宣言（日本語）」より引用。http://www.unic.or.jp/information/universal_declaration_of_human_rights_japanese/
（4）　劉暁波「ヤミ煉瓦工場の児童奴隷事件の追及を継続せよ」。

(5) 劉暁波「中国共産党の独裁的愛国主義」。
(6) 劉暁波「多面的な中国共産党の独裁」。
(7) 「08憲章」参照。
(8) 一九四八年一二月一〇日、第三回国連総会で採択され、一九五〇年の第五回国連総会の決定により一二月一〇日を「人権デー」と定めた。
(9) 「国際人権条約」B規約で「自由権規約」とも呼ばれる。中国は一九九八年一〇月に署名。
(10) 「08憲章」我々の基本理念⑨結社の自由、参照。
(11) 同右、⑱連邦共和、参照。
(12) 一九四〇年二月二十日、毛沢東が延安で開催された憲政促進会で発表した演説。蔣介石率いる国民党の憲政を批判し、共産党主導の新民主主義による憲政を論じた。
(13) 一九二二年七月。
(14) 原文、「公安機関辧理刑事案件程序規定」。
(15) 原文、「監視居住」。犯罪容疑者の取り調べを行うための制度で、「中華人民共和国刑事訴訟法」に定められている。拘置所ではなく、当局が指定した施設に拘留されるので、宿泊施設や自宅の場合もある。
(16) 原文、「最高人民法院関于依法監督居住期間可否折抵刑期問題的批復」。
(17) 原文、「関于人民検察院保障律師在刑事訴訟中依法執業的規定」。
(18) 原文、「最高人民法院関于執行『中華人民共和国刑事訴訟法』若干問題的解釈」。

5　劉暁波事件終審弁護人陳述[1]

（二〇一〇年一月二八日）

及川淳子　訳

北京莫少平弁護士事務所

北京市高級人民法院刑事裁判第一法廷

尊敬する趙俊懐裁判長、劉東輝、林兵兵裁判官

我々は、本件の上訴人劉暁波の依頼と北京莫少平弁護士事務所の任命を受け、国家政権転覆煽動罪容疑の劉暁波上訴について、引き続きその弁護人を担当する。我々は、「中華人民共和国刑事訴訟法」（以下「刑訴法」と略称）第二五条に規定されている弁護人としての職責を忠実に履行し、事実と証拠に基づいて、劉暁波の無罪、罪名の軽減または減刑、刑事責任の免除を証明する資料と意見を提出し、法に基づいて劉暁波の合法権益を擁護する。

我々は、北京市第一中級人民法院（以下「一審法院」と略称）（二〇〇九）一中刑初字第三九〇一号判決文（以下、一審判決と略称）を真剣に閲読し、一審判決が依拠した証拠を綿密に検討し、さらに、一審判決に対する劉暁波の意見を詳細に聴取した。一審判決が、本件の公訴機関である北京市人民検察院第一分院の「起訴状」による告発のすべてとその証拠を完全に信用して採

用していることに鑑みて、弁護人はなおも一審の弁護人意見陳述を堅持する。（１）現有の証拠は、劉暁波が主観的に国家と政権の転覆を煽動する故意があったとは証明できない。（２）「起訴状」の劉暁波の国家政権転覆煽動罪に対する告発は、完全に「一部をすべてと見なし」、「文章の断片を取り上げて論ずる」[2]というものである。（３）「起訴状」の告発は、公民の言論の自由と犯罪の境界を混淆した。（４）本件の捜査、審査、起訴、及び裁判の過程には重大な欠陥がある。劉暁波に無罪判決を下すべきである。

一審判決に対し、弁護人がここで再度強調しなければならない唯一のことは、以下のとおりである。

本件の捜査機関である北京市公安局の劉暁波に対する居住監視は、実際のところ、形を変えた拘禁であり、その期間は刑期に算入されるべきで、一審判決がこれを信用に足る証拠として採用していないのは過ちである。

弁護人は劉暁波のために無罪の弁護を行い、劉暁波に対する一審裁判所の有罪判決に同意しないが、本件の捜査機関の劉暁波に対する「居住監視」は、実際には形を変えた拘禁であり、関係する規定に基づいて、最高人民法院の司法解釈に立脚すれば、「居住監視」期間は刑期に算入すべきだと考える。

「刑訴法」第五七条の規定及び「公安機関の刑事事件処理の手続に関する規定[3]」第九七条、九八条の規定によれば、捜査機関が居住監視の措置を取る際には、以下の規定が遵守されなければならない。（1）居住監視は、犯罪容疑者の住居で実施されなければならない（住所不定の場合に限り、捜査機関が指定する住居で居住監視を行うことができる)。(2) 被居住監視者は生活を共にする家族と居住する権利を有する。(3) 被居住監視者が弁護士と面会する場合の許可は不要である。

本件の捜査機関である北京市公安局の劉暁波に対する居住監視は、上述した規定をまったく無視しており、具体的な事実と理由は以下のとおりである。

1. 北京市海淀区七賢村中国銀行宿舎一〇号楼一単元五〇二号室は、劉暁波とその妻である劉霞の北京における合法的な住居であり、法が定める居住監視の場所となる。北京市公安局が、劉暁波に対してこの場所以外のいかなる場所で居住監視を行っても、それはすべて不法である。

2. 二〇〇八年一二月九日、北京市公安局の劉暁波に対する「居住監視決定書」には、居住監視の場所がまったく記載されておらず、劉暁波は居住監視の期間中、その妻である劉霞と小湯山会議センターにおいて二回の面会が許されただけで、妻の劉霞は劉暁波が実際にはどこに拘禁されているのか知る由もなかった。劉暁波が生活を共にする家族として、劉霞が劉暁波と共に居住することなどはさらに言うまでもない。第一審の法廷尋問で劉暁波が語ったところによれば、居住監視の場所はホテルの部屋に少し似ていたが、窓もなく、トイレに小さな窓があるだけで、留置所と大差ない条件だったという。劉暁波は単独で監禁され、完全に人身の自由を制限されたのだった。

3. 劉暁波の妻劉霞が委任している弁護士は、北京市公安局に対して劉暁波との面会要求を幾度も提出したが、いかなる回答も得られなかった。劉暁波は「居住監視」されている期間中に、弁護士との接見を許されることもなかったのである。

以上述べたところを総合すれば、北京市公安局の劉暁波に対する居住監視は、実際のところ形を変えた拘禁であり、「法による居住監視期間は刑期に算入することができるか否かの問題に関する最高人民法院の回答」に記されている「もし、被告人に対して刑罰が下された犯罪行為と、拘留または逮捕以前に勾留されていた行為が同一の行為と見なされる場合は、拘禁の場所に関わらず、完全に人身の自由を制限していたならば、勾留期間は刑期に算入される」という規定を根拠とするならば、「居住監視」期間は刑期に算入すべきである。

本件の事実、法律、法理の弁について、弁護人は一審の弁護人陳述においてすでに詳述したので、繰り返す必要はない。ここでは、本件の一審判決に関わるいくつかの常識的な問題について、以下のとおり弁護のための意見を発表する。

一、国家の政権、政府と執政党に関して

通常の政治学と法学の理論に基づけば、国家の政権、政府、執政党は、異なるレベルの概念である。

国家の政権とは、国家が具体化された象徴で、国家主権を掌握した政治組織および掌握した政治権力を指し、社会に対する統治と管理を守り、通常は軍隊、警察、裁判所、政府、官僚などが含まれる。

政府とは、国家の行政権力の執行者であり、国家の政権システムにおいて法律に基づく行政権力を有する組織体制を指し、すなわち国家の政権機構における行政機関である。

執政党とは、制度的選挙あるいは暴力革命によって一国の国家政権を掌握した政党で、ひとつの政党であるかもしれないし、または複数政党による連盟かもしれない。

政府は、国家行政の権力の執行者だが、権力を行使する過程で、あれやこれといった欠点や誤りが存在することは避けられない。執政党は国家政権の掌握者で、通常言うところの執政ということなのだが、その執政の過程で、やはりあれやこれやといった欠点や不足、ひいては誤りが存在することも避けられない。これらの欠点、不足、誤りに対して、いかなる公民でも批評や批判をするのは公民として当然の権利であり、これは「中華人民共和国憲法」第四一条に記された立法の基礎でもある。具体的に本件について言えば、劉暁波が一人の公民として政府および政権を握っている中国共産党に対して批評し、ひいては反対しても、それは憲法に記された権利を行使する方法の一つであり、批評やあるいは反対にしても、その内容が正しいかあるいは誤りであるかということのいずれにしても、国家と政権の転覆とは関係がないのだ！

七〇年以上前の江蘇省でのことだが、中国共産党の創始者である陳独秀が中華民国を脅かしたとされる事件について章士釗が行った弁護の中で、国家、政権、政党の関係に対する鋭い分析を行っている。政府は国家に等しくはなく、民国の主権は民にあり、国体の復辟こそが祖国への裏切りで、危害と言うべきだ。さもなければ、政府あるいは政府の誰に対しても、またいずれの党に対しても、どのような弾劾であろうとも正常なことで、中途半端にしか開かれていない国家こそが「刑に臨む」のだという主張だった。七〇余年が過ぎて、すでに全世界で天地を翻すような変化があったが、我々の法治に対する常識のレベルは高まっていないどころか、まさか逆にまだ下がっているとでも言うのか？

二、言論の自由に関して

通常の政治学と法学の理論に基づけば、言論の自由とは、自らの意思に照らして自由に言論を発表すること、および他人が述べる意見を聞くという権利である。通常、言論の自由は現代の民主において欠くことのできない価値理念だと考えられており、最も基本的な人権である。そのしかるべき意義は、すべての人が「正しい言論」を発表する権利であり、また、「誤った言論」を発表する権利でもある（「正しい言論」の発表だけを認め、「誤った言論」の発表を認めないのでは、「言論の自由」とは言えない）。この権利に対して、公権力は干渉できないだけでなく、剥奪することもできず、審査さえ許されず、逆に保護しなければならないのだ。これも「中華人民共和国憲法」第三五条に記された立法の基礎である。本件では、公権力を行使した一審の裁判所は、その一審判決で劉暁波が「誤った言論」を発表する権利に干渉したばかりか、その権利を剥奪し、しかも劉暁波が発表した言論を理由にして一一年の有期懲役まで下したのだ。これは公権力の乱用であり、「言論の自由」という常識に対する転覆である。

劉暁波が国家政権転覆煽動の行為を行ったと一審判決が認定した「罪証」は、劉暁波がインターネットで発表した六編の文章および「08憲章」の「煽動的な」文言である。一審の判決文に列挙されているとおり、「社会を変えて、政権を変える」[4]、「自由な中国の出現は、統治者の『新政』に希望を託すよりも、むしろ民間において『新たな力』が絶えず拡大していくことに希望を託すほうがはるかによい」[5]、「一党が独占する執政的特権を廃止する」[6]、「民主憲政の枠組みのもとに、中国連邦共和国を樹立する」[7]などである。

一審判決が認定した上述の「罪証」には、「文章の断片を取り上げて論ずる」ものや「勝手な曲解」の疑いが絶対にあることも、ここではひとまず論じないとして、「言論の自由」という常識から言っても、上述の「罪証」が劉暁波の主張と観点にすぎないということは容易に導かれるものだ。その主張と観点が、正しいか誤っているかということをひとまず脇に置いておくとしても、「国家政権転覆煽動罪」とどのような関わりがあるというのだろうか？　具体的には、以下のとおりである。

（1）「社会を変えて、政権を変える」という文言は、劉暁波の「社会を変えて、政権を変える」という文章のタイトルである。このタイトルから解るように、劉暁波がこの文章を執筆した主な目的は、政治体制改革に対する自分の見解をはっきりと述べて明らかにするということだ。いわゆる「政権を変える」ことは「政権を転覆する」ことではなく、両者は決して同一の概念ではない。両者の間には、まったく異なる内包と外延があるのだ（各期の政府の更迭も、政権を変えることだと解釈できる。暴力などの不法な手段によって政権を打倒することだけを政権の転覆と呼ぶのだ）。しかも、法律にも「国家の政権を変える罪」という規定はない（「社会を変えて、政権を変える」の全文を精読すると、劉暁波の主張が「政権奪取という目標追求ではなく、尊厳をもって生きることのできる人間らしい社会の建設のために力を尽くす」ことは明らかで、劉暁波が「国家政権転覆煽動」ではないという結論を明確に導くことができる)。

(2)「自由な中国の出現は、統治者の『新政』に希望を託すよりも、むしろ民間において『新たな力』が絶えず拡大していくことに希望を託すほうがはるかによい」という一文は、劉暁波の「中国人は『党主導の民主』を受け入れるしかないというのか」という文章の一節である。原文は、「自由な中国の出現は、統治者の「新政」に希望を託すよりも、むしろ民間において「新たな力」が絶えず拡大していくことに希望を託すほうがはるかによく、民間の尊厳が思想的にもまた法律的にも確立される日こそが、国民の人権が制度的に保障される時なのである」というものだ。劉暁波がこの文章を執筆したのは、国務院新聞弁公室が二〇〇五年一〇月一九日に公布した「中国民主政治建設」という白書に対するもので、自身の総括的な見解を発表したものであり、決して、他者を国家政権の転覆に煽動するための行為ではない。自由な中国とは、将来に対する一種の展望であり、国家政権を転覆するなどといういかなる意味も含まれていない(「中国人は『党主導の民主』を受け入れるしかないというのか」の全文を精読すれば、一審判決で抜粋された断片による判断に任せるのではなく、はっきりと結論を導くことができる)。

(3)「一党が独占する執政的特権を廃止する」、「民主憲政の枠組みのもとに、中国連邦共和国を樹立する」という一文は、「08憲章」に記されたもので、原文は「結党の禁止を撤廃し、憲法と法律により政党の行為を規範化し、一党が独占する執政的特権を廃止し、政党活動の自由と公平な競争の原則を確立し、政党政治の正常化と法制化を実現する」、「自由民主の前提のもとに、平等な交渉と相互の協力により、海峡両岸の和解案を追求する。大いなる智恵で各民族が共に繁栄する可能な道筋と制度設計を探求し、民主憲政の枠組みのもとに中華連邦共和国を樹立する」というものだ。「08憲章」で述べられたこれらは、主として結党禁止の撤廃や、祖国統一という未来のプランについての一種の構想を述べたものであり、他者を国家政権の転覆に煽動するための行為ではない。「中華連邦共和国の樹立」は、かつて中国共産党の主張でもあり、これをもって劉暁波が他者を国家政権の転覆に煽動したと結論づけることはできない（「08憲章」の全文を精読すれば、一審判決で抜粋された断片による判断に任せるのではなく、はっきりと結論を導くことができる）。

二〇〇五年から劉暁波が発表した四九九編の文章の二一〇万字余りの中から六編の文章を選び、わずか三五〇〇文字余りを抜粋して、劉暁波が国家政権転覆煽動罪を犯したと認定するのは、言論の自由に対するこれ以上ないほどの皮肉ではないか？

三、手続きの正義に関して

政党の法的手続きを厳格に遵守することは、すべての人が法の前に平等だという正義の享受を実現するための重要な保障であり、「中華人民共和国憲法」に規定された「人権を尊重・保障する」というしかるべき道理である。フランスの諺にあるように、「正義は実現されるべきものであるだけでなく、人びとの目に見える形で実現されてこそ、目に見える正義となる！」と言うとおりだ。これは、公民の生命、自由、財産を剥奪し得る裁判権を手にしているすべての裁判官がしっかりと心に刻むべきことである。ここにいる裁判官の各位も例外ではない。一審判決では、本件の捜査段階において居住監視という名義で劉暁波に対し形を変えた拘禁を行い、審査・起訴の段階では法律に基づく弁護人の意見聴取をせず、法廷尋問の際には劉暁波の自己弁護と弁護士の発言時間を制限するなどの重大な違法行為が明らかであるにも関わらず黙認された。ひと言では尽きないが、いったい何が手続きの正義だというのか？　司法の公正などはまったく論外である！

弁護人は、劉暁波は無罪であり、劉暁波に対するいかなる有罪判決も、歴史の検証に耐え得るものではないと堅く信じるものである！

劉暁波第二審弁護人　北京莫少平弁護士事務所
尚宝軍　弁護士
丁錫奎　弁護士

二〇一〇年一月二八日

（1）ここでは、信息自由観察工作室 編『劉暁波档案』（香港・溯源書社、二〇一〇年一〇月）に収録されているテキストを底本とした。中国では二審制のため、控訴審は第二審で最終判決が下される。
（2）原文は、「以偏概全」、「断章取意」。
（3）原文、「公安機関辦理刑事案件程序規定」。
（4）劉暁波「社会を変えて、政権を変える」。
（5）劉暁波「中国人は『党主導の民主』を受け入れるしかないというのか」。
（6）「08憲章」我々の基本理念⑨結社の自由、参照。
（7）同右、⑱連邦共和、参照。

第Ⅲ部　劉暁波は、なぜ国家反逆罪に問われたか

——罪状にあげられた六つの文章

劉暁波が国家反逆罪（国家政権転覆煽動罪）を犯した証拠として罪状にあげられた六つの文章をここに収録する。

なお、六つの文章とともに同じく罪状にあげられた「08憲章」の全文は、資料編に収録した。

1　中国共産党の独裁的愛国主義（1）

及川淳子　訳

国家はその民衆によって構成され、民衆とは国家の主体であり、また国家主権の源と国家利益を擁する者でもある。合理的な政治制度のもとでは、政治権力は民衆が授与し、政府は民衆の血と汗によって養われるので、政府あるいは執政党は国家の公僕にすぎず、国家の主人ではない。政府は口先だけではなく本当に、衣食を与えてくれる父母のように民衆を思い、自分自身を民衆の公僕として見なさなければならないのだ。したがって、政府のもっとも重要な職能とは、自分たちの人民を大切にすることと公共サービスを提供することで、権力や国家財政に関わらず、「民衆から取ったものは、民衆のために用いる（2）」ということを必ず成し遂げなければならない。政府が代表する国家利益は、民衆の利益のために具体化されなければならず、最終的には個人の安全、財産、自由と民主など、法律が定める諸々の権利として具体的に実行されなければならないのである。

要するに、民衆を尊重し民衆を愛するということ、特に民衆が平和的な方法で政府の政策決定に対して疑いを抱いたり、批評したり、ひいては反対する権利も尊重と保障してこそ、民衆の利益を集中した国家利益を代表する資格を有し、愛国政府と呼ぶこともでき、愛国主義を提唱する資格があるのだ。

しかし、独裁政権の愛国はまさにその正反対で、声高に愛国主義を提唱するものの、国家の主体――人民を、これまで尊重することもなければ、思いやることもなかったのである。

まず、その権力は人民が授けたものではなく、暴力によって始まり、また暴力によって維持され、本来は社会の公益のために服務すべき公権力を、政権と権勢のある高官たちの私的な権力に変えてしまった。政権を徹底的に守り抜くという意志と、権勢のある高官たちが利益を貪るための道具に変えてしまったのだ。

次に、社会秩序を維持する主要な方法は、暴力の恐怖とイデオロギーの嘘である。独裁政権の愛国は、民衆の基本的人権を剥奪し、公共の情報を封殺して、多元的な価値や異なる意見の表現を抑圧し、自由な思想と信仰を許さず、民衆が政治について議論し、結社・ストライキ・デモを行うのを許さず、民衆が平和的な方法で自分たちの不満や政府に対する批判を行うことを許さない。

そして最後に、独裁政権の愛国は、人民の血と汗で養われたにも関わらず、これまで民意を敵視して人民を虐待することを好んできた。社会福祉を促進させる主な方法は、上から下への恩賜で、あらゆる社会的財産を暴力によって略奪してから、本来は民衆のものであるべき財産のわずかな一部を取り出して民衆に与えるというやり方で、それを厚顔無恥だと感じないばかりか、独りよがりに「皇帝の恩は限りない」と考えて、民衆に恩義への感謝を強いている。

中国共産党が政権を掌握してからは、人民に対する党の権力と国家の絶対的な統治を維持するために、一貫して愛国主義を唱え、「亡党亡国論」[3]をいかにももっともらしい統治のロジックとして終始一貫して強調している。六四天安門事件の後に、このような論調は「安定論」と「崩壊論」の相互補完へと変種した。プラスの面では「中国共産党だけが中国に安定と繁栄をもたらすことができる」というもので、マイナスの面で植え付けているのは「中国共産党政権でなければ、中国は大混乱に陥って崩壊してしまう」というものだ。プラス面とマイナス面のあたかも二人羽織のようななれ合いが、「亡党亡国論」の主旋律を奏でている。

実際のところ、「亡党」と「亡国」の間には、必然的な因果関係などはない。なぜならば、いかなる政党も特定の利益集団の代表であり、「国家・民族・人民」の代表だと公言する資格はない。たとえ執政党でも、国家と等しいわけではなく、さらに言えば民族やその文化に等しいのではない。中国共産党の政権が中国なのではなく、また中国文化を代表することもできない。亡党というのは、ある執政党の政権が倒れることを意味するだけであって、中国の崩壊や中華民族の零落を意味するわけではないのだ。中国の歴史上、政権の交代は頻繁だったが、中国が国家として「亡国」したことはなかった。

「亡国」とは「主権の更迭」だけなのである。つまり、国と国の間の極端な衝突によってもたらされるもので、民族が征服され、領土が占領され、主権が剥奪されて、ひとつの国家がほかの国家によって転覆またはコントロールされること（あるいは占領者によって直接統治されるか、占領者が傀儡政権を操って間接的なコントロールを行うということ）なのであり、「政権の更迭」などではなく、国内の政権更迭と亡国は無関係だ。アメリカには二〇〇年余りの歴史があり、その間に二大政党が交互に政権を握って更迭が定期的に行われているが、アメリカはひとつの国家として同じ流れを受け継いでいるのである。

その意味で、冷戦時代の旧ソ連陣営にあった東欧諸国は、表面上は主権国家だったが、実際には「亡国」の状態に近かった。東欧諸国の政権は旧ソ連の覇権による武力コントロールによって直接的に支配され、旧ソ連はそれらの国々の政権を完全に支配するという目的を達成するために、東欧諸国がソ連の共産覇権からの脱却を目指した改革を行った時に、戦車でそれらの国々の首都に直接に乗り込むこともいとわず、赤裸々な武力によって旧ソ連の共産覇権を回復しようとまでしたのである。

中国は悠久な歴史をもつ古い国家で、秦の始皇帝が武力によって秦朝の政権を統一して以来、数知れぬほどの政権更迭を経験してきたが、しかし、中国がひとつの国家として滅亡されてしまったということはなかった。モンゴル族が宋朝を武力で転覆し、満族の清朝が明朝を武力で転覆して、中原の大地を駆ける馬蹄と騎兵の軍刀を費やして漢民族を劣等人種として差別したことだけは、かろうじて「亡国の恥」と称することができるだろう。元に対する宋と、清に対する明の王朝復興の闘争は、侵略と占領に抗した「復国」の闘いと称することもできる。一八四〇年以来の西洋列強と中国の武力衝突は、中国が連戦連敗したために、主権を喪失して国を辱められる大量の条約に署名しなければならなかったとはいえ、それでも徹底的な「亡国」に成り果てたわけではなく、ひいては日本人が手出しをした「満州国」と汪精衛政権でさえも、中華明国の政権に取って代わることはなかったのである。

同様に、中国の近現代史では頻繁に権力の交代があったが、その衰亡とは「権力者が一族で政権を支配する」[4]か、あるいは「党が政権を支配する」[5]ということにすぎず、国家そのものを支配するのではなかった。孫文と袁世凱が力を合わせて満州族の清朝を打ち倒した功績は、国民党の「党が政権を支配する」が、伝統的な「権力者が一族で政権を支配する」に最終的に取って代わったということだった。毛沢東と中国共産党が、蔣介石を代表とする国民党政権を打ち負かしたのは、国民党による党の天下が中国共産党による党の天下に取って代わっただけで、これもまた国内での王朝交代にすぎず、中国の主権移譲に関わることではなかった。換言すれば、中国共産党政権はわずか五〇年にすぎず、中国の歴史はすでに五〇〇〇年の長きにわたって延々と続いているのだから、中国共産党が転覆させたのは「国民党政権」だけで、中国という「国家」ではなかったのである。ゆえに、中国共産党が一九四九年に政権を奪取したのは、また一つ「新政権」を樹立したというだけのことで、「建国」とは関係ないのだ。毛沢東も「新政権の父」であるだけで、決して「新中国の父」なのではない。たとえ現在の中国共産党が世界最大の政党であろうとも、六〇〇〇万人余りの党員と一三億の人口を比較すれば、それも少数にすぎないのであって、ぬけぬけと大ボラを吹いて「人民と国家を代表する」などと公言できようものか。中国共産党は一貫して「国家・民族・人民」を自然と代表するとして自らを奉っているが、本当に「天にかわって正義の道を行う」[6]などということではなく、独裁的な強権とその既得利益を守りたいのだ。

独裁政権というものは、いずれも愛国主義の提唱を好むものだが、独裁的愛国主義は国家と人民に災いをもたらす口実にすぎない。中国共産党の独裁政権が提唱している公式の愛国主義は「党を国家とする」体制のでたらめな理屈で、その愛国の本質とは、人民に対して、独裁政権を愛し、独裁党を愛し、独裁者を愛するように要求することで、愛国主義という名を盗用して国家と人民に災いをもたらしているのが事実である。

二〇〇五年一〇月三日、北京の自宅にて

（1）原載は「大紀元」ホームページ、二〇〇五年一〇月四日にアップロード。http://www.epochtimes.com/gb/5/10/4/n1074197.htm
（2）原文は「取之于民而用之于民」。
（3）中国共産党が滅べば、国も滅ぶという考え方。
（4）原文は「家天下政権」。
（5）原文は「党天下政権」。
（6）原文は「替天行道」。

2　中国人は「党主導の民主」を受け入れるしかないというのか（1）

及川淳子　訳

二〇〇五年一〇月一九日、中国共産党の国務院新聞弁公室は「中国民主政治建設」という白書を発表した。これは中国共産党が権力を掌握してから初めて発表された民主建設に関する白書だが、白書が発表されたということのほかは、その内容に新たな意味はまったく見られない。

白書の中心となる内容は、「国情論」、「党権論」、「中国共産党英明論」に関する論証である。

今回の白書に書かれた「国情論」は、中国の経済が立ち後れ、国民の素質が低いことを強調するのではなく、中国共産党の核心的な指導的地位は歴史の選択であり、中国の人民が自らの意志で選択し、歴史的に形成されたものでもあり、中国共産党がその意志を人民に押しつけたのではないということに重点が置かれた。言うまでもなく、「国情論」は民主的なモデルの普遍性を否定するためのもので、特殊な国情をもって現在の中国共産党政権の合法性をごまかすためのものでもある。

「党権論」は、党の権力を至上とする中国の現行体制を公然と肯定した。人民主権という抽象的な民主建設にしても、もしくは憲法に書き入れた人権保護や具体的な人権にしても、また、全国人民代表大会や政治協商会議の制度にしても、いわゆる中国共産党の特色である「民主集中制」にしても、さらには基層レベルでの民主の進展にしても、法律に基づいた統治にしても、それらはすべて中国共産党の党権力の指導下に置かれなければならず、人民の主権とは関係がないのだ。「中国共産党英明論」は、次のように示している。現在の中国が収めているあらゆる成果は、いずれも中国共産党の功労であり、甚だしきは一連の失敗さえも、偉大な業績としての弁護をいとわないのだ。同じように、改革開放後の中国におけるわずかな民主的な成果も、すべては中国共産党の英明な指導者の功績とされ、決して民間から自発的に勝ち取ったものではない。

そういう訳で、白書は全世界に向けて次のように宣言したにも等しい。人民主権という民主の上には、中国共産党の党権というさらに高い権威があって、この党権こそがこの上もなく最高なのである。つまり、「党が指導する人民」と「党が主導する民主」でもあり、全人代は党権の傀儡、政治協商会議は党権のお飾り、司法は党権の道具、人権や民主という語彙は党権の装飾なのだ。中国共産党当局が発表した人権白書と同じように、この民主白書も虚言に満ちていて、例えば「中華人民共和国の一切の権力は人民のものである」と白書に書かれている。だが、一三億の国民は党権が鞭打つ羊の群れであり、国家主席の選挙への参与もまったく無縁だ。更に言えば、白書は「党内民主を発展させる」と公言しているが、しかし六八〇〇万人という党員の絶対多数も単なる党の奴隷にすぎず、党首選挙にも無縁である。

つまりこれが、白書が標榜した「中国政治の民主建設」なのだ！

ゆえに、この白書は「中国の民主政治建設」の公告というよりも、むしろ「党権を至上とする独裁体制を擁護する」ための公開弁論なのである。

一九四九年一〇月一日、毛沢東が天安門に初めて上ってから、「彼は人民の救世主(2)」という歌声が大陸に遍く広まったが、その後長い時間を経ても衰えることなく、今日でもなお人びとが不満を発散する際に往事を懐かしむ小道具となっている。一九八四年一〇月一日、鄧小平はその天安門から降りて三軍(3)を観閲し、「小平さん、こんにちは」という人びとからの真心の言葉で尊敬されるようになった。その後は「総設計士」の合図によって、まずまずの生活を目指せるチャンスを庶民に与え、「先に豊かになれる人から豊かになれ」と、経済の面では限定的な解放を獲得したのである。一九九九年一〇月一日、江沢民は三軍を観閲した後に、各方面からの攻撃に遭ったが、彼は依然として「前人の事業を受け継ぎ、将来の発展に道を開く案内人」としての中心的地位に鎮座し、またもや皇帝の恩義のように壮大な理論的革新を行い、大金持ちになった資本家たちを中国共産党に入党させて、皇帝が自ら裁定するかのごとき解放を政治面でも獲得したのである。全人代のみならず、政協における統一戦線の相手や政治的なお飾りまでもが、政権政党の一員になったのだ。新党首の胡錦濤は、いつ頃天安門に上がって三軍を観閲し、自らの親民的なイメージを作り上げようとしているのだろうか。

中国共産党の執政集団内部にも、人民を大切にし、ある程度現代的な政治意識を備えた高官がいるであろうことは私も否定しない。例えば、胡耀邦と趙紫陽が政権の座にあった当時は確かに善政も多く、しかも政治改革を推進するために危険を冒すことも厭わなかった。しかし、たとえそうであっても、庶民の権益は上から下へという恩賜を待つことしかできず、彼らのような良い政治家が中国共産党体制のもとで存在し続けるのが難しいことは言うまでもない。仮に一万歩譲って、国民の前に英明な君主がたびたび現れ、皇帝のお慈悲が偶然の行いではなく頻繁に行われたとして、恩恵を待つばかりの民族的な惰性は、人としての尊厳に対する侮辱だが、実益を得られるならばまだ情状酌量の余地がある。悲しむべきは、国民はこれまでに多くの苦難と待ちぼうけを経験したので、一人の賢明な君主やしみったれたお慈悲のひとつに偶然巡り会ったところで、得られるものはいつも遅ればせながらのわずかな保障や哀れみと慰めにすぎないということだ。どうして、相も変わらず王冠を仰ぎ見ることしかできないのだろうか？　しかも中国では、王朝交代の歴史上、皇帝が代わる度にその恩は限りなく壮大なものだとされてきた。荒廃の中から再興した建国の初期であろうと、至る所に危機をはらんだ末期であろうとも、民衆の福祉のためなどではなく、政権を固め、政権を維持し、あるいは政権を救うための政治的な必要だったのだ。それなのに国民は、まるで大人が面倒を見なければならない赤子のように、英明な君主の登場を相も変わらず待ちわびているだけだ。まさか本当に、国民は永遠に成長もできず、人格的にも知能的にも永遠に障碍をもち、宿命のように跪いて皇帝の恩を請い願い、押し頂くしかないというのだろうか?!

疑う余地もないことだが、ポスト毛沢東時代の大陸では、毛沢東時代と比較すれば、国民は衣食足りる実益と、極めて限定的ながらも個人が選択する空間を獲得することができた。鄧小平が創始した実用主義の猫論(4)は、階級闘争を強調した毛沢東思想よりも融通が利いて柔軟な弾力性を備えていた。しかし、そうしたあらゆる変化も、国民の基本的な生活状況を根本的に変えるまでには至らなかったのである。この国の統治者と被統治者の関係は、古来より現在に至るまで、なお脈々と続いているのだ。それはつまり、人の権利や国家の命運、社会の進歩や庶民の生活をいかに改善していくかという主導権と決定権が、いずれも独裁者の手中に握られ、それらのすべてが上から下へという恩賜で、庶民は万歳三唱して忠誠とご恩に対する感謝を示さなければならない。君主の英明さと徳を示すために、著名人は共に難関を切り抜ける友人を演じ、御用学者は優れた文章で弁護と賛美をしなければならないのだ。

この数年来、民間における権利擁護の運動はある程度進歩しているものの、しかし、民間の権利擁護の活動が直面している厳しい現実も直視しなければならない。人としての尊厳と自らの権益を勝ち取ろうとする下から上への運動は、陰険な独裁者によって権力の奪取や新王朝建設の道具に利用されるのではなく、野蛮な専制システムによって徹底的に討伐されてしまうのである。次々と蜂起する民間の大規模な反抗運動は、伝統的な暴力で反抗して王朝の交代を求めるやり方でも、現代の平和的抗争による政治的な反対運動であっても、専制制度と奴隷文化の根本を揺さぶることはできないのだ。

その原因は、どこにあるのだろうか。

独裁的な官権による鎮圧はむろんその原因のひとつだが、民衆の冷淡さこそが、より深いところに根ざした原因である。愚昧で、軟弱かつ盲目な民衆の心の中では、利用されることは解放されることに等しく、新たに生まれ変わることにも等しいのだ。軟弱で聡明なシニシズムの人たちにとっては、鎮圧されることは征服されることで、そこから共犯者となって太鼓持ちをするに等しく、少なくとも従順な民として沈黙するのである。国民は国家の主人公として真の解放を味わったことがあるのだろうか？　中国は専制王朝の統治という歴史の悪循環を、抜け出したことがあるのだろうか？

今日に至るまで、中国共産党の執政では、相変わらず「解放以後」、「建国以来」、「新中国建国以後」という表現方法を用いており、「共産党がなければ新中国もない」という言い逃れは、代々に渡って人びとの最も基本的な歴史の常識と言語習慣となり、民族の集団記憶の中に深々と沈殿して、口語や書き言葉の中でも広く使われている。中国共産党の歴史に精通した知識人や党内の開明派さえも、中国共産党が政権を掌握して以来の数々の罪悪を暴き出す際に、習慣的にこれらの語彙を用いて歴史を区分しているのだ。

同様に、現在の庶民が一九八九年の民主化運動と六四大虐殺を語る際に、圧倒的多数の人によって口から出任せに語られているのは、相変わらず「動乱」あるいは「暴乱」という言葉で、大規模で平和的なデモと血なまぐさい大虐殺を自ら体験した北京市民でさえも、その多くは政府が規定した用語を使っている。すでに政府側は気づかれないようにして、メディアでは「政治的風波」という表現を使い、「動乱」と「暴乱」に取って代わらせたが、人びとの言葉がそれと同じように多少なりとも変化したというわけではない。一九九九年に江沢民政権が法輪功を鎮圧してから、「邪教」という言葉が民衆の中で、特に小中学生や高校生大学生の中で急速に広まった。数年前のことだが、知人が一九八九年の民主化運動について「動乱」という言葉を使うたびに、私は反駁と訂正をしてやらなければならなかった。こうした訂正は、はじめは怒りを覚えたが、続けるうちに真剣になり、最後にはなすすべもなくなった。時間が長くなれば、その成り行きに任せてしまうということなのだ。強力なイデオロギーが長期間にわたって奴隷化された頭の中に受け付けられれば、記憶と言語はすぐに定型化されてしまうのである。

思想の怪傑とも言うべきルートヴィヒ・ウィトゲンシュタイン(5)の言語哲学によれば、言語とは決して伝統的な意味での表現の道具ではなく、つまり行為そのものであり、どのような言語による表現方法を選択するかということは、すなわちどのような思考方法を選択するかということである。どのような思考方法を選択するかということは、つまりどのような生活様式を選択するかということでもあるのだ。このことからわかるように、ご恩に感謝して崇め奉るような表現方法に慣れてしまえば、救世主にすがる意識を必然的に育てることになり、救世主にすがる意識は必然的に、上から下への恩賜を待つばかりの奴隷的な生活様式となって、救世主がいなければ恐怖のあまりに生きた心地もせず、喪家の狗よりも窮するのだ。

国民はこれまで何度も、上から下への政治改革に対する希望を新しく就任した為政者に託してきたが、しかしそのたびに結果は失望のうちに終わりを告げた。荒唐無稽なのは、度重なる失望が、中国共産党主導の改革に対する人びとの絶望にも近い希望というものを、依然として喪失させてはいないということだ。それはなぜだろうか？　よくある回答は、中国の国情がそうさせるのだというものだ。これほど大きな国なのだから、権勢のある制度で支配と統治を行わなければならないのだという人もいれば、中国共産党は強大すぎて独占している資源も多すぎるので、中国共産党が自己改革をしない限り、他のいかなる勢力も挑戦することなどできないという人もいる。民間の政治的な反対派は、どの分野でも中国共産党には力及ばず、彼らが政権を取ったとしても中国共産党には及ばないと言う人もいれば、まずは経済を発展すべきで、その後にようやく政治改革なのだから、経済の高成長を維持するには社会の安定を維持しなければならず、中国共産党だけが安定を維持できるのだという人もいる。大陸は人口が多すぎて教育レベルも低く、人びとは愚かで無知なので、エリートたちが恵んで下さる指導を受け入れる資格があるだけで、上から下への変革を行うことしかできないのだという人もいる。このような弁護はすべて、中国共産党がなくなるか、中国共産党が退陣でもしたら、誰が代わりに中国を効果的に統治できるのかということの証明にほかならない。中国内外の民主活動家や政治的に異なる見解をもつ人びとは、いつもこのような問いかけをされるのではないだろうか？　したがって、恩賜を待つ幸福が、つまりは一般庶民にとっての唯一の選択なのである。

国民が実現を目指して努力することもなく、甚だしきは最初から自己決定さえせず、自らの権益を勝ち取るための闘いがまだ始まってもいないのに努力を諦めてしまう時、人びとはおしなべて無意識のうちに、現在の為政者から離れてしまったら天下大乱に陥るに違いないという仮定を作り上げてしまうのだ。このような仮定は、つまり中国共産党の長期にわたる強制的なイデオロギーの植え付けによるもので、国民が今も改めることのない奴隷根性のためでもある。独裁者には、歴史の事実を無視してそのような仮定を説く理由があるのだ。なぜならば、彼らのあらゆる政策決定と言説の最終目的はたったひとつ——絶対的な権力の保持である。ゆえに、民衆には、このような仮説を信じなければならない理由など何もない。なぜならこの仮説が支えている制度は、まさに人を人とも思わないような秩序だからだ。国民はひとたび歴史の事実を忘れてこのような仮定を信じてしまうと、静かにおとなしく棚からぼた餅を待ちわびて、ほとんど無意味だというのにそれでも懲りずに名君聖賢を探し求め、民間における下から上へのあらゆる反対運動や、自らの権益を勝ち取るための運動を、ありがた迷惑な「面倒」と見なすのだ。為政者は九九の悪事を働いて、たったひとつの取るに足りない善事を行うのみで、一パーセントの善政で、九九パーセントの悪政を弁護するのだ。虐殺され、餓死させられ、監禁され、追放され、略奪され、差別されても、独裁者は依然として「偉大で、光栄で、正しい」ので、庶民たちは相も変わらずありがたがっている。

白居易の詩に、「野火焼けども尽くさず、春風吹けばまた生ず[6]」とある。大陸では、このように古くから伝わる名句は、まっすぐに腰を伸ばして立ち上がろうとする国民を描写するには決して適さず、優雅な姿で跪くことに慣れきった国民に対する絶妙な描写なのだ。皇帝に拝謁する正殿の下では、文武の大臣たちが整然と並んで一面に跪き、「万歳！　万々歳！」と三唱したが、天安門の城楼の上では、独裁者が手を一振りすれば、庶民が救世主を求めて歓呼の声を上げ、世界最大の広場はさざめく大海原となった。清朝が滅亡した後の国民、特に中国共産党が政権を掌握した後の国民は、もはや昔の人のように実際に跪いて拝礼することはないが、精神的には跪き続けて立ち上がることもできず、昔の人よりも酷い有様である。

人としてのあり方を説く箴言には、「人間は、生まれながらにして自由かつ平等である[7]」と謳われている。普遍的な奴役と不平等を招くのは、決して統治者があまりにも強大で英明だからというわけではなく、統治される側の者たちが跪くからなのだ。三跪九叩頭の皇権時代を廃止してすでに一〇〇年以上も経ったというのに、まさか、国民は相変わらず自分を貶めて、様ざまな理由を探し出して、跪いた自らの姿に言い訳をするというのか？　まずまずの生活という恩恵と金持ちの入党を許可するというわずかなお慈悲だけなのに、国民を跪かせて深謝させることで、独裁者の偉大さと恩恵を示そうというのか?!

自由な中国の出現は、統治者の「新政」に希望を託すよりも、むしろ民間において「新たな力」が絶えず拡大していくことに希望を託すほうがはるかによく、民間の尊厳が思想的にもまた法律的にも確立される日こそが、国民の人権が制度的に保障される時なのである。

二〇〇六年一月六日、北京の自宅にて

（1）　原載は「観察」ホームページ、二〇〇六年一月五日（米国時間）にアップロード。http://www.observechina.net/info/artshow.asp?ID=37696

（2）　原文「他是人民的大救星」。

（3）　陸・海・空の三軍。

（4）　鄧小平の出身地四川省に伝わる諺「白猫であれ黒猫であれ、鼠を捕るのが良い猫である」。観念論ではなく、経済発展を重視した鄧小平の合理的な思考を象徴する文言。もとは「黄色い猫」だが、人口に膾炙するうちに「白猫」に変化した。

（5）Ludwig Wittgenstein（一八八九―一九五一年）、オーストリア出身の哲学者。代表作には『論理哲学論考』などがあり、言語哲学研究の分野で影響を与えた。

（6）白居易の詩『賦得古原草送別』の一節。原文は「野火焼不尽、春風吹又生」。「野火で焼けても根は絶えることなく、春風の吹く頃にはまた生えてくる」の意味。

（7）「世界人権宣言」の一節。類似の「人間は、生まれながらにして自由である。しかし、いたるところで鎖につながれている」は、フランスの啓蒙思想家ルソーの言葉。

3　社会を変えて、政権を変える[1]

矢吹晋　訳

二〇余年の改革を経たが、中国共産党は政治的には権力の私物化を図り、民間の力量は分散しているので、短期的には政権交代[2]を行える政治勢力は見当たらず、政権内部にはゴルバチョフ[3]あるいは蔣経国[4]のような開明勢力は見当たらず、民間社会[5]にも政権と拮抗できる政治勢力は蓄積されていない。したがって中国が現代的な自由社会に転型する過程は、必ずや漸進的な、曲折に満ちたものとなり、時間的には最も控え目な見通しよりも長くかかるであろう。同時に、共産党政権の強勢に対して、民間社会はいぜん弱勢であり、民間の勇気は足りず、その智恵は未成熟であり、民間社会は初期の発育過程にあり、短期的には共産党政権に代替できる政治勢力に成長することはできない。この情況のもとで、中国の政治体制と現政権の変革は、功利を急ぐ計画、綱領、行動はどんなものであれ、実現の困難な空中楼閣でしかない。とはいえこれは、未来の自由中国[6]にいささかも希望がないということではない。

というのは、ポスト毛沢東時代[7]の中国の政治空間は、もはや「極権者[8]」が一手に天を遮《さえぎ》るものではなく、黒暗と光明の二重の色合いが現れているからだ。官と民の関係は、「万歳三唱」の仰望[9]でなければ、「万馬斉喑の暗闇[10]」しかなかった状況とは様変わりして、硬直政治の政権側と権利に目覚めた民間の併存、官権による鎮圧と民間の反抗の同時併存になっている。独裁制度は相変わらずだが、社会はもはや愚昧《ぐまい》ではなく、官権の覇道《はどう》は相変わらずだが、民間の諸権利の擁護運動はたえずあちこちで起き、文字獄[11]の恐怖は相変わらずだが、もはや「鶏を殺して猿を脅かす[12]」ように威嚇する力はない。政権の「劉暁波らに対する」「敵対意識」は相変わらずだが、「敏感人士[13]」はもはや人々から「瘟疫《ペスト》」のように敬遠される状況ではない。毛沢東時代に、個人独裁による権力統治が確立されたのは、以下の四大条件が同時に満たされていたからだ。

一つは、全面的国有化によって個人が経済上いささかも自主性をもてず、国民の全権を握る保護者のように政権が振る舞い、国民が政権に経済的に従属する状況が揺り籠から墓場まで続いていたこと。

二つは、完全にすきのない組織化によって、個人の人身の自由が全面的に失われ、組織が国民の合法的身分の唯一の証明となっていたこと。こうして組織を離れると一歩も歩けない、国民は政権に対して人身的に隷属し、組織の庇護がなければ、すべて「黒子[14]」扱いされるような社会になっていたこと。

三つは、暴力専政機関の加える圧力が全社会の生身の人間に対してハードな暴政として働き、極端な人治[15]と敵対意識によって「全民皆兵[16]」の独裁的雰囲気が形成され、すきのない警戒といたるところでの監視、ひいては誰の目もすべて監視カメラに変身し、誰もが単位、街道、隣近所、ひいては親友の監視[17]のもとにおかれたこと。

四つは、強大な凝聚力とアピール力をもつイデオロギーと大規模な大衆運動によって全国民の精神に暴政が加えられ、極端な［毛沢東］個人崇拝と領袖の権威によって一つの大脳[18]が全国民の思考精神をコントロールし、人為的に「体制側と異なる政治的見解の者[19]」を作り出し、経済上、政治上、社会上で迫害を行い、しかも人格的に、尊厳や精神の辱めを強要し、いわゆる「批判し打倒する[20]」という、肉体と精神の二重の暴政を行ったことである。

こうして圧倒的多数の被害者がこのような精神的暴政のもとにあり、人々は自己を辱しめることをやめることができなかった。しかしながらポスト毛沢東時代には、全体を覆う官権社会はもはや存在せず、社会にはすでに多元化という巨大な変化が現れ、官権はすでに全社会を完全にコントロールすることはできない。不断に成長した民間資本が政権の経済的基礎を蚕食し、日ましに多様化する価値観念が政権のイデオロギーに挑戦し、持続的な民間の諸権利の擁護が官権の横暴に挑戦しており、不断に増加する民間の勇気は政治テロの効力を日ましに萎縮させている。

とりわけ六四[21]以後は、個人権力をもって確立されていた四大支柱のうち、三大支柱はすでに程度の差こそあれ腐蝕するか崩壊した。経済上の個人の従属はすでに個人の独立と代替され、自分で稼いだ収入[22]が個人にとって自主選択の物質的基礎となり、社会には利益を主題とする多元化が起こり、組織上では個人の従属から次第に中途半端な個人の自由に代替され、中国人はすでにもはや選択の余地なしに、組織[23]の中で生きる必要はなく、組織を離れると一歩も歩けない時代は過去のものとなった。中国社会はしだいに流動化し、職業選択の自由が生まれ、イデオロギー上では、個人意識と権利意識の覚醒が大一統[24]の官権イデオロギーを崩潰させ、価値観の多元化によって、政権側は受動的にイデオロギーを調整することしかできなくなり、官権の価値系統から独立した民間の価値系統がしだいに形成されつつある。讒言[25]の吹き込みと、言論の統制は続いているが、その影響力は大幅に下降し、とりわけインターネットのもたらした情報革命は、情報の獲得と民間発言のチャネルの多元化をもたらし、官権の情報封鎖と政治議論を許さない管制手段は基本的に失効しつつある。

　権力支配の四大支柱のうち、残されたのは一元的な政治とハードな鎮圧体制だけである。道義は民間にあり、権力が政権側にある社会構造がしだいに形成されたので、毛沢東時代に行なわれた肉体を迫害し、精神を蹂躙する二重の暴政はすでになくなり、政治テロの効力も大幅に下降した。政権による迫害は、迫害される者から見れば、監獄を用いて人身の自由を剥奪したり、大批判で人格の尊厳を破壊するという、二重の効果を持つものではなくなったわけだ。

　政治的迫害によって、被害者に経済上の損失を与え、その人身の自由を剥奪できるとはいえ、もはや被害者の社会的名誉を棄損することはできないし、被害者を四面楚歌の社会的孤立のなかにおき、人格的に、尊厳を蹂躙して精神的に被害者とすることはもはやできず、しだいに被害者こそがまともな道義をもち、被害者こそが「民間の良知[26]」であり、「真の英雄」とさえ評価されるありさまだ。逆に官方の弾圧者は「汚い仕事を引き受けた」道具となる。被害者の多数は、いつまでも終わらない自己批判に耐えて組織から寛恕を乞うのではなく、大衆の前で自己を辱めるのではなく、大部分は逆に、被告席から大義のために毅然とした自己弁護を行うことによって、中国共産党の組織と法廷を、逆に道義上の被告席におくことができる。

同時に、旧ソ連東欧の共産全体主義陣営のドミノ倒し[27]以後、世界は自由化、民主化への大勢が日増しに強くなり、主流国家の人権外交と国際人権組織[28]の圧力によって、独裁体制と恐怖政治のコストはますます高くなり、官方による迫害の有効性と威嚇力は不断に下降し、中国共産党現政権も対内統治と対外対応において「人権尊重」、「民主尊重」のイデオロギーを評価しないわけにはいかない。換言すれば、非暴力による反抗の長い実践であれ、自由制度が歴史を終わらせるという予言であれ、最終的には人間のヒューマニズムが勝利する。人は肉体的存在であるばかりではなく、道徳感をもつ精神的な存在であり、道徳感の核心は個人の尊厳であり、尊厳の重視こそが正義感の天然の源泉なのだ。一つの制度あるいは一国家が各人に尊厳のある生き方を許すならば、人々の自発的アイデンティティーが生まれるのは、イタリアの神学者トマス・アクィナス（一二二五―一二七四）の政治美徳の理解と同じである。徳性をもった善政は、秩序を維持するだけでなく、尊厳もそこに確立される。さもなければ、各種形式の反抗が引き起こされ、良識による不服従こそが主要な反抗形式の一つとなるであろう。

自由制度が独裁制度にとって替わることができるのは、冷戦の終焉によって歴史が終り、自由が人の尊厳を認め尊重したのに対し、独裁は人の尊厳を認めず、それを地に落としたためである。非暴力反抗の偉大さのゆえんは、人類が直面する暴政と苦難に際して、被害者が愛をもって恨みに対し、寛容をもって偏見に対し、謙遜をもって傲慢に対し、尊厳をもって辱めに対し、理性をもって狂暴に対する点である。すなわち被害者の心と謙虚さをもって、尊厳の愛をもって主動的に加害者が理性、和平、仁愛の約束に戻り、「暴をもって暴にかえる」[29]悪循環を断ち切るのである。自由なき独裁社会においては、政権の独裁性を変革することは一時的には無力だという前提のもとで、私の理解する中国社会の転型を下から上へ突き動かす民間の道筋は、以下のごとくである。

1、非暴力の諸権利の擁護運動は政権奪取の目標を追求するのではなく、尊厳をもって生きられるヒューマニズム社会の建設に努力する。すなわち愚昧にして怯懦《きょうだ》な、使役に甘んずる民間の生存方式の改変を通じて、独立した公民社会を拡張するには、まず官権コントロールの薄弱な所で、民間社会の空間と資源を拡張する、次いで不断の、非暴力の反抗で官権のコントロールする社会空間を縮め、さらに民間の代価の累計によって独裁官権の統治コストを高め、「民権が一分進めば、官権が一分退く」漸進的構造を形成する。

2、非暴力による諸権利の擁護運動は、壮大な全体改造の目標を追求するのではなく、日常生活における自由の実践に努力し、生活の細部における思想の啓蒙、言論の表明と諸権利の擁護行動を通じて、とりわけ一つ一つの権利擁護の持続的累計を通じて、民間の道義的エネルギー、組織エネルギーと利益を得るための競争の経験を蓄積することに努める。民間勢力がまだ不足しマクロ政治の変革が困難な環境においては、最低限、個人の良識と小グループの協力によって力の及ぶミクロ政治の小環境を変革する。例えば練達のジャーナリスト盧躍剛[30]、李大同[31]らが官権の新聞体制に反抗して一定の成果を得たのはひとえに『中国青年報』内部の環境が健全だったことによる。

3、自由を許さない政権とその制度の力がどれほど強大であったとしても、個々人は自らが自由人として生きるために、すなわち尊厳のある誠実な生活の獲得に努力すべきである。いかなる独裁社会においても、自由は、それを追求する者たちが公然と声をあげて、身をもって行動に移る時、日常生活の細部において恐れるところなく努力しさえすれば、日常生活における言行が隷属体制を覆す基礎力に変わるであろう。仮にあなたが人間の基本的良識をもち、良識の呼び声に耳を傾けるならば、あなたの良識は公開の言論の陽光のもとに公開され、あなたの良識の閃光は、民間の感じるところとなり、なおさら独裁者の気づくところとなろう。

4、自由主義の価値を堅持して断じて放棄することなく、寛容の原則に基づいて、多元的対話を提唱し、とりわけ民間に異なる声と異なる選択が現れた時には、高調子の反抗は低調子の対応を一種の補充とすべきであり、自らを絶対の英雄とみなしてみだりに批判すべきではない。というのはそのようなやり方は、たとい政治的強制による道徳の強制とは違うとしても、自由主義の求める寛容とは距離が遠いからだ。個人が自己の理想を自ら選択して巨大な代価を払うことは、他人に理想を強制して同等の犠牲を強いる理由にはならない。

5、体制内の身分であれ、体制外の身分であれ、上から下への推進であれ、下から上への突き上げであれ、双方の間では、その発言権を尊重すべきである。たとえ官方に従属する言行であれ、民間の独立した発言に反対し、諸権利の擁護運動への反対をを強制するものでないかぎり、戦略の転換にとって有益なものと見るべきであり、その発言権を十分に尊重するならば、上から下への転型方式を主張する人士も、下から上への民間の探索に対して、十分な尊重を保つであろう。

相互の尊重と平等な扱いという前提のもとで、上から下へと、下から上への二種類の主張の間の論争と対話は、道筋の転換を形成する民間の共通認識となり、さらに有益な貢献を生み出すであろう。「すべての道はローマに通ず」というのは、このことだ。しかしながら、寛容は断じて暴政への黙認を意味するものではなく、絶対的相対主義という泥沼に陥ることを意味しない。自由主義の民間という立場の基本線、とりわけ断固として民間の言行に反対する、官方のいかなる強制的圧迫も、その圧迫がいかなる方式で現われるにしても――恫喝か、買収か、整頓か、除名か、取締か、逮捕と立法か――いずれにしても断固として反対する。

6、独裁権力に終始つきまとう制度、常識から逃避するのではなく、これに立ち向かい、民衆の権利なき地位を主動権を握りつつ改善することは、開明君主の到来に希望を寄せるものではない。民間と官府間の権力ゲームにおいて、官方の政策にいかなる変化があったにせよ、最も肝要なのは、民間の諸権利擁護の運動を激励し援助し、民間の独立した立場を堅持することである。とりわけ［権力側の］徳を讃える者が多く、悪政に立ち向かう者が少ない情況のもとで、体制外の立場を貫いて独裁政権を批判し反対することに努力すべきである。官方の意志が硬い時には、緩和を迫り、官方の態度がゆるやかな時は、虚に乗じて入り、民間の資源と空間を拡張し、体制内の開明的政策を支持すると共に、体制外の立場を堅持して、恒常的な批判を堅持する。

総じて、中国が自由社会に向かう道筋は、主として下から上への漸進的改良に依拠すべきであり、上から下への「蔣経国式」革命は困難だ。下から上への改革には民間の自覚、自発的、持続的、かつ不断に壮大になる公民の不服従運動あるいは民間の諸権利擁護の運動を必要とする。つまり、自由民主の民間力量を追求し、過激な政権の改革によって社会全体を再編成する道を追求するのではなく、漸進的に社会を変えていくことによって政権に変革を迫り、不断に成長する公民社会に依拠して、合法性の足りない政権を改造していく道を追求すべきである。

二〇〇六年二月二六日、北京の寓居で

(1)　原載は『観察』ホームページ、二〇〇六年二月二六日にアップロード。
(2)　原文は「改朝換代」。王朝の交代、転じて政権の交代。
(3)　ミハイル・ゴルバチョフ、ペレストロイカを実行した旧ソ連の改革派政治家。
(4)　台湾の政治家、蔣介石の子。「台湾経済の奇跡」を指導し、後の民主化の基礎を作った。
(5)　政権によって導かれる、自主性のない社会に対して、下から上への社会改革を可能とする劉暁波流の改革構想を支えるキーワードの一つ。
(6)　劉暁波のキーワードの一つ。民間の勢力によって樹立できる。
(7)　神格化された独裁者毛沢東は一九七六年九月九日死去し、それ以後をポスト毛沢東時代と呼ぶ。
(8)　極権とは暴力に依拠した統治のこと。その政治が極権政治であり、それを行う者を極権者と呼ぶ。
(9)　毛沢東個人崇拝のことか。
(10)　多くの馬がみな声をたてない、誰もが黙り込んで意見を述べない状況を表現する成語。
(11)　筆禍事件のこと。
(12)　原文は「殺一儆百」。鶏一羽を殺して、一〇〇匹の猿を脅かすという意味の成語。

(13) 劉暁波らのような、政治的に敏感な行動をとる「異なる政見の持ち主」。
(14) 産児制限政策に違反して、戸籍登録の認められない子を黒子と呼ぶ。
(15) 法治が未成熟で、「法によらない統治」が行われることを「人治」と呼ぶ。
(16) これはゲリラ戦争の論理で、ゲリラ社会が敵の包囲のもとで「全民皆兵」によって敵と闘うことを余儀なくされたのち、その刃が敵ではない人民に向けられたことを指す。
(17) これはジョージ・オーウェルの描いた小説『一九八四年』社会の姿と同じ。
(18) 毛沢東の頭脳を指す。
(19) dissident, 政見を異にする者、反体制分子。
(20) 原文は「批倒批臭」。
(21) 一九八九年六月四日の天安門事件を指す。
(22) 原文は「飯碗」。
(23) これを「単位」と呼ぶ。
(24) 統一を重んずる伝統的中国のイデオロギー。
(25) でたらめの言い方。
(26) 劉暁波自身がそのように感じているのであろう。
(27) 一九八九年にベルリンの壁が崩れ、東欧の民主化が起こり、旧ソ連は一九九一年一二月に解体した。
(28) アムネスティ・インターナショナルやヒューマン・ライツ・ウォッチなど。
(29) 原文は「以暴易暴」、暴力をもって暴力にかえるとは、統治者が変わっても武力政治の実態が変わらないことを指す。

(30) 前中国青年報『氷点週刊』副編集長。
(31) 前中国青年報『氷点週刊』編集主幹。

4　多面的な中国共産党の独裁[1]

及川淳子　訳

ポスト毛沢東時代の中国共産党政権は、その独裁は依然として変わらないが、しかし熱狂的なものではなく、理知的な独裁となって、ますます利益の計算に優れている。特に六四天安門事件の大虐殺の後は、どのような努力をしても中国共産党のイデオロギーの急速な衰微を改善できず、加えて、不自由な足を引きずるように遅々として進まない改革がもたらした利益のみの追求や腐敗の蔓延と二極分化は、政権の合法性に対する危機的状況を、雪に霜が降るかのごとく度重なる災難に陥らせた。そのため、たとえ独裁的な民族主義を煽動しても、民意と民心を凝集することはできなくなったのである。ゆえに、中国共産党が政権を維持するための主な方法は、経済の高成長と利益による買収にすがるほかなくなった。没落した帝制の伝統、腐りきった拝金主義、瀕死の共産独裁が互いに結びついて、奪略型資本主義と現行のあいまいな統治方法という最悪の状態に進展し、極限にまで達した日和見主義的統治も、今日の中国共産党の独裁に曖昧模糊とした多面的な特徴を見せている。

中国共産党の国内に向けた宣伝は、声高に教え込むものもあれば控えめな説得もあり、間欠的な運動でもあれば日常的な説教でもある。また、典型的な表彰大会でもあれば、寒暖を気遣うような日常的なものでもあり、娯楽の消費でもあれば利益による誘惑や脅しすかしでもある。さらには、堅苦しい主旋律でもあればソフトな大衆文化でもあり、強制的な忘却でもあれば娯楽化された忘却でもある。個人の利益に対する意識と民間の権利意識が絶え間なく覚醒している中国では、利益というものを除けば、ほかのあらゆるものが偽物だということを、現在の中国共産党政権は知っているのだ。ゆえに、六四天安門事件の後に、まず力を入れて買収したのは、政権の安定に対して重要な役割を果たす中心都市と各界のエリートたちであった。統治者に対する忠誠は求められるが、毛沢東式の強権時代に比べればはるかに控えめで実用的な方法だった。人びとが心から支持し賛美するなどということは、もはや得られないとわかっているので、忠誠を尽くすという基準は、人間的な良知の下にまで貶められて、心に背きながらも権力を支持し賛美するという人びとのシニカルな態度だけが求められた。これは、人間性の悪を奨励してなすがままにしておくことに等しく、つまりは自らの良心に嘘をつくということだ。

政治的に異なる見解をもつ勢力に対する中国共産党政権の抑圧は、尾行・盗聴・投獄もあれば買収や脅迫もあり、悪法による古めかしい慣習もあれば、法律の及ばない曖昧な空間でもある。また、政権による独裁でもあれば闇社会の暴力でもあり、公然の批判もあれば秘密裏の粛正もある。強硬な手段もあれば人情的な感化もあり（反体制の人びとの監視を受けもつ警察は、いつも「友だちづきあい」のような口ぶりで話し始める）、甚だしきに至っては、服従しない反抗者を取り締まる際に、警察官も自分たちのことを考えて、声高にイデオロギーを唱えるのではなく、飯の種としてやっているのだという論理で警察の仕事を弁護するのだ。体制とは政治的に異なる見解をもつ著名な人物を弾圧する際には、道義的な感化力と国際的な知名度を有する民間の英雄を、できるだけ作り上げないようにしている。著名な反体制論者に亡命を迫ることで、一石二鳥の効果が得られるということを会得したのだ。つまり、釈放して自由にしてやれば、国際社会の主流の歓心を買うこともでき、同時に直接影響のある政治的ライバルを一掃して、国内の民衆には反体制論者の道義的なイメージを損なわせ、民間における反対勢力の社会的な凝集力と動員力を弱めるのだ。非常事態に遭遇するか、あるいは行き過ぎた権力の恐怖が狂気じみた政策決定をすることでもなければ、もはや公開の運動という方法を採用することも徐々に少なくなっており、多くの場合において非公然に複雑な方法で行うか、甚だしきに至っては気づかないような方法で行っている。秘密裏に行われる様々な攻撃の手段によって、民間における体制への挑戦がまだ揺籃にあるうちに、できるだけひっそりと扼殺しようとするのだ。情報を封殺することで鎮圧によるマイナスの影響をできるだけ小さくし、大陸の著名な反体制論者たちを、国外では評価が高いが国内では評価されないというあいまいな状態にさせておくのである。反体制論者たちは国際的には大変有名だが、中国本土では一般的な知名度はなく、仲間内での有名人にすぎないのだ。

中国共産党は、既得権益の受益階層（官僚と商人）に対しても、まったく安心しているのではなく、放任すると同時に、用心のために支配下においている。政権は意図的に曖昧で融通の利くグレーな秩序を維持して、法治国家を標榜しながらも実際には人治を行い、権勢のある高官やエリートたちには蓄財するように奨励し、既得権益の受益者たちの資本蓄積を重大な原罪としているのだ。官僚はいずれも私利私欲を謀り、商売人はいずれも賄賂と脱税を行い、知識人はいずれも権勢のある人にすがって、金持ちが手にしている一銭たりとも汚れていないものはない。そこで、独裁者たちの手中には、いつ如何なる人に対しても追究することのできる弱みが握られている。前の晩には一緒に女性をナンパして、兄弟呼ばわりしてよろしくやっていたものを、今日は拘置状を取り出して取り締まるかもしれない。午前中は億万長者の模範企業家として、高官と一緒にテープカットの式典に出席していても、午後には無一文の経済犯として世間から唾棄されるかもしれない。去年は誰もが羨んだスターでも、今年は世間を騒がす犯罪者になるかもしれない。ほんの少し前には演台に上って「三つの代表」[2]の学習を呼びかける報告を行っていても、その直後には規律検査委員会によって特殊な取り調べ[3]を受けるかもしれない……。不法行為によって私財を肥やすことが普遍化している現実を前にして、中国共産党政権は次々と多くの法規を制定し、反腐敗と法律による統治を絶えず強調しているが、しかし、法律はあっても法律には依らず、厳格に法律を執行することもなく、違法行為も放任し続けている。ポスト毛沢東時代の政権は、もはやイデオロギーで白黒をつけることは好まないが、しかし現代の文化では、権力を行使できる範囲が明確に定められているということもなおさら好まないので、イデオロギー的に争うこともなく、法律的にも曖昧なまま、法律を任意で執行することに熱を入れているのだ。統治というハイレベルから言えば、激しい権力闘争の中で、権勢のある高官たちを弱みにつけ込んで強迫するためのもっとも鋭利な武器である。高官や金持ちに対して権力が自ら作り上げた個人的な忠誠を強要することができ、少なくとも最高権力に対しては、温和な挑戦であろうと挑むようなことはないだろう。具体的に法律を実行する官僚の立場から言えば、利益というものは彼らがもっとも好むグレーゾーンへと駆り立てる。なぜなら、彼らが不法に蓄財をするのに、非常に好都合な駆け引きの空間を提供するからだ。同じような策略は、かつては反体制論者でも、すでにビジネスを始めて実利的な生活を送っている人びとに対しても有効であり、彼らに活路を与えると同時にまた弱みも握って、そうした人びとが民間の反対勢力に戻る可能性を効果的に根絶したのである。

しかしながら、実用的で柔軟な支配方法は、その徹底した日和見主義的な性質のために、まさに独裁政治の末日という景観――制度そのものが穴だらけで、統治の合法性とその効力が急速に失われている――という状態を呈しており、統治者と被統治者は、ひたすら利益を追求するという便宜性に基づいて協力している。まずまずの経済状態[4]と引き替えに約束される忠誠など、まさしく腐りきった魂だ。利益至上に駆り立てられて、潔白な官僚など一人もおらず、一銭たりとも汚れていない金はなく、誠実な言葉のひとつもない。それゆえに、中国共産党のあらゆる手段は、独裁者が最後の統治を維持するための間に合わせの策であり、すでに無数の亀裂が入っていることの独裁というビルディングをいつまでも支えることなど、まったくもって不可能なのである。

二〇〇六年三月一三日、北京の自宅にて

（1）　原載は「観察」ホームページ、二〇〇六年三月一三日にアップロード。http://www.observechina.net/info/artshow.asp?ID=38354

（2）　二〇〇〇年に、江沢民総書記が発表。中国共産党は「中国の生産的な社会生産力の発展の要求」、「中国の先進的文化の前進の方向」、「中国の最も広範な人民の根本的利益」を代表するという思想で、私営企業家の入党を公式に認める根拠となった。二〇〇二年中国共産党第一六回全国代表大会で党規約に明記され、二〇〇四年の第一〇期全国人民代表大会では憲法に明記された。

（3）　原文は「双規」。中国共産党規律検査委員会が規定した時間と場所で、事件に関わる事情聴取を受けること。

（4）　原文は「小康」。

5 独裁の勃興が世界の民主化に及ぼすマイナス効果[1]

及川淳子　訳

中国共産党の党首である胡錦濤が、初のアメリカ公式訪問を行った。六四天安門事件以降の対米外交における控えめな実務交渉を依然として踏襲しているが、そのねらいは安定的な中米関係を維持することにある。中米貿易赤字を縮小させるため、中国共産党は一六二億ドルのアメリカ製品購買リストを進呈した。また、知的所有権問題に対するアメリカの強い関心を落ち着かせるために、胡錦濤はマイクロソフトのビル・ゲイツ会長の自宅を訪れ[2]、マイクロソフト社の訪問時には知的所有権の保護について熱弁をふるって言明した。さらに、中国共産党の為替レート統制に対するアメリカの強烈な不満を緩和させるために、中国側はより柔軟な方法で為替レートに対応していくことを承諾した。胡錦濤がアメリカ訪問時に発表した一連の演説では、中米には幅広い共通利益と協力の基礎があり、世界の平和と発展を促進するという重要な責任を担っている、中米関係の健全かつ安定した長期的発展は、両国人民に利益をもたらすのみならず、アジア太平洋地域及び世界の平和的安定と繁栄に利益をもたらすものだと発言した。同時に、中国共産党に対するアメリカの憂慮を少しでも減らして関心をそらすために、胡錦濤はブッシュ大統領に対して、国内の政治経済問題に追われているのでアメリカに挑戦を挑むつもりはないと非公式に伝えたのである。

しかし、胡錦濤が、シアトル経済貿易ツアーのにぎわいとホワイトハウスでの「ブッシュ・胡錦濤会談」の冷ややかさに初めて直面したことで、中米間の政冷経熱と不信があらためて際立つことになった。「ブッシュ・胡錦濤会談」は、主としてそれぞれ発言すべきことを発言しただけで、重要な問題についての大幅な進展は見られなかった。胡錦濤がもっとも関心を抱いている台湾問題について、ブッシュの態度は明らかに中国側の期待を満たすものではなく、ブッシュがもっとも関心を抱いているイラクの核問題について、胡錦濤は依然として制裁反対の立場を堅持したのである。そのため、今回の「ブッシュ・胡錦濤会談」に対するアメリカメディアの評価はいずれも高くはなく、ＡＰ通信は「失敗（failed）」と形容するほどだった。

訪米の最後は、胡錦濤のエール大学での講演だった。[3]彼は国内で提唱している「人を基本とする」[4]、「調和の取れた社会」[5]という公式スローガンを外交の言葉に置き換えて、中国は平和的な勃興を忠実に守り、調和の取れた世界のために力を尽くすと約束した。

冷戦後の世界秩序の中で、中国は大いに注目される国の一つとしてすでに勃興している。改革開放政策は、独裁中国をもっとも発展が早い国家へと変貌させ、ソ連の解体によって中国共産党は今日の世界における最大の独裁政権となった。世界で最大の自由国家と最大の独裁国家の間に、真の共通利益が少しもあろうはずはなく、中国共産党の党首がアメリカに迎合することと、アメリカ大統領が中国の独裁者をもてなすことは、私が考えるに、すべて便宜的な計略だ。自由な世界と利益獲得の駆け引きを行う中で、今日の独裁中国共産党は、伝統的な強権を行っていたソビエト共産党とはすでに全く異なっており、中国共産党はもはやイデオロギーの固守や軍事的な抵抗を行うことはなく、経済発展とイデオロギーをかなぐり捨てた幅広いつきあいに転じて力を注いでおり、経済的には市場化の改革を実施してグローバルな世界に溶け込む一方で、政治的には独裁体制を固守して西側による平和的な政権転覆を全力で防止しているのだ。

それゆえに、中国共産党が固守している不自由な足を引きずるように遅々として進まない改革は、中国に政治的な進歩をもたらすことはなく、逆に独裁政権が金銭外交によって世界の文明を腐蝕させているのだ。中国共産党の現政権は本当に金持ちで、金銭外交も実に役立っている。生き残っている暴政にわずかな余命をつなぐことができ、自由な国々に対しては道徳的な基準を下げてまでしても、中国共産党の政治的要求に迎合させるのだ。中国共産党は、現在の世界における最大の独裁政権として、グローバルな民主化の進展を妨げる巨大な障碍の一つになっていると言うことさえできる。

一、すでに中国共産党政権は、旧ソ連に取って代わり、その他の独裁国家にとって輸血機器のような存在になっている。中国共産党は北朝鮮、キューバ、ミャンマーなどの独裁国家に対して大規模な経済援助を提供し、西側からの経済制裁をわずかでも相殺することで、いくつか生き残った暴政がわずかに余命をつなげている。中国共産党は、スーダン、シリア、キューバ、ジンバブエなどの悪名高いゴロツキ政権との間で、エネルギーに関する多くの協定に署名して大規模な協力を展開している。また、左傾化しつつあるラテンアメリカ諸国を、中国共産党は大規模投資によってうまく丸め込もうとし始めてもいる。さらに、エネルギー協力によって、極端なまでに反米・反西洋であるイランなどのイスラム国家を引きつけている。最近、中国共産党はイランとの間で、中国側がイランから石油と天然ガスを買い付けるだけでなく、一〇〇〇億ドルの資金を投じてイランのヤダバラン油田を開発することで合意した。これは、現在までのところ、イランと外国が締結した最大規模の経済貿易の契約である。イランの核をめぐる危機の中で、中国共産党とますます独裁的になっているプーチン政権が協力して、極めて原理主義的なイランが西側に対抗するのを助けているのだ。

二、中国共産党は金銭外交と政治の多極化によって、ヨーロッパの自由な大国から政治的な譲歩を引き替えにしている。まず、中国共産党は、西側の同盟国の中でもイラク問題に対する立場が大きく異なっていることに乗じて、フランス、ドイツ、ロシアとともにサダム・フセイン打倒の戦争に反対し、これらの国々とともに多極的な世界の実現を鼓吹してアメリカ一国主義に抵抗し、ブッシュ政権の中東における民主化政策に障碍を設けたのだった。それから、中国共産党が発注する巨額の貿易購買リストと中国の巨大なマーケットという誘惑のために、ヨーロッパの大国であるフランスとドイツは、中国共産党政権をもはや完全に受け入れてしまったかのようだ。両国の政治家は、中国共産党との戦略的パートナーシップ関係締結を誉れとして、人権などの普遍的価値はまったく顧みなくなってしまった。中国共産党は西側陣営に打ち込んだ楔となって、自由主義陣営内部における対中政策の相違をますます大きくしていると言える。その中でも、フランスのシラク大統領の態度はもっとも恥ずべきものだ。彼はエッフェル塔を真っ赤にして胡錦濤の訪問を歓迎し、(6)シラク大統領夫妻と胡錦濤夫妻の記念撮影は、自由な大国の元首が独裁の大国の党首に媚びへつらう様を見せたのである。シラク大統領は中国共産党が六四天安門事件の大虐殺の血痕を覆い隠すのを積極的に支援して、EUの対中国武器禁輸措置の解除を全力で推進したのだが、その理由は、六四天安門事件はすでに過去となったのだから、大虐殺によって制定された武器販売の禁令も、ゴミとして投げ捨てるべきだというものだった。幸いにも、EUはフランスとドイツの圧力に屈することなく、武器禁輸措置を継続している。またこれと同時期に、ドイツ政府に新首相が誕生し、親米的なメルケル夫人が反米的なシュレーダー元首相と交代したので、ドイツの新政府は対中国武器禁輸措置の解除を再度推進することはないとすでに公式に表明したのだった。

三、中国共産党は国内の巨大市場を利用して西側の大資本を利益で釣ったり脅したりしており、資本の側も利益追求という本質のためには、普遍的価値や公平な貿易などは、それこそお構いなしである。それゆえに、西側各国の大資本は、必然的に本国の対中政策に影響を与えているのだ。例えば、アメリカのボーイング社はできるだけ多くの航空機を販売したいと考えているだけなので、アメリカ政府が中国共産党に対して政治的なある種の譲歩を行うように働きかけをするのも必然である。アメリカのヤフー、マイクロソフト、グーグルなどトップクラスのインターネット会社は、急速に成長している中国のインターネット市場でのシェア拡大をさらに望んでいるだけなので、アメリカの価値観やアメリカ政府の人権外交などは関係なく、アメリカの価値観と政府の外交政策に逆行するようなこともしばしば行っている。そうした企業は、利益を得るためならば普遍的価値やアメリカ政府の人権外交に背くことなど全く意に介さないのだ。それらの企業が、中国共産党政権の政治的圧力と利益を餌にした強迫にすっかり屈してしまうならば、言論の自由を制限して文字の獄を作り出す共犯者となり果てるだろう。

独裁中国共産党の勃興が世界文明に及ぼすマイナス効果を取り除くためには、世界最大の独裁国家ができるだけ早く自由民主の国家へと転換するように支援しなければならない。全世界の民主化という壮大な事業にとって、中国は全体的な布石の中でも重要な位置にあるため、中国でうまくいけば、全てがうまくいくことにもなる。したがって、十数億もの人口を思うままに拉致しているような中国共産党の独裁が、今後も人類の文明を腐蝕させていくか、あるいは世界でもっとも大量の人質を奴隷状態から救い出すかということは、中国人にとって当面の急務であるだけでなく、すべての自由な国家にとっても急務なのだ。

中国が自由な国家に変われば、人類の文明にとって計り知れないほどのプラスの価値となるだろう。それは、旧ソ連と東欧の強権帝国が世界的に崩壊した後に、わずかに生き残っている独裁体制に対して、またもや世界的な規模で引き起こされる雪崩となるにちがいない。北朝鮮、ミャンマー、キューバ、ベトナムなどの独裁政権は、政権の維持も困難になるだろうし、独裁体制を固守し続けている中東の諸国も、強烈に震撼させられることだろう。

二〇〇六年四月二一日、北京の自宅にて

（1）原載は「ＢＢＣ中文網」ホームページ、二〇〇六年五月三日にアップロード。http://news.bbc.co.uk/chinese/simp/hi/newsid_4960000/newsid_4969600/4969676.stm　ただし、この文章は二種類ある。「ＢＢＣ中文網」に掲載された「中国崛起対世界民主化的負面效応」は、信息自由観察工作室編『劉暁波档案』（香港・溯源書社、二〇一〇年）にも収録されているが、劉霞・胡平・廖天琪編『劉暁波文集』（香港・新世紀出版社、二〇一〇年）、陳奎徳・夏明編『自由荊冠――劉暁波與諾貝爾和平奨』（香港・晨鐘書局、二〇一〇年）には、ＢＢＣ版とは一部異なる「独裁崛起対世界民主化的負面效応」が収録されている。ＢＢＣ版はこれらのダイジェストであるため、ここでは『劉暁波文集』に掲載されているテキストから訳出した。

（2）胡錦濤国家主席が就任後初めてアメリカを公式訪問した二〇〇六年四月一八日、ビル・ゲイツ氏の邸宅で開催された晩餐会に出席した。経済外交を重視してシアトルから訪問をスタートさせたことに加え、中国の最高指導者が民間人の自宅での夕食会に出席したことは異例のケースとして注目された。

（3）二〇〇六年四月二一日、胡錦濤国家主席はブッシュ大統領の母校エール大学を訪問し、中国の発展戦略と米中関係について講演した。

（4）原文は、「以人為本」。

（5）原文は、「和諧社会」。

（6）　二〇〇四年はフランスにおける「中国文化年」で、両国の交流事業が推進された。中でも一月下旬の春節直後に行われた胡錦濤国家主席のフランス訪問にあわせて、エッフェル塔を中国のシンボルカラーの赤でライトアップしたことが注目された。

6　ヤミ煉瓦工場の児童奴隷事件[1]の追及を継続せよ[2]

矢吹晋　訳

中国内外をひどく驚かせた山西省ヤミ煉瓦工場の児童奴隷事件が暴露されてから、すでに二カ月を経た。しかし、中国内外で深層において問責を求める世論が滔滔と現れ、中央から地方への一連の指示[3]とともに、担当者の派遣・謝罪、数万の警察による絨毯式調査が行われているのに対して、また山西官権の「一〇日内にすべての児童奴隷を救出せよ」という軍令状とは対照的に、山西ヤミ煉瓦工場の児童奴隷事件の幕引きはあまりにもいいかげんである。

現在、広範に存在し、十数年の長きにわたるヤミ煉瓦工場の児童奴隷の現象は、すでに洪洞県広勝寺鎮曹生村の一つのヤミ煉瓦工場に収斂され、裁判被告席に送られた犯罪人は極めて少なく数人にすぎない。起訴の罪状も不法拘禁、職工への強制労働、故意の傷害など三つの罪名に縮小され、児童奴隷を不法に使役し、児童を誘拐・虐待した、などの罪名は消えてしまった。

裁判の結果、煉瓦工場の現場監督・趙延兵[4]が死刑判決を受け、河南籍の包工頭[5]・衡庭漢は無期懲役刑を受けた。その他被告は一年半から九年の懲役刑を受けた。最も際立っていいかげんなのは関係役人への処罰である。七月一六日、官側が公布した職務怠慢、汚職の官員は、人数は少なからず、都合九五名の党員幹部と公務員が党紀・政紀処分を受けた(6)、しかし数量の大きさで質を隠すことはできない。処罰されたのはすべて基層（末端）官員であり、最高級の幹部でも洪洞県の数人の「七品芝麻官(7)」であり、県委書記・高洪元は党内厳重警告処分、県委副書記兼県長・孫延林は免職、副県長・王政俊は党内厳重警告処分と行政解雇処分だった。

このように重い犯罪に対する、このように軽い懲罰は、遅れてやってきた正義が人々の期待を満たさないだけではなく、疑いなく被害者に対して大いに不公平であり、滔滔たる民意に対する最大限の蔑視であり、司法の公正さに対する冒涜でもある。ゆえに胡錦濤・温家宝中央の「親民(8)」メロディーをどんなに高く歌っても、山西省長［于幼軍］の自己批判と謝罪がどんなに誠実であったとしても、大規模な児童奴隷制度を生み出した根源を真に取り除くことはできず、中国共産党政権への政治的信頼失墜とその権威の破産を救うことはできないのだ。つまり、官権のヤミ煉瓦工場の児童奴隷事件に対する処理は、以下の追及に根本的に堪え得ない。

第一問、なぜ官側による児童奴隷救出の効率がこのように低いのか？　六月五日、インターネットサイトに『四〇〇人の父親が血涙で訴える、誰がわれわれの子たちを救ってくれるのか』という救援要請の手紙が現われた。「全国の注目を集めた洪洞の虐待事件は、氷山の一角にすぎない、ほかにも一千余の生命が危難に遭っている……われわれの子供たちを救え！」と。しかしながら半月が過ぎても、これらの父親の大多数は、いぜん自分の子供を探し出せない。六月二〇日、四〇〇名の父親が再びインターネットを通じて呼びかけを発した公開状によると、彼らの子供探しの活動の中で、一〇〇余名の子供が救われたが、大部分は河南の子供ではなかった。もっと多くの子供が探し出せず、［別の工場に］移されたかもしれない。引き続き救出をよびかけ、調査範囲を拡大するよう提案し、全国規模の子供探しを提案している由だ。

これとともに、世論も引き続き政府を問責している。例えば、六月二七日、『南方都市報』社説『一人も漏らさず救出するにはどうすればよいか？』はこう指摘した。「どのようにしたら犯罪の死角を残さずに、一人も漏らさず救出できるのか？　山西省官員の上っ調子の態度表明に依拠するだけでは、これを達成することはできない。まさにこの時に、政府はより徹底的に調査を行い、社会はより誠実にこれに協力し、公民はより深刻に覚醒してこそ、児童奴隷を救出する行動において「一人も漏らさない」ことが可能になる、より差し迫っているのは、公民を奴隷化する社会の土壌を徹底的に消滅させることである。これはどのように上っ調子な政治的態度表明よりも、はるかに切迫した課題だ」。

しかし本文を書き終えた時点で、児童奴隷を救出する行動に新たな進展は見えず、大陸メディアの報道によると、救出された児童奴隷の数は一〇〇余名にすぎない、失踪した一〇〇〇名を超える子供の十分の一にすぎない。ここから分かるように、政府とヤミ勢力との対抗において、巨大な力を誇る政府が、意外にもヤミ社会に勝てないのだ。数万の警察による絨毯式ローラー作戦によって、このように憐れな結果しか得られないのは、ヤミ社会が猖獗《しょうけつ》をきわめているからではないのか？　それとも政府はあまりにも無能すぎるのか？　その答はただ一つ、後者である。

周知のように、社会の主要な資源を独占する独裁政府として、その執政能力は解決の難しい相互矛盾を抱えている。官権の安定を維持し、特権的利益をかすめとる上で、たとえば民間の権利擁護の鎮圧、異なる政見人士の監視、メディアのコントロール、汚職・腐敗などの面では、中国政府とその官員たちは、あまりにも有能でありすぎ、手を突っ込まないところがないほどだ！多数の警察車を用いて数名の警察がたった一名の異なる政見人士を監視することができる。だが、民衆サービス、社会的公正の提供、社会公益を図り、犯罪対策に責任をもつ点では、中国政府とその官員は、あまりにも無能であり、無能すぎて、熟視しても犯罪が目に入らない。あろうことか、児童奴隷現象は長期にわたって大規模な存在になるまで放置された！

第二問、中国の官員は、なぜこのように冷血で鉄面皮なのか？　胡錦濤、温家宝らが指示を出した後、洪洞県政府は一一個の工作組を派遣し、県政府の謝罪の手紙を携帯し、全国一二省市をそれぞれ訪問して、謝罪文、賃金、慰問金を直接、救出された農民工に手渡した。当県紀律検査委員会も介入して、官員がこの事件において汚職を行ったか否かを調査した、二〇日、総理温家宝は国務院会議を主宰して、山西省省長于幼軍[9]が国務院会議で省政府を代表して自己批判を行った。二二日、国務院労働保障部・公安部・全国総工会の連合工作組は太原で新聞通気会[10]を行い、于幼軍が省政府を代表して、ヤミ煉瓦工場事件で傷害を受けた農民工兄弟とその家族に謝罪を表明し、全省人民に対して自己批判した。六月二八日、山東籍の全人代代表・王全傑は山西省長・于幼軍に宛てて、『山西省労働・社会保障庁庁長の辞職を請願する建議』を書いた。王金全の手紙は、次のように指摘した。「近来、山西省ヤミ煉瓦工場事件は全国を震撼させた。……千夫の指弾するところ、万民の怨むところとなっている！　……山西省省長于幼軍は国務院に対して自己批判を行い、被害者に謝罪を表明し、山西省人民に対して自己批判を行った。しかし渦中の、全省の労働雇用を直接主管する山西省労働・社会保障庁の官員は意外にも冷静で、一人として責任をとらず、一人も人民に謝罪せず、そこには労働監察部門と公安部門の「果敢な出撃」という報道があるだけである。人々はこう問わないわけにはいかない、このように大きな事件に際して、まさか労働主管部門に責任はないというのか？　……山西省労働・社会保障庁の最高行政官として、泰然自若として全省の労働者救済工作に当たることができるのか？

国家「公務員法」第八二条は明確にこう規定している、「指導メンバーは工作の重大な失敗により、重大な損失あるいは悪劣な社会的影響をもたらした場合、あるいは重大な事故に指導責任をもつ場合、指導職務を引責辞任すべきである。『引責辞任』とは、法制社会の一大進歩である。「職務怠慢の官員は引責辞任してこそ、民の信頼を得られる」。「重大な過失の前で引責辞任することは、普通の政治行為であり、官員が職務を尊重し、民意に敬意をはらい、主動的に公民の監督を受け入れる誠実な態度の体現であり、羞恥感をもつ人類の本能的条件反射である。これに照らして言うと、『厚黒学』[11]の原則と『起重機』の万力で、全国世論の譴責に対抗し、あくまでも官位上で責任のある担当官を頼りにするのは、民意に敬意を払わないだけでなく、羞恥感さえも欠けていることを意味する」。「最後に、私は再度鄭重に呼びかける。ヤミ煉瓦工場事件において逃れることのできない責任をもつ山西省労働・社会保障庁庁長は、全国民の怒りに対して、勇んで責任を引き受け、時勢を見極め、民意に従い、断固として引責辞任し、実際行動をもって謝罪を表し、役人の態度を正して、国民に謝罪せよ！」

しかしながら、社会世論が声を合わせて、「山西高官は民意の要求を容れて辞任せよ」と求めたとき、児童奴隷事件に責任をもつ地方官は、なぜ今日に至るまで一人として、省級・局級官員が辞職しないのか？　なぜ中央政府はこれらの省級大官僚を問責しないのか？　なぜメディアは、山西ヤミ煉瓦工場だけを報道し、失踪した子供が最も多い河南省の官権を不問にするのか？　この情況下で、山西省省長・于幼軍が自己批判と謝罪を行ったのは、いいかげんに終わらせてきたことを最後の段階でケリをつけただけの話だ。

千夫の指弾した山西で、処罰を受けたのはすべて県・鎮級の官員どまりであり、臨汾地区の党政機関と官員だけが自己批判した。中新網七月一六日の報道によると、山西省委は臨汾市委、運城市委に対して、省委に対し深刻な自己批判を行うよう命じ、省人民政府はすでに臨汾市、運城市の人民政府と、省労働社会・保障庁、省国土資源庁、省工商局に省政府に対して深刻な自己批判を行うよう命じた。その主要な責任者は本市、本系統の幹部大会で自己批判を行った。

実は、公開で謝罪し、引責辞任すべき官員は山西に限らない。河南省でも高官は顔を出して、責任を引き受けるべきである。というのは、今回のヤミ煉瓦工場の児童奴隷事件という犯罪連鎖の中で、河南省内の犯罪行為は山西省に劣らないからだ。「四〇〇名の家長の呼びかけ書」はいう。失踪した未成年者のうち、河南籍の子供は三分の二を超える。これほど多くの河南の子供が長期に失踪したことは、河南境内で人身売買が猖獗をきわめ、児童奴隷の主要な源泉の一つと成っていることを示すものだ。このように多くの家長が長期にわたって探しても成果がなかったのは、河南公安機関の事情を知っていて調査せずという、きわめて重大な職務怠慢を物語る。したがって、河南省の公安機関は職務怠慢の責任を負うべきであり、河南省省長・徐光春は少なくとも山西省省長・于幼軍と同様に、被害者とその家族に公開で謝罪すべきである。中国共産党の各級官員がこのように冷酷で、責任を負わないのは、中国共産党体制下の公権力私物化とその独占的な官員任命制のためである。

一党独裁権力とその特権階層の既得利益を確保するために、中国共産党が各級官員の任免権をしっかりと確保しているのは、公衆に授権された公権力を私的に授受された一党私権と見なしているからだ。こうして中国各級官員が生まれるのはすべて「下から上への」「民意による授権」ではなく、「上から下への」「上級からの授権」である。官員を生み出すこのようなメカニズムは、官員たちをして「執政為官」[12]（執政は官［上級］のため。烏紗帽[13]の官のために働くこと）になるように鼓舞しており、根本から「執政為民」（執政は民のため）とはなり得ないのだ。例えば、ヤミ煉瓦工場児童奴隷事件に直面して、山西省長・于幼軍は『南方周末』記者の取材を受けた時、依然として「中央への責任」を首位に置いている。彼はこう述べた、「中央が私を山西の工作に派遣し、重任を委ねて、全人代代表が私を省長に選び、希望を託した、私は『守土有責』[14]であり、中央と憂いを分かち、百姓のために愁いを解く（「ヤミ煉瓦工場事件に直面して、于幼軍が胸中を述べる」『南方周末』二〇〇七年七月五日）。

省級大官員が辞職しないことはさておき、ヤミ煉瓦工場事件に直接の責任をもつ臨汾市の主要官員も今日に至るまで誰も辞職していない。しかも、失踪した子供の事件の報告を長期にわたって放置した山西・河南の公安機関のうち、地元派出所の責任者が問責されたのを除けば、より高位の警官は誰一人公開の場で自らの職務怠慢を認めていない。独裁党権の道具としての司法制度は、必ずや執法者の民衆に対する有能ぶりと官とヤミ勢力の結託に対する無能さを招くのだ。

第三問、なぜこのように長く、このように大規模なヤミ煉瓦工場の児童奴隷が今日に至るまで、広く暴露されることがなかったのか？　もし文明国で現代において「児童奴隷」事件が発生し、千を超える未成年者が児童奴隷扱いされたならば、たとえその数が数人だとしても、各種大メディアが追いかけるトップニュースになるだろう。しかしながら中国では、内外を震撼させた山西児童奴隷事件が暴露された後、大陸メディアのトップニュース欄はいぜんとして、中国共産党のボス達の活動がしっかりと占拠していて、称賛記事を主旋律とする「正面報道」[15]がいぜんあらゆるニュース報道の中心になっている。

これに対して、中国共産党各級の宣伝部、新聞出版署などの主管組織は、逃れられない責任を負っている。まさにこれらのイデオロギー官僚たちは猟犬と同じように、メディアを監視し、メディアに迫って党の代弁人にし、民衆の知る権利を剥奪し、新聞自由を扼殺している。さらにいえば中国における新聞の自由、言論の自由の欠如が、長期の情報封鎖、言論管制、代弁体制となり、メディアはすでに官権の愚民政策の道具と化している。この体制下で、公共情報が隠されるために、しばしば重大な公共危機をもたらし、しかも重大な公共災難が暴露されるごとに、中国共産党はコントロールしているメディアを通じて、犯罪を犯したボスを「恩人」に変身させ、悪政を「善政」に見せかけ、失敗を「業績」に見せるトリックを弄して、突出したニュース・スペースを用いて支離滅裂な、胡錦濤、温家宝のイメージを修復している。

それゆえ中国内外で山西児童奴隷事件が暴露された後、児童奴隷たちの遭遇と行方は、胡錦濤、温家宝ら高官の指示に置き換えられ、父母たちの子供探し行動も、地方政府の展開した救出行動に置き換えられた。こうして、メディアの独占は再び神業のような役割を発揮して、中央高官と地方大官の言行の報道がメディアの主要位置を占めて、被害者の言行は大部分がインターネットを通じて披露されるほかなかった。

第四問、中国のヤミ経済、民工に対する搾取と虐待、児童奴隷の大量使用と誘拐・販売問題は由来久しく、驚くべき大事件が時にニュースになっても、なぜ今日まで有効な管理と抑制ができなかったのか？　正にこれらの違法犯罪行為が時を移さず制止されなかったために、広範な、不法ヤミ工人と「児童奴隷」の酷使事件が起こったのである。

これらの違法な犯罪的手段で成り上がった大小企業家の背後には、大小の利益集団の保護があり、地方政府とその官員がヤミ勢力の保護傘になっている。彼らは堂々たる言辞で「地方経済の発展」と「一帯の平安確保」を語る。こうして中国社会がすでに官とヤミの社会が一体化し、「ヤミ勢力が官権化」し、「官権がヤミ社会化」している。例えば、大多数の富豪級のヤミ社会ボスの大部分は、全人代代表あるいは政協委員の肩書をもち、官権はヤミ社会の力を借りて事を治めている。

もとより、官とヤミが一体化したヤミ煉瓦工場の経営者と地方官は、これに責任をもつべきだ。しかしながら中央政府は、この官とヤミの結託した勢力の横行と地方保護主義に対して、施すべがなく、長らく悪事を放任した。その理由は客観的に「不可能」だったかのか、それとも主観的に「為さず」であったのか、結果的には地方の官とヤミの一体化を放任したに等しい。こうして人々は、中央の最高意志決定層も官とヤミの一体化なのかどうか、疑わざるをえないのだ。

第五問、中国の最高権力機構を自認する全人代およびその代表は、この機構が政府各部門を監督する職責を負うと法律に明記している、しかしながら極めて少数の良心的な全人代代表がなにかをやったのを除けば、中央から地方に至る各級全人代および三〇〇余万名に達する代表たちは、なぜ地方政府がこのように悪辣な職務怠慢をやっているのに、これを不問にするのか？　いま、メディアが披露した情況を見ると、たった一人の湖南省全人代代表がかつてヤミ煉瓦工場と九年の長きにわたる格闘を演じたが、その他の全人代機構とその代表は全く参加しなかった。孤軍奮闘であった。

このような全人代には、どんな資格があって自らを民意機構と呼べるのか？　このような全人代代表は、どのツラ下げて自分は民意を代表しているといえるのか？　中国の制度下では、全人代の監督欠如は由来久しく、政府による権力乱用が、由来久しいことと互いに呼応している。というのは、全人代と政府の源泉は同一の独裁党権であり、二者はいずれもなによりもまず独裁党権にサービスするからだ。

第一に、人口の最も多い農民は全人代制度において最も弱いグループになっている、人口比で八〇％を占める農民の全人代代表に占める比率は、人口比で二〇％を占める都市居民の四分の一である。(16)

第二に、全国民衆は全人代制度の中に真の代表をもたない、中央政治局常務委員が全人代の委員長であり、各級地方の党ボスが各級全人代の主任であり、執政党の党員と各級政府官員が全人代代表中の七〇％以上のポストを独占している。全人代の権力とは党権の授与したものであり、全人代も党権のゴムスタンプでしかありえない。「官代合一」[17]が全人代代表の常態であり、総書記、総理、省部大官、市長、局長、県長、郷長、鎮長……すべては各級全人代代表であるから、彼らにどうして自己の手中にある党権と行政権を監督できようか。換言すれば、執政権と監督権は分離しようがなく、「制度化された監督」は、語るに落ちた話なのだ。君見ずや、山西省臨汾市洪洞県広勝寺鎮曹生村のヤミ煉瓦工場の工場主・王斌斌の父親・王東己本人こそが、最も基層の「官代合一」の典型であることを。彼は村の支部書記であり、洪洞県の全人代代表を二期務めた。

最後にもう一つ問う。胡錦濤、温家宝の登場以来、なぜしばしば、本来ならば萌芽のうちに除去されるべき公共災難が内外を震撼させる重大な公共危機に発展するのか？　例えば、二〇〇三年のサーズ危機[18]、二〇〇五年の松花江洪水危機、二〇〇六年に多発した有毒食品とニセ薬の引き起こした公共安全の危機、これらが重大な公共危機に発展したのは、大部分が独裁体制下の中央政府の隠蔽あるいは不作為のためだ。

もし良識をもつ者が完全封殺しにくいインターネットを通じて危機の真相を暴露し、胡錦濤、温家宝に迫って、中央をして対応せざるをえない立場に追い込むことがなかったならば、その帰結は想像さえできない悲惨事となったであろう。この意味では、インターネットはまさに上帝が中国民衆に届けてくれた、自ら権利擁護を行うための最良の贈り物である。

今回のヤミ煉瓦工場児童奴隷事件を具体的に検討しよう。胡錦濤、温家宝中央は、地方政府の誤りとすり替えて責任を逃れることはできないのだ。これらの地方大官は中央政府の任命した者ではないか？　胡錦濤、温家宝の中央は、「隠し立てされた」とか、「事情を知らなかった」として責任を回避できるか。事情を知ってから何もしなかった、という点から見ると、胡錦濤、温家宝中央はいぜん関与を逃れられまい。

早くも二〇〇七年三月八日、河南鄭州市民・羊愛枝は自分の満一六歳にならない子供・王新磊を探し始めた、三月末に、羊愛枝と河南孟県のもう一人子供を失った家長が一緒に山西に行き子供を探した、一〇〇余社の煉瓦工場を探したが、捜し当てることはできなかった。四月初め、羊愛枝ら六人の子供を失った家長は再び山西に探しに行ったが、やはりダメだった。

五月九日、河南都市チャネル記者・付振中と六人の家長たちが一緒に山西に行き、付振中は撮影機を用いてひそかにヤミ煉瓦工場の惨状を記録し、あわせて「罄竹難書《けいちくなんしょ》(19)、惨絶人寰《さんぜつじんかん》(20)」と題してテレビ報道を行ったところ、テレビ局に救いを求めて集まった家長がなんと一〇〇〇人を超えた。六月五日、河南のインターネットサイト「大河論壇」に「憎むべき黒《ヤミ》社会！子供を山西ヤミ煉瓦工場に売られた四〇〇人の父親が血涙で救いを求める」と題したアピールが現れた。六月一一日、羊愛枝は総理・温家宝に緊急の救助要請状を書いて、ある母親の血涙の叫びを投函した。ここから、メディアが大規模に「ヤミ煉瓦工場児童奴隷」事件を報道した。三月八日から六月一五日まで、胡錦濤、温家宝ら高官は指示を出して、すでに三カ月余が浪費された。この間、父母たちは自発的に探したが、河南電視台の暴露によると、四〇〇〇人の父親がネットで求助を求めたことは、意外にも中央政府の注意を引きつけることはなかったのだ！

もっと憤慨させる事実はこうだ、早くも九年前の一九九八年、湖南省石門県新関鎮全人代主席、省全人代代表・陳建教は、山西、河北等多くの地方のヤミ煉瓦工場で闘争を展開し、数百名の苦しい民工を救出したが、その多くは児童奴隷であった。陳建教先生は長期の孤軍奮戦で無力を感じて、胡錦濤、温家宝中央に救援を求めようとした。

二〇〇六年九月八日、彼は直接温家宝総理に手紙を書いて、ヤミ煉瓦工場の児童奴隷問題を全面的に解決するため、中央政府が全国的に「ヤミ煉瓦工場」を点検し、囚われた児童奴隷をすべて救出する行動を建議した。しかしながら、この省全人代代表の建議書は大海に石が沈んだかのように、温家宝あるいは中央政府の関係部門からなしのつぶてであった。考えても見よ、もし温家宝が陳建教先生の建議にすみやかに反応して、ヤミ煉瓦工場を整頓したならば、児童奴隷を救い、犯罪的煉瓦工場主に打撃を与え、職務怠慢の官員を処分する行動は、少くとも半年早くできたはずなのだ。

胡錦濤、温家宝中央は、一人の省全人代代表の上書をこのように扱ったことについて、内外を震撼させるヤミ煉瓦工場児童奴隷事件が暴露された後、顔を出して被害者に謝罪したであろうか？　中央政府の省級全人代代表に対する態度がこのように傲慢だとすれば、少しも権勢のない平民をどのように扱うかは多言を要しないであろう。

胡錦濤、温家宝の登場以来、最も好きなパフォーマンスは「親民ショー」[21]であり、農民工収容法を廃止し、サーズ対策を改め、人権を憲法に書き込み、農業税を廃止し、農家を見て回り、民[22]工のために賃金を乞い、農民のために桃を売り、鉱井を三〇もぐり、古い旅行靴を履いて、幾度も民間の苦しみに涙を流した……独占するメディアを通じて年々語り、月々語り、日々語る、胡錦濤、温家宝はどれほど民に親しむイメージを作ったことか。[23]

しかしながら、親民とは、テレビの前で表情を作っただけで、裏で行われるヤミの政策決定は冷酷だ。というのは、彼らは畢竟、現行の寡頭独裁集団の首脳であり、必ずや独裁権力と特権で結ばれた既得利益の擁護を第一におくのであり、主流の民意や、民の苦しみ、社会公益を首位におくことはありえない、彼らは必ず業績を突出させ、偉大、光明、正確のイメージをメディアでつくることを主要任務としている、メディアを変えて、欠点を探す無冠の帝王とすることはできない、それゆえ、今回の「ヤミ煉瓦工場児童奴隷」犯罪は、再び胡錦濤、温家宝を問責し、親民神話を暴露したのだ。

胡錦濤、温家宝政権がこのように冷血であることは、個々の官員にヒューマニズムが欠けているからではない、独裁制度自身の野蛮性によってもたらされたものだ。独裁制度あるかぎり、生命を敬い、人権を擁護することは永遠に学べない。独占権力を維持することを第一の要務とする統治集団にとって、子供たちを含む国民の生命を愛惜することはできない話なのだ。正に独裁制度とその政府は、人を人と思わないために、このような指弾すべき違法犯罪行為が起こるのだ。

総じて、独裁権力は氷のように冷たく、眼は烏紗帽の大小官員だけしか見ないので、温暖ではありえない。中国共産党の権力掌握以来、中国共産党歴代の独裁者が最も気にかけてきたのは手中の権力であり、最も軽んじてきたのは人命である。もし制度の変革がなければ、ヤミ煉瓦工場式の犯罪は、根を抜くことができないだけでなく、枝葉さえも処理できない。

二〇〇七年七月一六日北京の寓居にて

（1）　原文は「童奴案」。
（2）　原載は『人与人権』二〇〇七年八月号。博訊 www.peacehall.com
（3）　指導部からの指示。
（4）　二〇〇七年七月一七日、山西省の煉瓦工場で、誘拐された労働者や未成年者が強制労働させられた事件で、労働者を殴り死なせた洪洞県にある工場の看守人の趙延兵被告に死刑、知的障害者九人を含む労働者三一人を誘拐し強制労働させた衡庭漢被告に無期懲役の判決が下された。
（5）　「包工」とは、工事を請け負うこと。「包工頭」とは、工人を手配して、労働を監督するボスを指す。
（6）　刑法に基づく処分ではなく、党員としての党規約に基づく処分。
（7）　ゴマ粒のような小役人。
（8）　「民に親しむ」「和諧社会」の建設は、胡錦濤、温家宝体制の打ち出したスローガン。
（9）　于幼軍は、一九五三年生まれ、共産党広東省委員会宣伝部長、共産党深圳市委員会副書記、深圳市長代理、深圳市長、共産党湖南省委員会副書記、湖南省副省長、山西省副省長、山西省長代理、山西省長、文化部の副部長と共産党組書記など歴任、二〇〇七年共産党第一七期中央委員会委員当選。深圳市長在任期間、市政府新規事業の入札に弟の企業を落札させたカドで中央委員を解任されたが、二〇一一年二月中旬、国務院南水北調工程建設委員会弁公室副主任として復活した。

(10)　マスコミに対するブリーフィング。「吹風」ともいう。

(11)　「厚黒学」とは「厚かましく腹黒いことを正当化する学問」のこと。「厚黒学」を提唱したのは、四川省富順県自流井出身の李宗吾（一八七九～一九四三）、もとの名世全から宗吾に改めた。宗吾とは、「吾を宗とする」意で、筆名を「獨尊」と号した。彼は当初儒教を学び、孔子を尊崇したが、その後考えを改め、孔孟の道を否定した。古今の学に通じていた李宗吾は、科挙に及第し、早くから教育活動に従事し、教育庁副庁長・督学などの要職を歴任したが、次第に腐敗しきった環境に愛想をつかし、もっぱら著述の筆をとるようになった。

(12)　中国共産党第一七期中央委員会第三回全体会議が、二〇〇八年一〇月九日から一二日まで北京で開催され、「中国共産党中央規律検査委員会の于幼軍問題についての審査報告」を審議して採択し、于幼軍の中央委員会委員の職務を解任し、二〇〇八年九月五日に中央政治局が出した「二年間の党籍を保留して観察処分とする」ことを決定した。于氏は〇七年九月に山西省の省長を辞任し、文化部副部長に就任したが、二〇〇八年に解任され、二〇一一年に復活した。なお、注（9）参照。

(13)　烏紗帽とは、官位を表す烏帽子。これをかぶる役人のこと。

(14)　「領土を守る責任をもつ」の意。

(15)　「正面報道」とは、暗い面や問題点に一切触れず、明るい、タテマエとしてのヨイショ記事を報道すること。

(16)　選挙法が制定された一九五三年に定められた一票の格差は、八倍であり、その後一九九五年の選挙法の改正で四倍に改められ、二〇一〇年三月の改正まで続いた。二〇〇七年一〇月に開催した第一七回党大会で、農村住民と都市住民との間の一票の格差を是正することをついに決定し、二〇一〇年三月の選挙法改正で結実した。すなわち選挙法から、一票の格差を規定する条項が削られ、替わって「農村と都市の代表がそれぞれ代表する人口が同数となる原則で配分されること」が規定された。

(17) 行政と人民代表の一体化、癒着。

(18) 重症急性呼吸器症候群、Severe Acute Respiratory Syndrome。サーズウイルスにより引き起こされる新種の感染症。二〇〇二年一一月に広東省で発生し、二〇〇三年七月に新型肺炎制圧宣言が出されるまでの間に八〇九八人が感染し、七七四人が死亡した。

(19) 竹簡をすべて使っても書き切れないほどの悪事を意味する成語。

(20) 人の世では見られないほどの凄惨なありさまを意味する成語。

(21) 「親民」ぶりを示すショー。

(22) 二〇〇三年三月一八日 収容された孫志剛への暴行死亡事件が問題となり、「収容送還規則」は廃止された。ただし当地の戸籍をもたない人を管理の対象に捉える姿勢は維持されている。

(23) 二〇〇五年一二月二九日、「中華人民共和国農業税条例廃止に関する全人代常務委員会の決定」が第一〇期全人代常務委員会第一九回会議で採択され、農業税は二〇〇六年一月一日から廃止された。

資料編　「08憲章」全文

08 憲章[1]

二〇〇八年一二月一〇日発表

及川淳子　訳

一、前書

今年は中国立憲百年、[2]「世界人権宣言」公布六〇周年、「民主の壁」誕生三〇周年であり、中国政府の「市民的及び政治的権利に関する国際規約」署名一〇周年である。長期にわたる人権への災禍に対する、艱難に満ち、曲折した闘いの道程を経て、覚醒した中国の公民は、自由・平等・人権が人類共通の普遍的価値であり、民主・共和・憲政が現代政治の基礎的な制度の枠組みであることを、日増しにはっきりと認識しつつある。これらの普遍的価値と基本的な政治制度の枠組みを引き離した「現代化」は、人の権利を剥奪し、人間性を堕落させ、人の尊厳を踏みにじる災禍の過程である。二一世紀の中国がどのような方向に進むのか、このような権威主義的統治による「現代化」を継続するのか、それとも普遍的価値を認め、主流の文明に溶け込み、民主政体を構築するのか？　それは回避する余地のない選択である。

一九世紀半ばの歴史の急激な変化は、中国の伝統的な専制制度の腐敗を暴露し、中華の大地において「数千年来かつてないほどの大変動」の序幕を開いた。洋務運動[3]は器レベルでの改良を追求しただけで、甲午戦争〔日清戦争〕での敗北は、体制が時代遅れであることを再び暴露した。戊戌の変法は、制度面での革新に触れたが、結局は頑固派[4]の残酷な鎮圧によって失敗に帰した。辛亥革命は、表面的には、二〇〇〇年余り続いた皇権制度を埋葬して、アジアで最初の共和国を建国した。しかし、当時の内憂外患という特定の歴史的条件に制約され、共和の政体は、一時的現象で儚く終わり、専制主義は、捲土重来したのである。器の模倣と制度の更新の失敗は、国民に文化的病根に対する省察を促し、ついに「科学と民主」を旗幟に掲げた「五四」新文化運動[5]が起ったが、内戦の頻発と外敵の侵入により、中国政治の民主化の過程は、中断を強いられた。抗日戦争勝利後の中国は、再び憲政の歩みを始めたが、しかし国共内戦の結果は、中国を現代における全体主義の深淵に陥れた。一九四九年に建国された「新中国」は、名義上は「人民共和国」だが、実質的には「党の天下」であった。執政党はあらゆる政治・経済・社会資源を独占し、反右派闘争[6]、大躍進[7]、文化大革命[8]、六四事件、民間の宗教活動と合法的権利擁護の運動を抑圧するなどの一連の人権の災禍を引き起こし、数千万人の生命を奪う結果となり、国民と国家は、いずれも極めて大きな代価を支払わされた。

二〇世紀後期の「改革開放」は、中国を毛沢東時代の普遍的な貧困と絶対的な全体主義から抜け出させ、民間の富と民衆の生活水準は、大幅に向上し、個人の経済的自由と社会的権利は、部分的に回復し、市民社会が成長し始め、民間における人権と政治的自由を求める叫びは、日増しに高まっている。為政者も、市場化と私有化に向かう経済改革を進めると同時に、人権の拒絶から、しだいに人権を承認するように変わってきた。中国政府は一九九七年と一九九八年に、それぞれ二つの重要な国際人権条約に署名、[9]全国人民代表大会は二〇〇四年の憲法改正で「人権の尊重と保障」と憲法に書き入れ、今年はまた「国家人権行動計画」の制定と遂行を承諾した。しかし、これらの政治的進歩は、現在にいたるまで、そのほとんどが紙の上に留まっている。法律はあっても法治はなく、憲法はあっても憲政はなく、依然として誰もが認める政治の現実があるのだ。

執政集団が、引き続き権威主義統治を堅持し、政治的変革を拒むことで、官僚の腐敗を招き、法治は実現し難くなり、人権は明らかにされず、道徳は失われ、社会は二極分化し、経済は不均衡な発展をし、自然環境と人文環境は二重に破壊され、公民の自由・財産・幸福追求の権利は、制度的保障を得られず、各種の社会矛盾が絶え間なく蓄積され、不満は高まり続けて、特に官民対立の激化と集団事件の激増は、まさに壊滅的な制御不能の趨勢を見せており、現体制の落伍はすでに改めざるを得ない事態にまで至っている。

二、我々の基本理念

中国の未来の運命を決定するこの歴史の分岐点に立ち、百年来の近代化の歩みを省みて、下記の基本理念を再び言明する必要がある。

自由　自由は、普遍的価値の核心である。言論・出版・信仰・集会・結社・移動・ストライキ・

デモ行進などの権利は、いずれも自由の具体的な表現である。自由が盛んでなければ、現代文明には値しない。

人権　人権は国家が賜与するものではなく、すべての人が生まれながらにして有している権利である。人権の保障は、政府の最も重要な目標と公権力の合法的な基礎であり、「以人為本（人をもって本となす）」に内在する要求である。中国のこれまで幾度にもわたる政治の災難は、いずれも政権当局の人権無視と密接に関わっている。人間は、国家の主体であり、国家は人民に奉仕し、政府は人民のために存在するのだ。

平等　すべての個人は、社会的地位・職業・性別・経済状況・人種・肌の色・宗教あるいは政治的信条に関わらず、その人格・尊厳・自由はいずれも平等である。法律の下で、すべての人は平等であるという原則は、必ず徹底されなければならず、公民の社会的・経済的・文化的、政治的権利の平等の原則が徹底されなければならない。

共和　共和とは、「みなが共同で統治し、平和に共生する」ことである。すなわち分権による抑制均衡と利益の均衡であり、多くの利益の構成要素・様ざまな社会集団、多様な文化と信条を追求する集団が平等に参与し、公平に競争し、共同で政治を議論するという基礎に立ち、平和的な方法で公共の事務を処理することである。

民主　最も基本的な意味は、主権在民と民選政府である。民主は、次のような基本的特徴がある。（一）政権の合法性は、人民に由来し、政治権力の源は人民にある。（二）政治的統治は、人民の選択により決定される。（三）公民は、真の選挙権を所有し、各級政府の主な政務官吏は必ず定期的な選挙によって選ばれなければならない。（四）多数の決定を尊重し、同時に少数の基本的人権を保護する。ひとことで言えば、民主とは政府を「民が有し、民が治め、民が享受する」現代の公器にすることである。

憲政　憲政は法律の規定と法治によって、憲法が定めた公民の基本的自由と権利を保障する原則であり、政府の権力と行為が及ぶ境界を定め、さらに相応する制度的措置を提供するものである。

中国では、帝国皇権の時代はすでに過ぎ去り、再び戻ることはない。世界的にも、権威主義体制は、黄昏時を迎えている。公民は、正真正銘の国家の主人になるべきなのだ。「明君」、「清官〔清廉で公正な官吏〕」を頼りにする臣民意識を払いのけて、権利を基本とし、参与を責任とする公民意識を発揚し、自由を実践して、自ら民主を行い、法治を尊重することこそが、中国の根本的な活路なのだ。

三、我々の基本的主張

これにより、我々は責任を担う建設的な公民の精神に基づいて、国家の政治制度、公民の権利と社会発展の各方面について、以下の具体的な主張を提起するものである。

①憲法改正　前述した価値理念に基づいて憲法を改正し、現行の憲法の中で主権在民の原則と一致しない条文を削除し、憲法を正真正銘の人権の保証書と公権力の許可証にし、いかなる個人・団体・党派も、違反してはならない実施可能な最高法律とし、中国の民主化のために法的権利の基礎を固める。

②分権の抑制均衡　分権の抑制均衡がなされた現代的政府を構築し、立法・司法・行政の三権分立を保障する。法が定める行政と責任政府の原則を確立し、行政権力の行き過ぎた拡張を防止する。政府は納税者に対して責任を負う。中央と地方の間に分権と抑制均衡の制度を確立し、中央の権力は、必ず憲法によって、その授権範囲に明確な線引きが行われなければならず、地方は、充分な自治を実行する。

③立法による民主　各級の立法機関は、直接選挙によって選出され、立法は、公平正義の原則を

堅持し、立法による民主を実行する。

④司法の独立　司法は、党派を超越し、いかなる関与も受けてはならず、司法の独立を実行し、司法の公正を保障する。憲法裁判所を設立し、違憲審査制度を確立し、憲法の権威を擁護する。できるだけ早く国家の法治に重大な危害を及ぼす党の各級政法委員会〔法律の制定や執行に関わる党内組織〕を解任させ、公器の私用を防止する。

⑤公器の公用　軍隊の国家化を実現する。軍人は、憲法に忠誠を尽くすべきで、国家に忠誠を尽くし、政党組織は、軍隊から退出すべきであり、軍隊の職業化のレベルを高める。警察を含むすべての公務員は政治的中立を保持すべきである。公務員採用における党派の差別を除去し、党派の区別なく平等に採用すべきである。

⑥人権の保障　適切に人権を保障し、人間の尊厳を守る。民意の最高機関に対し責任を負う人権委員会を設立し、政府が公権を乱用して人権を侵害するのを防止し、とりわけ公民の身体の自由を保障し、いかなる人も、不法な逮捕・拘禁・召喚・尋問・処罰を受けないようにし、労働教養制度(10)を廃止する。

⑦公職の選挙　全面的に民主的な選挙制度を推進し、一人一票の平等な選挙権を確実にする。各

級の行政首長の直接選挙は、制度化して逐次推進させるべきである。定期的な自由競争選挙と公民が法定の公職へ選挙で参加することは、剥奪してはならない基本的人権である。

⑧都市と農村の平等　現行の都市と農村の二元戸籍制度を廃止し、公民として一律に平等な憲法上の権利を実現し、公民の自由な移動の権利を保障する。

⑨結社の自由　公民の結社の自由権を保障し、現行の社会団体の登録審査許可制を届出制に改める。結党の禁止を撤廃し、憲法と法律により政党の行為を規範化し、一党が独占する執政的特権を廃止し、政党活動の自由と公平な競争の原則を確立し、政党政治の正常化と法制化を実現する。

⑩集会の自由　平和的集会・行進・デモ・示威行為や表現の自由は、憲法が定める公民の基本的自由であり、政権政党と政府による不法な干渉や違憲の制限を受けるべきではない。

⑪言論の自由　言論の自由・出版の自由・学問の自由を実現し、公民の知る権利と監督権を保障する。「新聞法」と「出版法」を制定し、報道規制を撤廃し、現行の「刑法」にある「国家政権転覆扇動罪」の条項を廃止し、言論処罰を根絶する。

⑫宗教の自由　宗教の自由と信仰の自由を保障し、政教分離を実行し、宗教及び信仰の活動は、政府の干渉を受けない。公民の宗教の自由を制限、あるいは剥奪する行政法規・行政規則・地方の法規は、審査して撤廃する。行政の立法により宗教活動を管理することを禁止する。宗教団体（宗教活動場所を含む）は、登記されなければ合法的な地位は獲得できないという事前許可制度を廃止し、その代りに、いかなる審査も必要としない届出制とする。

⑬公民教育　一党統治に奉仕し、イデオロギー色が濃厚な政治教育と政治試験を廃止し、普遍的価値と公民の権利を基本とする公民教育を普及させ、公民意識を確立し、社会に奉仕する公民の美徳を提唱する。

⑭財産の保護　私有財産の権利を確立して保護し、自由で開放的な市場経済制度を実施し、創業の自由を保障し、行政の独占を排除する。民意の最高機関に対して責任を負う国有資産管理委員会を設立し、合法的に秩序のある財産権の改革を展開させ、財産権の帰属と責任者を明確にする。新土地運動を繰り広げ、土地の私有化を推進し、公民、とりわけ農民の土地所有権を適切に保障する。

⑮財税改革　民主的な財政を確立し、納税者の権利を保障する。権限と責任が明確な公共財政制度の枠組みと運用メカニズムを構築し、各級政府の合理的かつ効果的な財政分権体系を構築す

る。租税制度に対して大改革を行い、税率を下げ、税制を簡素化し、税の負担を公平にする。社会的な公共選択のプロセスや民意機関の決議を経ずに、行政部門が思うにまかせて増税や新税の徴収をしてはならない。財産権の改革によって、多元的な市場の主体と競争のメカニズムを導入し、金融に参入する敷居を低くし、民間の金融を発展させるために条件を作り出し、金融システムに充分に活力を発揮させる。

⑯社会保障　全国民をカバーする社会保障体制を構築し、国民に教育・医療・養老・就業などの面において最も基本的な保障を得られるようにする。

⑰環境保護　生態環境を保護し、持続可能な発展を提唱し、子孫と全人類のために責任を負う。国家と各級の公務員は、そのために担うべき相応の責任を明確に実行する。民間組織の環境保護における参加を促し、監督機能を発揮させる。

⑱連邦共和　平等・公正の態度で地域の平和と発展の維持に関与し、責任ある大国のイメージを形成する。香港・マカオの自由制度を維持する。自由民主の前提のもとに、平等な交渉と相互の協力により、海峡両岸の和解案を追求する。大いなる智恵で各民族が共に繁栄する可能な道筋と制度設計を探求し、民主憲政の枠組みのもとに中華連邦共和国を樹立する。

⑲正義の転換　これまでの幾度もなされた政治運動のために政治的迫害を受けた人びととその家族の名誉を回復し、国家賠償を与える。すべての政治犯と良心の囚人を釈放し、信条のために罪に問われたすべての人びとを釈放する。真相調査委員会を設立し、歴史的事件の真相を究明し、責任を明らかにし、正義を広める。その基礎の上に社会の和解を探求する。

四、結語

中国は、世界の大国として、国連安全保障理事会の五つの常任理事国の一つとして、また人権理事会のメンバーとして、人類の平和事業と人権の進歩のために自ら貢献すべきである。しかしながら遺憾なのは、現在の世界のあらゆる大国の中で、ただ中国だけが、依然として権威主義の政治の中にあり、またそのために連綿と続いて絶えることのない人権の災禍と社会の危機を招いており、中華民族の自らの発展を制約し、人類文明の進歩を制約している。——このような局面は、必ず改めねばならない！　政治的民主の変革は、もう引き延ばすことはできないのだ。

このため、我々は勇気をもって実行するという公民の精神に基づいて、「08憲章」を発表する。我々は、同様の危機感・責任感・使命感を抱くすべての中国公民に、官民を分けず、身分を問わず、小異を残して大同につき、積極的に公民運動に参加し、共に中国社会の偉大な変革を推進し、一日も早く自由・民主・憲政の国家を作り上げ、わが国の先人が、百年あまりも粘り強く追い求めてきた夢を実現するよう希望する。

署名規則：
一、本憲章は公開署名とする。
二、本名または常用のペンネームで署名し、所在地と職業を明記されたい。
三、署名の書式　氏名、現所在地、職業。例——張××（北京、作家）
四、署名送付用メールアドレス
2008xianzhang@gmail.com,2008xianzhang2008@gmail.com

署名者：三〇三名（第一次）

于浩成（北京、法学者）　張思之（北京、弁護士）　茅于軾（北京、経済学者）
杜　光（北京、政治学者）　李　普（北京、老記者）　沙葉新（上海、劇作家）
流沙河（四川、詩人）　呉茂華（四川、作家）　張顕揚（北京、思想家）
孫文広（山東、教授）　鮑　彤（北京、公民）　丁子霖（北京、教授）
張先玲（北京、エンジニア）　徐　珏（北京、研究員）　蒋培坤（北京、教授）
劉暁波（北京、作家）　張祖樺（北京、憲政学者）　高　瑜（北京、記者）
戴　晴（北京、作家）　江棋生（北京、学者）　艾暁明（広東、教授）
劉軍寧（北京、政治学家）　張旭昆（浙江、教授）　徐友漁（北京、哲学者）
賀衛方（北京、法学者）　莫少平（北京、弁護士）　陳子明（北京、学者）

張博樹（北京、政治学者）
郝　建（北京、学者）
栗憲庭（北京、芸術評論家）
余世存（北京、作家）
浦志強（北京、弁護士）
馮正虎（上海、学者）
滕　彪（北京、法学博士）
馬　波（北京、作家）
焦国標（北京、学者）
李柏光（北京、法学博士）
張　閎（上海、教授）
廖亦武（四川、作家）
蘇元真（浙江、教授）
劉　荻（北京、自由業）
馮　剛（浙江、教授）
周　明（浙江、教授）
陳奉孝（山東、北大右派学生）
李剣虹（上海、作家）

崔衛平（北京、学者）
沈敏驊（浙江、教授）
張　鳴（北京、教授）
秦　耕（海南、作家）
趙達功（深圳、作家）
周　勍（北京、作家）
蒋亶文（上海、作家）
査建英（北京、作家）
李公明（広東、教授）
傅国涌（浙江、作家）
夏業良（北京、経済学者）
王　怡（四川、者）
強剣衷（南京、老ジャーナリスト）
昝愛宗（浙江、記者）
陳　林（広州、学者）
凌滄洲（北京、ジャーナリスト）
姚　博（北京、評論家）
張善光（湖南、人権擁護者）

何光滬（宗教学専門家）
李大同（北京、記者）
余　杰（北京、作家）
周　舵（北京、学者）
姚立法（湖北、選挙専門家）
楊恒均（広州、作家）
オーセル〔唯色〕（チベット、作家）
胡発雲（湖北、作家）
趙　暉（北京、評論家）
馬少方（広東、商人）
冉雲飛（四川、学者）
王暁漁（上海、学者）
欧陽小戎（雲南、詩人）
周鴻陵（北京、社会活動家）
尹　賢（甘粛、詩人）
鉄　流（北京、作家）
張津郡（広東、経営者）
李徳銘（湖南、メディア従事者）

劉建安（湖南、教師）
周明初（浙江、教授）
陳　西（貴州、人権擁護者）
申有連（貴州、人権擁護者）
孟　煌（北京、画家）
盧雪松（吉林、教師）
朱久虎（北京、弁護士）
柏　風（吉林、詩人）
呉玉琴（貴州、人権擁護者）
張　輝（山西、民主活動家）
呉　郁（貴州、民主活動家）
全林志（貴州、民主活動家）
朱健国（広東、フリーライター）
張耀杰（北京、学者）
兪梅蓀（北京、法務従事者）
陳紹華（広東、デザイナー）
高　兟（山東、芸術家）
黎小龍（広西、維権人士）

王小山（北京、媒体人）
梁暁燕（北京、環境保護ボランティア）
趙　誠（山西、学者）
蒋綏敏（北京、エンジニア）
林福武（福建、人権擁護者）
郭玉閃（北京、学者）
金光鴻（北京、弁護士）
鄭旭光（北京、学者）
杜義龍（陝西、作家）
江　山（広東、経営維権者）
張明珍（貴州、民主活動家）
葉　航（浙江、教授）
李　鉄（広東、社会活動家）
呉報建（浙江、弁護士）
行　健（北京、法務従事者）
劉逸明（湖北、フリーライター）
高　強（山東、芸術家）
荊　楚（広西、フリーライター）

范亜峰（北京、法学博士）
徐　暁（北京、作家）
李元龍（貴州、フリーライター）
陸中明（陝西、学者）
廖双元（貴州、人権擁護者）
陳煥輝（福建、人権擁護者）
高超群（北京、編集者）
曾金燕（北京、維権人士）
李　海（北京、人権擁護者）
徐国慶（貴州、民主活動家）
曾　寧（貴州、民主活動家）
馬雲龍（河南、ジャーナリスト）
莫建剛（貴州、フリーライター）
楊　光（広西、学者）
王光澤（北京、社会活動家）
呉祚来（北京、研究員）
唐荊陵（広東、弁護士）
李　彪（安徽、商人）

郭　艶（広東、弁護士）
李金芳（河北、民主活動家）
武辛源（河北、農民）
張先忠（湖北、企業家）
蔡金才（広東、農民）
何文凱（湖北、企業家）
毛海秀（上海、維権人士）
李任科（貴州、民主活動家）
陶玉平（貴州、民主活動家）
鄭恩寵（上海、法務従事者）
艾福栄（上海、維権人士）
蘇祖祥（湖北、教師）
宋先科（広東、商人）
李　勇（北京、ジャーナリスト）
許正清（上海、維権人士）
王定華（湖北、弁護士）
林　輝（浙江、詩人）
董国菁（上海、人権擁護者）

楊世元（浙江、退職者）
王玉文（貴州、詩人）
杜和平（貴州、民主活動家）
蔡敬忠（広東、農民）
高愛国（湖北、企業家）
呉党英（上海、維権人士）
庄道鶴（杭州、弁護士）
左　力（河北、弁護士）
王俊秀（北京、ＩＴ専門家）
張君令（上海、維権人士）
楊華仁（湖北、法務従事者）
沈玉蓮（上海、維権人士）
汪国強（湖北、人権擁護者）
常雄発（上海、維権人士）
高軍生（陝西、編集者）
談蘭英（上海、維権人士）
呉華英（福建、人権擁護者）
陳玉峰（湖北、法務従事者）

楊寛興（山東、作家）
楊中義（安徽、労働者）
馮　玲（湖北、憲政活動家）
王典斌（湖北、企業家）
陳湛尭（広東、農民）
曾慶彬（広東、労働者）
黎雄兵（北京、弁護士）
董徳筑（貴州、民主活動家）
黄暁敏（四川、維権人士）
楊　海（陝西、学者）
魏　勤（上海、維権人士）
関洪山（湖北、人権擁護者）
陳恩娟（上海、維権人士）
王京龍（北京、学者）
鄭蓓蓓（上海、維権人士）
范燕瓊（福建、人権擁護者）
薛振標（浙江、民主活動家）
段若飛（上海、人権擁護者）

王中陵（陝西、教師）
劉正有（四川、人権擁護者）
沈佩蘭（上海、維権人士）
章錦発（浙江、退職者）
金月花（上海、維権人士）
劉賢斌（四川、民主活動家）
賀偉華（湖南、民主活動家）
智效民（山西、学者）
陳　衛（四川、民主活動家）
侯述明（湖北、企業家）
張忍祥（湖北、人権擁護者）
趙国良（湖南、民主活動家）
陳永苗（北京、学者）
黄志佳（湖北、公務員）
王望明（湖北、企業家）
趙景洲（黒龍江、人権擁護者）
陳惠娟（黒龍江、人権擁護者）
劉正善（雲南、エンジニア）

董春華（上海、人権擁護者）
馬　蕭（北京、作家）
葉孝剛（浙江、大学退職教師）
王麗卿（上海、維権人士）
余樟法（広西、作家）
欧陽懿（四川、人権擁護者）
李東卓（湖南、ＩＴ専門家）
李昌玉（山東、教師）
王金安（湖北、企業家）
劉漢南（湖北、人権擁護者）
野　渡（広東、編集者）
李智英（北京、学者）
江　嬰（天津、詩人）
関業波（湖北、公務員）
高新瑞（湖北、企業家）
温克堅（浙江、学者）
陳炎雄（湖北、教師）
関　敏（湖北、大学教師）

陳修琴（上海、人権擁護者）
万延海（北京、公共衛生専門家）
張勁松（安徽、労働者）
趙常青（陝西、作家）
陳啓勇（上海、維権人士）
鄧煥武（重慶、商人）
田永徳（内モンゴル、人権擁護者）
郭衛東（浙江、職員）
察文君（上海、維権人士）
史若平（山東、教授）
夏　剛（湖北、人権擁護者）
張重発（貴州、民主活動家）
田祖湘（貴州、民主活動家）
古川（北京、記者）
宋水泉（湖北、法務従事者）
魏文英（雲南、教師）
段春芳（上海、人権擁護者）
戴元龍（福建、企業家）

余以為（広東、フリーライター）
陳青林（北京、人権擁護者）
馬亜蓮（上海、人権擁護者）
宋翔峰（湖北、教師）
李建強（山東、弁護士）
蘭志学（北京、弁護士）
劉　巍（北京、弁護士）
郭用新（湖北、医師）
戚惠民（浙江、民主活動家）
徐　光（浙江、企業家）
蕭利彬（浙江、エンジニア）
鄧太清（山西、民主活動家）
李喜閣（河南、維権人士）
侯文豹（安徽、維権人士）
李天翔（河南、労働者）
翟林華（安徽、教師）
黄大川（遼寧、職員）
張星水（北京、弁護士）

韓祖栄（福建、企業家）
銭世順（広東、企業家）
車宏年（山東、フリーライター）
鄧復華（湖北、作家）
李仁兵（北京、弁護士）
周錦昌（浙江、退職者）
鄢烈漢（湖北、企業家）
郭永豊（広東、中国公民監政会発起人）
李　宇（四川、取材編集者）
野　火（広東、フリーライター）
高海兵（浙江、民主活動家）
裴鴻信（河北、教師）
王徳邦（北京、作家）
唐吉田（北京、弁護士）
崔玉振（河北、弁護士）
陶暁霞（安徽、農民）
陳嘯原（海南、職員）
馬綱権（北京、弁護士）

汪定亮（湖北、弁護士）
曾伯炎（四川、作家）
秦志剛（山東、電子エンジニア）
徐　康（湖北、公務員）
裘美麗（上海、維権人士）
黄燕明（貴州、民主活動家）
陳徳富（貴州、民主活動家）
袁新亭（広州、編集者）
謝福林（湖南、人権擁護者）
鄒　巍（浙江、維権人士）
田奇庄（河北、作家）
徐　民（吉林、法務従事者）
馮秋盛（広東、農民）
劉栄超（安徽、農民）
許茂連（安徽、農民）
張　望（福建、労働者）
張鑒康（陝西、法務従事者）
王金祥（湖北、維権人士）

王家英（湖北、企業家）　鄢来雲（湖北、企業家）　李小明（湖北、維権人士）
劉　毅（北京、画家）　蕭水祥（湖北、維権人士）　鄢裕祥（湖北、維権人士）

＊訳者注記

ネットで公開された署名者リストには、三〇三番目に「張正祥（雲南、環境保護家）」の名前があるが、開放出版社『零八憲章』のリストには記載されていない。他方、開放出版社版『零八憲章』のリスト二三一番目の「古川（北京、記者）」は、ネット版の署名者リストには記載がない。また、中国信息中心編『「零八憲章」與中国変革』（アメリカ）労改基金会、二〇〇九年）一―一〇頁に掲載されているリストでは、ネット版と同じく「古川」の記載がなく「張正祥」の記載がある。本書では、開放出版社版の『零八憲章』のリストに基づいて翻訳した。なお、「前言」の第三段落目、ネット版では「中国政府于一九九七年、一九九八年分別簽署了两个重要的国际人权公约」だが、開放出版社版では「一九九八年中国政府簽署了两个重要的国际人权公约」とある。ここでは、事実関係を確認した上で翻訳した。

参考――国務院新聞弁公室・新華社

http://news.xinhuanet.com/zhengfu/2002-11/15/content_631275.htm

（1）　原文出典は、李暁容・張祖樺 主編『零八憲章』（香港）開放出版社、二〇〇九年、一〇―二五頁。訳文は、劉暁波著、劉燕子編、横澤泰夫・及川淳子・劉燕子・蒋海波訳『「天安門事件から「08憲章」へ――中国民主化のための闘いと希望』（藤原書店、二〇〇九年）より、藤原書店の承諾を得て転載した。

（2）清朝は、一九〇八年に立憲君主制による王朝体制の改革を目指し、大日本帝国憲法に倣った寛保大綱を宣布した。

（3）「洋務」は、元来西洋との折衝に関する事務を意味し、「洋務運動」は、一九世紀後半に李鴻章や曾国藩らを中心に清朝政府が行った近代化の政策や運動を指す。西洋の技術を取り入れた近代化が推進されたが、「中体西用論」（中国の制度は西洋の技術よりも優れている）などの思想に基づいて行われた。これと、現体制を維持しつつ、改革を進める「改革開放」路線の類縁性を指摘する者もいる。

（4）洋務運動の際、改革を進める「洋務派」に対して守旧派は「頑固派」と呼ばれた。

（5）反帝国主義を主張した一九一九年の五・四運動の前後に展開された新文化運動。胡適、陳独秀、魯迅らを中心に封建的な文化に対して民主と科学に基づく近代化を主張し、中国近代化の分岐点となった。

（6）一九五七―一九五八年にかけて、毛沢東の指導のもとに展開された政治運動。「百花斉放・百家争鳴」政策によって知識人らが体制批判を強めたが、これをブルジョア右派分子が共産党の指導権を奪うものだとして、多くの知識人が追放された。

（7）一九五八年から毛沢東の指導のもとで、人民公社の設立、大衆動員による農業・工業の増産運動などが急進的に進められた運動。理想的な共産主義社会の建設を目標としたが、共産党内部での権力対立を生み、文化大革命の原因ともなった。

（8）毛沢東が発動し、一九六六―一九七六年まで中国全土で展開された政治・文化・思想の運動。一〇年に及んだ文革の被害は、政治・経済のみならず、社会・文化の面で深刻であった。一九八一年の「歴史決議」により文革における毛沢東の誤りが認められた。

（9）国際人権条約のうち、A規約と呼ばれる「経済的、社会的及び文化的権利に関する国際規約（社会権規約)」と、B規約と呼ばれる「市民的及び政治的権利に関する国際規約(自由権規約)」を指す。中国は、それぞれ一九九七年一〇月と一九九八年一〇月に署名した。

(10) 強制労働と思想改造を行う処分。刑事処罰ではなく公安部門の行政法規による処分で、行政処分としては最も重く、司法手続きを経ずに執行されることから重大な人権侵害として問題視されている。

「あとがき」に代えて

花伝社社長　平田勝

中国革命の過程でまたそれ以後、中国でよく強調される言葉に「実事求是」というのがあります。すなわち、事実に則して問題を考え処理することを強調する言葉です。

この企画を通じて、一番強く私が感じたのはこのことです。現代中国の問題を考えるとき、あるいは劉暁波の思想がどういうものであるかを考える際にも、まさに「実事求是」から出発する必要があるのではないかと思います。

予測を超えた新しい現象に直面したり、新しい思想、人物と出会うとき、人は往々にして、これまでの自分の理解や理論に引き寄せて解釈しがちです。しかし、現代中国に生起している現象、とりわけ中国の台頭と民主化の見通しといった問題は、これまでの理論の枠組みのみではとらえることは出来ないということも、本書の中で強調されたことです。

劉暁波という人物とその思想を考えるに当たっても、同じことが言えると思います。私も劉暁波という人物については、これまでほとんど知りませんでした。日本での紹介もまだ始まったばかりです。彼がどのような思想を持ちどんな主張をし、それがどんな意味を持っているか、またなぜ彼が国家政権転覆煽動罪に問われたのか、事実を知り、事実にもとづいて判断していく必要があるのではないかと思います。

本書に、劉暁波が国家政権転覆煽動罪に問われた、一審二審の判決文、劉暁波の弁明や陳述、弁護人の陳述などの全文を収録し、またその罪状にあげられた六つの文章と、「08憲章」の全文を収録したのも、こうした意図によるものです。


この企画を通じて、ノーベル賞の受賞を契機として関心の高まった日本での「劉暁波現象」といったものについても興味のある事実を知りました。すなわち、専門の日本の中国学会の中でも、一方で劉暁波を無批判的に持ち上げ礼賛する現象があるかと言えば、一方では、彼は西洋思想派であるとか、アメリカ型民主主義の無批判的な礼賛者であるとか、あるいは「アジア主義者」であるとか、様々な理解があることが分かりました。

しかし、自分の理解の枠組みに引き寄せる前に、もう少し劉暁波の思想と主張を事実にもとづいて論じていく必要があるのではないかと思います。

また、私にとっては驚きの現象でしたが、大国となった中国で国家政権転覆煽動罪に問われた劉暁波という人物を取り上げることそれ自体を避ける傾向、すなわち中国当局から犯罪者とされた人物を取り上げることそれ自体が、「反中国」とされるのではないかと、自由であるはずの学問研究の分野でもこれを恐れ避ける空気があるということを知りました。

またこのような空気を端的に示す現象として、ある『雑誌』において、劉暁波特集を組み、日本を代表する作家・知識人たちへ、劉暁波と彼を取り巻く民主化運動へのメッセージを依頼したところ、ことごとく断られ、メッセージを寄せた人は一人もいなかったということです。それどころか、あるノーベル賞作家に至っては、執筆依頼予定のところに自分の名前があるのも削ってくれと編集部に注文してきたということが、雑誌の「あとがき」に記してあります。

こうした日本に巻き起ったさまざまな「劉暁波現象」についても、まさにそれが日本の現実であり、これをどう見たらいいかについても、事実にもとづいて検証していく必要があるのではないかと思います。中国の民主化をどう見ていくか、劉暁波をどう見ていくかは、まさに同時代を生きるわれわれの問題でもあるのだと思います。

この「あとがき」の中で、私事、私的感想を語るのをお許しください。

この企画を通して、あらためて感じましたのは、自分が中国革命や現代中国からいかに大きな影響を受けてきたかということです。

教師から渡されて、毛沢東の『実践論』『矛盾論』を読んだのは高校一年生の時でした。一六歳の少年にとって、これは強烈な印象を与え、その後の生き方に決定的な影響を与えました。時代の空気もあったと思いますが、大学に入ったらただちに「実践」に移そう、学生運動、社会運動に参加しようと決意しておりました。一年の予備校生活を経て、大学に入学しましたが、田舎から東京に出てアルバイトをしながらの浪人時代は、六〇年安保の年で、国会周辺にデモを見にいったのが病みつきとなり、大学生のデモに潜り込んで連日参加し、樺美智子さんの亡くなった六・一五には、私も南通用門から国会に突入するという体験をしました。

そして、大学に入学したその日から、かねての決意どおり学生運動を始めました。気がつけば、入学以来東大紛争の終結まで、八年間も学生運動をやり続けることになりました。寮は、中国研究会という部屋に入り、語学は第二外国語として中国語クラスに所属しましたが、この八年の間に、まともに授業に出たのは一〇回あるかどうかで、文字通り学生運動や共産党・民青の活動に専念する学生生活となりました。当然のことながら学問は何一つ身につきませんでした。

六〇年代という熱い政治の時代にこういう生き方をしたということに、悔いはありません。時代と自分に正直に精一杯生きた結果がこうなったのだと思っています。

大学に入学したその年の夏に、共産党の綱領が決まった八回大会が開かれたのですが、この時に党に残った数人で始めた運動は、私が大学に在籍していた時代に、東京大学でも一〇〇〇名の活動家集団を擁するまでになりました。今日からすれば想像も出来ないかも知れませんが、全国でも四桁を超える活動家集団を擁する大学が、六つも七つもあったのです。

当時も、マスコミを賑わすのは、いわゆる全共闘系の派手な運動ばかりでしたが、これは学生運動の一部であり、実は、大学や学生生活、地域に密着した地味ではあっても強力な運動体が存在していたのです。

忙しい日々に明け暮れながら、学問研究もしっかりやっていた活動家も沢山おりましたが、程度の差はあれ、何年も留年しながら、「実践」に献身的に身を委ねる活動家が全国に無数存在していました。私たちの先輩にも、そうした生き方をする方が沢山おられました。

当時の活動家たちの多くは、中国の革命文学、特に『紅岩』や、ロシアの革命文学『鋼鉄はいかに鍛えられたか』などをみなが読んでおりました。

まさに「実践」と「人民への奉仕」という精神にあふれ、党や民青への忠実な活動が、それに直結していることを信じて疑いませんでした。活動家の多くは、中国の革命文学を自分たちの生き方に直結するものとして共感を持って読んでいたのです。

しかし、六〇年代が終わって四〇年。自らも様々な体験を経、またベルリンの壁の崩壊、ソ連解体、そして激動する中国の現実に直面するとき、改めて「実践」に明け暮れた自分の学生生活、生き方について思いを新たにすることがしばしばあるのも事実です。老年になってきたということもあるかも知れません。それは後悔の念といったものではありませんが、自分たちの生き方の「問題点」というような形で時々心をよぎるようになりました。

そうした中で、劉暁波と出会った訳です。彼の思想的営みを知る中で、自分が感じていた「問題点」といったものが鮮明に浮かび上がってきました。彼が言うところの「知識階級のプロレタリア化」という問題です。学生にとっては、「知識階級の卵のプロレタリア化」ということでしょうか。

本書の中でも明らかになったように、劉暁波にとって最大の関心は、共産党一党独裁体制、専制政治をいかに打破するかにあります。そして、この専制政治の道具になっているものが、マルクス主義理論であり、これと直結している知識人の在り方になるわけです。すなわち、知識人、学問、芸術、文学などが、政治や党に従属している、共産党の僕、奴隷となっている。これを脱すること、知識人や学問、芸術、文学などが政治や党から独立すること、これなくして政治の民主化は有り得ないということだと思います。

思えば、現存した社会主義の堕落、共産党の堕落は、知識人の堕落、政治への従属、党への従属と一体をなしたものであったと言えるでしょう。社会主義の堕落、問題点を政治的に覆い隠すものとして、知識人の存在があったということだろうと思います。

学生運動に従事していた頃、大学の自治、学問の自由を掲げて幾度も闘いました。そしてその頃、いま闘っている学問の自由、大学の自治というものは、日本でもし革命が起こったとしてもこれは絶対守り抜かねばならないものだと固く信じていましたが、社会主義国の現実はどうなっているのだろうか、学問や大学への党の支配はどうなっているのだろうかと常々疑問に思っていました。

戦争やファシズム、民族や国家が存亡の危機にある時、「実践」を最優先しなければならない時もあるでしょう。しかし、そういう時にでも、学問研究、学問の自由、知識人の独立は、確保しなければならなかった課題であったということでしょう。劉暁波の「ハンスト宣言」で述べられているように、目的に向かって進む過程にこそ、未来のあり方と直結している姿があるのです。

現在の日本の学生たちのように、全世界では、新興国であれ先進国であれ、学生たちが不正を糾弾し民主化のために血を流して闘っているというのに、そして日本の社会に不正や矛盾が鬱積しているというのに、現実を見ることを避け、行動することはもちろん声を上げることも寂としてなしという日本の若者たちの現実に、日本の未来があるとはとても思えません。

しかし、自分の学生時代のように、ひたすら「実践」を優先させ、必要な学問を身につけることを怠り、結果として学問を軽視したという生き方が「問題」であったということを反省せざるを得ないと思っています。学問の軽視は、学問の独立、知識人の独立への軽視に繋がっている問題だということを、劉暁波の思想的営みから痛切に感じたような次第です。

劉暁波は知識人の在り方を問うているのだと思います。それは中国知識人の問題にとどまらず、日本の知識人の問題でもあると思います。

投獄という現実に屈することなく、中国で劉暁波という人物の誠実で厳しい思想的な営みがなされていたことに、私は深い感銘を受けました。

長い感想になりましたが、最後に、私の学生時代の中国体験について触れたいと思います。

一九六五年の八月から九月にかけて、第一回日中青年大交流会というものがあり、私は当時、東大一〇学部の自治会の連合体である、東大中央委員会議長をやっておりましたが、ひとつの学生団体の団長として訪中する機会に恵まれました。日中国交回復前であったにもかかわらず、二五の青年学生団体から二九五名が中国を訪問し、中国各地で交流を深めました。後に中国共産党首席となられた胡耀邦さんが、中国共青団の第一書記をしておられ、中国共産党の常務委員となり天安門事件で失脚した胡啓立さんが、交流会の中国側責任者を務めておられました。

当時は知るよしもありませんでしたが、すでに文革の権力闘争は水面下で始まっていました。当時出会った中国共青団の指導者たちは、率直で献身的で人間的魅力に満ちている方が大勢おられ、私は、この革命第二世代、第三世代の方たちが、これからの中国を担っていかれるものと信じて疑いませんでした。この方たちの過酷な「文革」体験と、精神的ショックはいかばかりのものであったかと思うことがあります。また、劉暁波には党への「愚忠」などという表現、言葉もありますが、出会った中国共青団の指導者たちの人民への服務と党への忠誠は一体のものであり嘘偽りのないものであったと今でも思っております。

当時の雰囲気からすれば、現在蔓延していると言われる、「拝金主義」の風潮とか、「出世主義」などとは全く無縁であったと思っています。

また、全く異例のことであったと思いますが、人民大会堂で、日本側の団長二五名と、当時の中国の指導者である、毛沢東、劉少奇、周恩来、鄧小平などとの「接見」が行われました。「日中友好の将来は、あなたがた若い世代にかかっている」という毛沢東の言葉を今でもはっきり覚えております。北京を離れる際に、人民日報の記者から、記念にということで手渡された毛沢東と握手している一枚の写真（人民日報の一面に掲載）も大切に保存しております。

小さな出版社を興して二五年になりますが、事務所のある西神田の近くの小さな公園に、「周恩来ここに学ぶ」という記念碑が建てられていることを偶然に見つけました。あの人民大会堂での「接見」の際、周恩来さんは、「私は東京で勉強していたことがあるのですよ」と一瞬遠くを見るような懐かしい表情をされて語られました。後に自伝（『周恩来、十九歳の東京日記』）を読んだ時、一高受験のために、東京神田の予備校に通っておられたことを知りました。

このような経過で、学生時代から「日中友好」のために自分になすべきことをやろうと、心に決めていたのですが、自分がどこまでそれをなしえているか、この小さな公園を通るたびに忸怩たる思いにかられている次第です。しかし、どんなに困難であっても、またどんなに牧歌的と言われようと、日中の相互理解と友好、「東アジア共同体」的な関係構築に向けて、努力を続けていかねばならないと思っております。

中国の民主化がいつどのような形で実現するかは分かりませんが、そしてまた中国の民主化がそうたやすく実現されるものでもないことは、本書の中で強調されたことですが、しかし、政治改革は避けて通れない問題であることは明らかであり、そしてもし中国が政治改革に成功し、民主的な政治大国になったとき、それは東アジアで、平和的・共同体的関係が構築できる条件が大きく整う時であり、それは侵略と戦争、略奪と人権抑圧、環境破壊に明け暮れたここ数百年の歴史に終止符を打ち、西洋から起こった民主主義の思想が、この東アジアで初めて真に花を咲かす環境が整う時ではないかと思っております。

生ある限り、この「見果てぬ夢」を見続けて、可能な努力を続けていこうと思っております。

最後に、この企画を快く引き受けていただいた大学の先輩で中国問題専門家の矢吹晋氏、出会ってからの付き合いが四五年にもなる政治学者の加藤哲郎氏、急なお願いを快く引き受けていただいた中国問題の若手研究者の及川淳子氏に心より感謝します。また中国語の訳文などで適切な助言をいただいた、大学や寮の先輩で元・共同通信記者、布施茂芳氏にも深く感謝を申し上げます。

二〇一一年三月

矢吹　晋（やぶき　すすむ）
1938年生。東京大学経済学部卒。東洋経済新報社記者、アジア経済研究所研究員、横浜市立大学教授を経て、現在、横浜市立大学名誉教授。主な著書に、『文化大革命』（講談社現代新書）『中国力』（蒼蒼社）『客家と中国革命』（東方書店）『朝河貫一とその時代』（花伝社）『日本の発見』（花伝社）など多数。

加藤哲郎（かとう　てつろう）
1947年生。東京大学法学部卒。一橋大学教授を経て、現在早稲田大学客員教授。主な著書に、『情報戦の時代』（花伝社）『情報戦と現代史』（花伝社）『象徴天皇制の起源』（平凡社）『ワイマール期ベルリンの日本人』（岩波書店）『差異のデモクラシー』（共編、日本経済評論社）『民主主義・平和・地球政治』（共編、日本経済評論社）など多数。

及川淳子（おいかわ　じゅんこ）
1972年生。日本大学大学院総合社会情報研究科博士後期課程修了、博士（総合社会文化）。法政大学客員学術研究員。主な著訳書に、『中国ネット最前線』（共著、蒼蒼社）『天安門事件から「08憲章」へ』（共編訳、藤原書店）『最後の審判を生き延びて　劉暁波文集』（共訳、岩波書店）など。

＜対談・司会＞
平田　勝（ひらた　まさる）
1941年生。岐阜県出身。東京大学文学部卒。
元・全学連委員長。現在、花伝社社長。

劉暁波と中国民主化のゆくえ

2011年4月24日　　初版第1刷発行

著訳者 —— 矢吹　晋
　　　　　加藤哲郎
　　　　　及川淳子
発行者 —— 平田　勝
発行 —— 花伝社
発売 —— 共栄書房
〒101-0065　東京都千代田区西神田2-7-6 川合ビル
電話　03-3263-3813
FAX　03-3239-8272
E-mail　kadensha@muf.biglobe.ne.jp
URL　http://kadensha.net
振替　00140-6-59661
装幀 —— 水橋真奈美（ヒロ工房）
印刷・製本 – シナノ印刷株式会社

ISBN978-4-7634-0598-2 C0036

中国農村の貧困克服と環境再生
——寧夏回族自治区からの報告

保母武彦・陳 育寧　編
（本体価格　2500 円＋税）

●中国農村の最新情報
経済的豊かさと環境はどう折り合うのか。

激動する中国の深層で展開されている苦悩と格闘。中国で最も貧しい地域＝寧夏において、脱貧困、緑化のための今世紀最大の世界的実験が始まった——。回族出身の一人の女子留学生から始まった、20 年にわたる日中学術交流の成果。